U0581600

Aomen Wenhua
Chanye Fazhan Zhanlüe Yanjiu

澳门文化产业发展战略研究

潘知常　刘　燕　汪　菲◇著

人民出版社

责任编辑:安新文

图书在版编目(CIP)数据

澳门文化产业发展战略研究/潘知常,刘燕,汪菲 著.
-北京:人民出版社,2014.12
ISBN 978-7-01-013847-3

Ⅰ.①澳… Ⅱ.①潘…②刘…③汪… Ⅲ.①文化产业-产业发展-发展战略-研究报告-澳门 Ⅳ.①G127.659

中国版本图书馆 CIP 数据核字(2014)第 209262 号

澳门文化产业发展战略研究

AOMEN WENHUA CHANYE FAZHAN ZHANLÜE YANJIU

潘知常 刘燕 汪菲 著

人民出版社 出版发行
(100706 北京市东城区隆福寺街 99 号)

北京中科印刷有限公司印刷 新华书店经销

2014 年 12 月第 1 版 2014 年 12 月北京第 1 次印刷
开本:710 毫米×1000 毫米 1/16 印张:20.25
字数:280 千字

ISBN 978-7-01-013847-3 定价:45.00 元

邮购地址 100706 北京市东城区隆福寺街 99 号
人民东方图书销售中心 电话 (010)65250042 65289539

写在前面

潘知常

本书是“澳门基金会”的重大项目《澳门文化产业发展战略研究》的研究成果。

长期以来，我完成过江苏省、南京市以及全国各地政府、企业与媒体的诸多战略咨询策划工作，但是，为作为特别行政区的澳门的文化产业发展提供战略咨询策划，还是第一次。三年中，我不仅一直殚思竭虑，竭尽心智，而且，也一直深感荣幸。三年中，在本书的研究成果的基础上，共公开发表了十八篇文章。

三年中，围绕本书的基本思路，召开过两次有全国和澳门本地的著名专家以及政府官员参加的“澳门文化产业发展战略研讨会”。这些澳门本地的著名专家以及政府官员包括：澳门特别行政区政府政策研究室办公室首席顾问米健，澳门中联办经济部处长陈凯杰，澳门特别行政区政府财政司司长助理张作文，澳门特别行政区政府社会文化司长助理周信余，澳门特别行政区政府文化产业委员会秘书长王劲秋、委员苏香玫，澳门大学社会科学及人文学院院长郝雨凡，澳门日报副总编辑廖子馨，澳门历史学会理事长陈树荣，澳门电影协会会长蔡安安，澳门创价学会会长李莱德，澳门影视传播协进会理事长郑国强，澳门理工学院艺术高等学校兼任教授邢荣发，澳门设计师协会监事长黄奕辉，澳门全艺社理事长朱焯信，澳门佳作总策划林子恩，澳门《九鼎》杂志主编贺越明，等。

而且，本书关于澳门文化产业发展战略的思考，也已经引起了澳门本地相关人士的高度关注。

其中，关于“功夫澳门”的创意以及在澳门建设中华武术文化产业园的建议，在澳门各界引起广泛瞩目，相关的公司也立即应运而生。

2013年10月31日，是澳门贸易投资促进局有关粤澳合作产业园招商工作的最后一天，据多家媒体报道，截止到10月31日，共收到89份投资项目申请，主要涉及医药、文化创意、旅游、教育、酒店等行业。而在这当中，被重点报道的，就是中华武术文化产业园国际发展（澳门）有限公司投标的项目，这个项目，预计投资20亿澳门元，希望在产业园里建设一个“中华武术文化产业园。”①

澳门的学术界与媒体也给予本书的写作以热情鼓励与支持。

澳门著名杂志《九鼎》的主编、著名媒体人贺越明2012年11月12日在《澳门日报》撰文指出：

“我在读毕《澳门文化产业发展战略研究》后深信不疑，更感到有一种‘意外的惊喜’”。

“（潘知常）是‘真正欣赏澳门文化的外地人’之一，尽管才几年时间，已对如何整合和拓展小城的历史、地理、文化和商业等资源优势，塑造多元化的旅游城市形象进行了全面而深入的探究。如果说，李欧梵先生见到的疯堂斜街一带的创意园区只能视为作坊式的有益尝试，那么，潘知常及其研究团队的这份研究，则力陈诸种元素有机结合以开拓产业空间的可能性，举凡节庆、婚庆、美食、养生、功夫、影视和宗教等元素，均可借助独出心裁的创意进一步开发、强化，成为旅游产业链上有别于博彩元素的其他分支，久而久之，将使澳门从一业独大的赌城最终演变为万众公认的‘世界旅游休闲中心’。”

“上述研究的完成，显示小城正孕育着具有战略高度的大创意，孕育着对整个旅游经济产业链的重新结构和补充，未来将构成一幅由不同元素的繁星交相辉映的天幕。研究中既有宏观分析，又有具体建

① 徐艳清：《澳门企业踊跃申请投资横琴新区粤澳合作产业园》，见 http://news.dayoo.com/world/57402/201310/31/57402_110441957.htm。

议，还依据业态提供了颇具操作性的策划方案，倘若政府的文化、旅游和民政部门择善而从，制定导向性政策予以推动，而业界人士也积极呼应，投资布局，有关目标的实现不会是太遥远的事情。”

“创意，基于发散式思维，源自脑力的激荡和知识的混搭，倒并不需要人多势众。常言道‘三个臭皮匠，顶个诸葛亮’，但在三国争霸中，诸葛亮的一个创意胜过千军万马，岂只三个臭皮匠？在澳门创意文化的发展进程中，潘知常及其研究团队的成果固然可喜，却又并非孤军作战。想到人虽少而创意多，城虽小而创意大，又焉能不对澳门创意文化的未来充满信心?”

确实，本书正是我以及我的研究团队所一直孜孜以求的“具有战略高度的大创意”，而且，澳门这座充满了神奇与魅力的城市，也一直孜孜以求着“具有战略高度的大创意”。

然而，澳门未来的增长极究竟在哪里？澳门的后劲又在哪里？澳门如何才能够“化蝶”？澳门如何才能够继续独领风骚？鉴于澳门的升级换代已经进入了深水区，因此，诸如此类，也并不是一个容易回答的问题。

好在，本书也并不是我以及我的研究团队的关于澳门文化产业发展战略的研究的结束，而只是一个新的开始。

“嘤其鸣矣，求其友声”，虔诚地期待着来自各界的读者的批评与指正。

2013 年 12 月于南京大学

目　录

第一篇

成长的烦恼

第一节 传奇澳门

这是一座充满传奇的城市，也是一座充满希望的城市。

这是一个中国的异数，也是一个中国的奇迹。

北纬22°11′，东经113°33′，总面积32.8平方公里（把2009年11月29日国务院批准澳门今后再填海造地的360公顷也计算在内），在南中国海海岸边，屹立着中国的海上明珠——澳门。

人们常说，台湾是中国的“东方宝地”，香港是中国的“东方之珠”，那么，澳门，就是中国的“东方之钻”。

自从16世纪中叶葡萄牙人在这片土地上取得合法居留权开始，澳门必将惊艳世界，已成为她的天命所归。

然而，时来天地皆同力，运去英雄不自由。

走过了四百多年城市历程的澳门，也有着自己的梦与痛。

历经沧桑巨变，昨日之花，风华宛在。但是，城市崛起，犹未竟时。未来之路该如何继续？未来发展该如何破局？

来自未来时代的竞争，期待着全新的崛起方略。

人们常说——

要成就非常之事，必当有非常之谋。

不谋万世，不能谋一时；不谋全局，岂能谋一域。

作为未来之城，澳门如何再次傲立枝头，它的方略安在？它的谋略安在？

让我们沿着历史的轨迹逆流而上，去探寻和挖掘这个城市的深层奥秘。

一、前世：物竞天择、适者生存

澳门，是大陆的末梢，却是未来的前哨。

追溯澳门的历史，在大量的资料中，不难发现一个重复出现次数极高的年份：1557。当然，学界说法并不统一，但是，却普遍认为是葡萄牙人在澳门取得居住权的年份，可以说，就是澳门正式登上历史舞台的开始。

1557 年迄今，澳门的成长之路，可以用“三次崛起”来描述。

1. 第一次崛起：远洋贸易

1557—1640 年，是澳门的第一次崛起。

15 世纪到 17 世纪，是欧洲历史上地理大发现时期，又称为“大航海时代”或“探索时代”。

在这一时期，由于欧洲的科学技术尤其是航海技术的发展，加之政治经济利益与商业贸易利益的双重驱使，欧洲的船队向世界各处的海洋进发，开拓新的贸易路线和贸易伙伴，为欧洲新生的资本主义发展寻找新的契机和财富。

而澳门位于珠江入海口，背靠中国腹地，面朝大海，这样优越的地理位置，使得澳门向内可以通过珠江到达沿江各埠，进而深入内陆；向外则可经过各海上航线到达海外主要的贸易国家。

也因此，这个名不见经传的小渔港逐渐成为以葡萄牙为主的欧洲国家对华贸易基地和远东贸易的中转站。

据历史资料记载，当时葡萄牙人以澳门为基点，建立起了“澳门—果阿（印度西岸）—里斯本、澳门—长崎、澳门—马尼拉—墨西哥”这三条主要的海上贸易航线，[①] 东西方的货物因为葡萄牙人开辟的航线而得以进行交易和买卖，澳门因此而成为国际海上贸易航线中

---

① 黄启臣：《广州和澳门：明清时期的全球化贸易中心》，见 http://www.sznews.com/culture/content/2009-12/22/content_4275231_2.htm。

至关重要的枢纽。远洋贸易促使澳门蓬勃发展起来，更使它成为名扬海外的国际贸易中转港口。

然而，“好景不长”，到17世纪40年代，即1640年前后，由于当时的明朝政府对葡商贸易的限制、日本德川幕府对对外贸易的严厉禁止以及葡萄牙在与荷兰争夺海上霸主战争中的惨败，这条葡萄牙人开辟的航线逐渐衰落下来。航线的中断，直接影响了作为其重要港口的澳门的发展，从此，澳门在国际贸易中的地位一落千丈，昔日船来船往的繁忙港口似乎一夕之间落得个凄凉破败的景象。

2. 第二次崛起：鸦片与苦力

犹如“分久必合、合久必分”，“盛极而衰、否极泰来”也是亘古不变的规律。随之，作为最早的西方殖民主义国家的葡萄牙人，在国家利益的驱使和对资本的追求、资源的掠夺之下，为澳门找到了新的生财之道——鸦片贩卖和苦力贸易。

澳门，是西方各国向中国输入鸦片和进行鸦片贩卖与走私活动的最早据点。澳门的鸦片贩卖活动最早可以追溯到明朝万历年间，当时已占据澳门的葡萄牙人是最早将鸦片当作商品贩卖到中国内地的商人。中国政府允许少量的鸦片作为药用，同香料、象牙等其他商品一起纳税后进入内地。但在早期不管是从数量上还是从规模上，不论是从经正规海关纳税进口还是通过走私渠道进入，鸦片的买卖都还只是少数和隐蔽的，并未形成气候。但随着葡萄牙人海上航线的衰落以及澳门在国际贸易中的地位急剧下降，在澳的葡萄牙人必须寻找新的商机。当葡萄牙人发现可以从药品走私中谋取高额的利益时，他们理所当然地加大了鸦片贸易的数量和规模。

一时间，澳门由昔日的重要中转港口变成了西方各国走私贩卖鸦片的基地。

在苦力贸易方面，这个人类历史上最血腥最臭名昭著的“买卖”，随着葡萄牙人的到来而不幸落在中国百姓身上。从16世纪初，葡萄牙人在进居澳门前就已经开始在中国东南沿海地带从事掠夺和贩卖人口的罪恶勾当，在葡萄牙人占据澳门之后，这种罪恶贸易更是有增无减。明清朝廷虽有明文禁止，而且严厉打击，但葡萄牙人仍置若罔闻，根本不予理会，仍旧暗中进行、偷买偷卖。同样，当澳门失去其国际贸易中转站的地位之后，葡萄牙人海上贸易失利，能为其带来巨额暴利的苦力贸易就被视为救命稻草，进而开始大规模的甚至明目张胆地进行人口贩卖，被拐卖人口的数目不断增加。据史料记载：1865年从澳门出口的苦力船共61只、42843吨、掠去苦力22901人。① 无疑，西方殖民主义各国已将中国视为其取之不尽、用之不竭的劳动力资源的生产场地。

伴随着鸦片贩卖和苦力贸易在澳门的兴盛，从18世纪下半叶到19世纪末，澳门的国际贸易地位再次崛起，又复成为粤西海岸的重要港口和进出口贸易的中心。值得一提的是，在这一时期与进出口贸易相关的加工业和近代企业在澳门取得了一定的发展，且澳门的渔业也获得长足的发展，一度成为“中国的第二产鱼港”。此时的澳门经济复苏、意气风发、恢复了生机勃勃的景象。

然而天道无常，历史更像是一条如过山车轨道般的曲线，总会让你从最辉煌的顶峰跌入最悲惨的深渊，再次崛起的澳门面临着再次的萧条与衰败。其实，早在葡萄牙人踏上澳门开始进行鸦片和苦力贸易之初，就面临着荷兰、西班牙、英国、法国等其他西方殖民主义国家的竞争。17世纪中期澳门的没落和海上航线的中断，就是因为葡萄牙在与荷兰的争霸中惨败。而澳门第二次的衰败，则是因为葡萄牙与英国在争夺东方资源中的失利。1841年英国侵占香港并实施“自由港”政策，加上香港水域优良的天然条件，使其逐渐取代澳门取代广州成为进出口贸易的中心港口。再加上中外人士对当时的鸦片及苦力贸易的反抗，使得澳门政府和葡萄牙政府不得不在舆论压力下对这种罪恶贸易进行禁止和打击。这样一来，由鸦片和苦力撑起的澳门的畸形经济瞬间崩溃，近代澳门的国际贸易地位不可避免的被香港取而代之，

---

① 黄鸿钊：《澳门苦力贸易三百年》，见 http://club.china.com/data/thread/5688138/2717/84/84/6_1.html。

从此开始了“千年老二”的历程。

澳门，再次站在了生死攸关的路口。

3. 第三次崛起：博彩业

“上帝为你关了一扇门，就会为你打开一扇窗。”风雨飘摇中的澳门并没有因为再度失去它国际贸易中转港的地位而就此没落下去，聪明的澳门找到了上帝打开的那扇窗——博彩业。

赌博在澳门历史上由来已久，自16世纪澳门开埠以来，来澳的华人多为码头工人、建筑工人、佣人等从事苦力工作的社会底层民众，这些苦力工人处于社会的最底层，没有文化、没有地位，他们将赌博视为其闲暇时间最重要的娱乐活动，当然，这其中不乏有人抱有着期望能通过赌博“一夜暴富”的侥幸心理。当时的澳门便有了“赌埠”之称，赌档林立，三教九流聚集于此，龙蛇混杂、混乱不堪。而葡萄牙政府表面上禁赌，不承认赌博的合法性，但其实对赌博采取了听之任之的态度，并未严格治理。后来由于澳门的国际贸易再次衰落，社会经济凋敝，政府收入拮据，澳葡政府便公开招商设赌，向赌场征收“赌饷”以增加财政收入。到1847年，澳葡政府颁布法令正式宣布赌博合法化，自此澳门便有了一个新的行业——博彩业。

20世纪30年代以后，澳门博彩业改由政府和私人娱乐公司签约实行赌博专营制度，经营者必须向政府缴纳博彩税，澳门的博彩业由此开始渐成规模。澳门的博彩业发展至今已经有一百六十多年的历史，从它在澳门诞生的那天起，就注定与澳门的经济发展紧紧联系在一起了。19世纪下半叶，正是博彩业挽救了澳门的经济，使澳门在失去其国际贸易中转港的重要地位之后并没有逐渐淡出人们的视线，也并没有在国际上销声匿迹被世人遗忘，反而借着博彩业的兴起一步步地成为世界的知名赌城，创造了第三次崛起的奇迹。从“东方渔港”到“东方拉斯维加斯”、从“国际贸易中转站”到“世界著名赌城”，澳门总是能从生命的夹缝中寻找到新的出路、新的生机。

澳门威尼斯人度假村

二、今生：新的历史、新的篇章

1999 年 12 月 20 日，回归祖国怀抱的澳门，翻开了历史新篇章。事实上，在回归以前，澳门经济已经走入低谷，经济增长从 1993 年开始，不断下降，到了 1996 年，更是出现了负增长，1998 年跌入谷底，由于受澳洲金融危机的影响，澳门的本地当年生产总值实质增长率竟然降到负 4.6，是 1990 年以来最低的一次。[①] 据数据表明，回归前 4 年的澳门，“市场萧条冷清、失业率极高，澳葡政府留给行政的财政储备仅 20 多亿澳门元以及约 100 亿澳门元的土地储备金（当时澳葡政府一年的开支就需 100 多亿）。”[②] 可见，回归前的澳门已经再次进入了发展的低迷时期。

然而在回归后的第二年，即 2000 年的澳门，澳门本地生产总值实质增长率由 1999 年的负 2.4 一跃升至正 5.7，直接增长了 8.1 个百

① 霍吉和：《数字增减看澳门》，见凤凰网：http://news.ifeng.com/hongkong/200612/1218_19_50473.shtml。

② 李凯、茆雷磊、张家伟：《澳门回归十周年经济篇：微型经济体的发展奇迹》，见中国日报网：http://www.chinadaily.com.cn/dfpd/2009-12/16/content_9185018.htm。

分点，一举转变了连续四年经济负增长的下滑命运。[①] 在非典疫情与全球金融危机挑战中，澳门经济仍然保持良好状态达到国际发达地区水平。

为分析澳门10年来经济社会发展的现状，本文从经济发展、公共服务、社会民生等三个方面选取了27个主要指标，并对这27个指针的时间序列数据进行了整理（见表1－1），通过纵向和横向比较来分析澳门经济社会的发展现状。

表1－1　澳门主要经济社会指标及指标值对比

类别	指标	2000年	2001年	2009年	2010年
经济发展	本地生产总值（亿澳门元）	514.19	521.19	1700.95	2237.43
	人均GDP（美元）	14879	14945	39141	51214
	政府财政收入（亿澳门元）	153.39	——	698.7	884.88
	外来直接投资（亿澳门元）	——	237.79	968.06	——
	零售业销售额（亿澳门元）	45.94	48.33	223.54	299.02
	产业结构（比率）	18.6%	——	52%	——
	工业生产指数	80.1	——	39.3	30
	博彩业毛收入（亿澳门元）	——	234.96	1203.83	1895.88
	对外商品贸易出口（亿澳门元）	203.8	184.73	76.73	69.6
	对外商品贸易进口（亿澳门元）	180.98	191.7	369.02	441.18
公共服务	高等教育就学率（%）	19.7	——	40.4	47.1
	中学教育就学率（%）	77.5		89	90.5
	每千人医生数（人）	2	——	2.4	2.4
	每千人拥有医疗床位数（张）	2.1	——	2	2.1
	人均藏书量（册）	1.2		2.48	3.3
	人均绿地面积（平方米）	——	——	——	22.45
	饮用水合格率（%）	100	100	100	100

① 李凯、茆雷磊、张家伟：《澳门回归十周年经济篇：微型经济体的发展奇迹》，见中国日报网：http://www.chinadaily.com.cn/dfpd/2009-12/16/content_9185018.htm。

续表

类别	指标	2000 年	2001 年	2009 年	2010 年
社会民生	土地面积（平方公里）	25.4	25.8	29.5	29.7
	人口总数（万人）	43.15	43.63	54.22	55.23
	人口自然增长率（‰）	5.7	——	5.7	6.1
	婴儿死亡率（‰）	2.9	——	2.1	2.9
	离婚率（‰）	0.8	——	1.4	1.6
	出生时平均预期寿命（岁）	78.6	——	82.4	82.5
	人均本地居民收入（澳门元）	——	124800	276028	——
	综合物价消费指数	83.95	——	101.4	104.25
	失业率（%）	6.8	6.4	3.6	2.8
	千人罪案数目（件）	20.68	20.41	22.88	21.09

数据来源：澳门特区政府统计暨普查局网站：http：//www.dsec.gov.mo/default.aspx。

注：1. 涉及货币单位的指针皆为当年价。

2. 标“——”的为未收集到相关统计资料。

3. 博彩业毛收入和人均本地居民收入自 2002 年开始统计，表中 2000 年、2001 年所列数值为 2002 年统计资料。

4. 人均藏书量、人均绿地面积、千人罪案数目是根据统计的藏书量、绿地面积、罪案数目除以当年总人口计算所得。

1. 经济呈现“跳跃式”增长

外来直接投资是澳门经济的主要力量，2009 年总额接近 970 亿（968.06 亿）澳门元，相比 2001 年翻了 4 倍；零售业销售额在十年间也迅速增长，2010 年达到 299 亿澳门元，是十年前的 6.51 倍。经急剧上升的发展势头（见表 1－2，图 1－1），使澳门跻身无论在经济增长速度上，还是人均 GDP 都在亚洲排名前列。澳门作为世界微型经济体和投资政策最自由开放的地区，也已得到国际权威机构的认可。

表 1－2　澳门主要经济指标时间序列资料

年份	本地生产总值（百万澳门元）	人均 GDP（美元）	外来投资总额（百万澳门元）	零售业销售额（百万澳门元）
2000	—	14879	—	4594
2001	52119. 00	14945	23779	4833
2002	56079. 90	15925	25876	5223
2003	63339. 00	17742	28461	6268
2004	82006. 10	22372	31169	7518
2005	94122. 00	24676	40242	8779
2006	116207. 60	29088	52087	10659
2007	144820. 60	34277	73303	14195
2008	166010. 20	37705	84077	19391
2009	170094. 70	39141	96806	22354
2010	223743. 30	51214	—	29902

数据来源：澳门特别行政区政府统计暨普查局网站：http：//www. dsec. gov. mo/default. aspx。

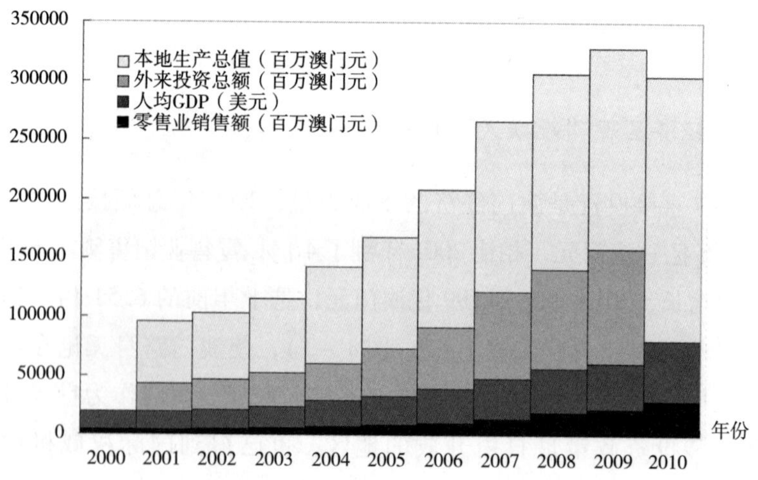

图 1－1　澳门主要经济指标态势图

澳门的经济之所以能够取得如此之大的进步，完全得益于回归后国家各项政策的扶持以及这十年来国家经济的迅猛发展。首先，在

“一国两制、澳人治澳”政策方针的成功实施下，澳门同胞充满激情与活力地积极投身于当地社会各项建设事业中，澳门社会稳定和谐地向前发展。其次，2002 年澳门博彩业经营权的开放，吸引了大量国外资本的注入，建立起博彩行业的市场竞争机制，促进博彩产业高质量高速度地发展起来。博彩业的发展相应地带动了以旅游业为主，饮食、住宿、零售、交通等其他行业的发展。接下来，2003 年内地与澳门关于建立更紧密经贸关系的安排，英文简称为 CEPA 的有效实施，方便和加速了内地与澳门之间在资金、商品、人力等主要经济要素上的流动，减少了两地在贸易活动中的体制性障碍，加强了两地之间的经济交流与贸易合作的紧密关系，极大地推动了澳门经济的发展。此后的每一年，中央政府都会和澳门特区政府签署 CEPA 的补充协议，到 2011 年 12 月 14 日《CEPA 补充协议八》在澳门签署完成，这些补充协议的签署确保了该项政策能够不断完善以适应澳门经济的发展变化并能有效地实施。此外，中央政府还于 2003 年实施内地居民赴澳门旅游“自由行”政策。这项政策的实施使得澳门的境外游客总人数骤增，其中内地旅客在澳门的人均消费排名居首：超过日本旅客和香港游客。

澳门议事亭前地

据澳门特区政府统计暨普查局公布的2011年第四季度旅客消费调查数据显示：2011年第四季度来澳旅客总消费（不包括博彩消费）达134亿澳门元，较去年同季的107亿元上升25%；旅客人均消费为1820澳门元，较去年第四季的1682澳门元增加8%。按旅客原居地统计的人均消费水平是：日本旅客为1272澳门元，东南亚旅客为1310澳门元，香港旅客为917澳门元及台湾旅客为1262澳门元，而内地旅客在澳门的人均消费（不包括博彩消费）为2325澳门元，排名各地游客之首。2011年第四季度留宿旅客的人均消费为3234澳门元，同期增加12.5%；不过夜旅客的为643澳门元，同期上升3.9%。内地留宿及不过夜旅客的人均消费最高，分别为4239澳门元及813澳门元。数据还显示，内地旅客的人均购物消费最强劲，为1435澳门元，其中留宿的内地旅客人均购物消费达2398澳门元。[①] 可见，“自由行”政策的实施对澳门的博彩业、旅游业、服务业、零售业等行业的发展无疑是锦上添花。

10年来，澳门经济由回归前的低迷到现在逐年直线增长的巨变，不仅仅是澳门同胞切身感受到的，更是全世界有目共睹的，澳门经济这种“跳跃式”的增长速度已经让世界为之惊叹和折服。

2. 政府公共服务能力大幅提升

澳门回归祖国以来，特区政府致力于公共服务能力和公务员服务质量的提升以及政府施政水平和管理水平的提高，旨在建设和打造出一支廉洁奉公、一心为民的高效率高素质的公务员队伍。经过10年来的改革，澳门特区政府在公共行政建设上已经取得了显著的成效，这体现在以下五个方面：“一、重组政府组织架构，理顺部门之间的职责权限；二、转变服务态度、提升公共服务效率；三、重塑政府工作流程，规范行政运作制度；四、改革公职制度，推进公职人员的科

---

① 龙土有：《到访澳门澳旅客消费大幅增加》，见中国新闻网：http://news.china.com.cn/rollnews/2012-02/20/content_12812774.htm。

学化管理；五、推进依法行政，加强廉政建设。”① 通过这五个方面的改革，澳门特区政府已经建立起一支公平公正、廉洁高效、以民为本的高素质的公务员队伍。在特区政府的带领下，这支优秀的公务员队伍认真负责工作，澳门社会各项事业都得到了蓬勃的发展。

从表 1－1 中反映政府在教育、医疗卫生、文化体育的公共服务能力大大提升，高等教育就学率十年间增长了 27.4%，中学教育就学率十年间增长了 13%，2010 年达到 90.5%；2007 年澳门特区政府开始实施从幼儿园到高中的 15 年免费教育制度，年人均藏书量从 2000 年的 1.2 册十年间翻了 2 倍多；体育场地总数增长了 225 间，接近 2800 间，还在增长；人均绿地面积达到 22.45 平方米。政府社会各界还定期举办多姿多彩的文化、宗教、康体娱乐活动，丰富民众的精神生活。2005 年“澳门历史城区”还被列入联合国教科文组织世界文化遗产名录。在医疗卫生上政府的公共支出由 2000 年的约 11 亿澳门元增加到 2008 年的约 22 亿澳门元，每千人医生数由 2000 年的 2.0 人

澳门居民闲暇生活

① 陈瑞莲、林瑞光：《澳门回归十年公共行政的改革与展望》，《中山大学学报》（社会科学版）2009 年第 5 期。

提升至2010年的2.4人。政府还加大对于医疗人才的培养和引进，全面建设免费医疗网络，该网络覆盖面现今可达到世界先进水平，其初级卫生保健系统在太平洋地区堪称典范。①这些事实充分反映出澳门政府公共服务能力十年来有大幅度的提升。政府行政能力和公共服务能力的大幅提升，为澳门民众创造了稳定、繁荣、舒适、安全的生活环境，使广大澳门民众享受到了更多的权利、自由和保障。

3. 居民收入增长稳健，社会和谐

回归以来，澳门人均本地居民收入迅速增长，失业率很低，婴儿死亡率资料很低，出生时平均预期寿命指数很高，社会和谐稳定，大量境外劳动力进一步刺激了澳门的活力。

表1-3　部分民生发展指标截面资料的国际比较（2010年）

	婴儿死亡率（‰）	出生时的预期寿命（岁）
美国	6.5	78.09
新西兰	4.8	80.29
澳大利亚	4.1	81.54
挪威	2.8	80.79
瑞典	2.3	81.35
高收入经合组织国家	4.7	79.81
高收入国家	5.4	79.56
澳门	2.9	80.52

数据来源：世界银行数据库：http://www.worldbank.org/。

注：1. 婴儿死亡率为2010年数据，其中澳门的数据均来自澳门特区政府统计暨普查局。

2. 出生时的预期寿命为2009年资料。因统计口径的不同，为便于比较，其中澳门的资料亦采列了世界银行的资料。

① 张晓明：《“一国两制”在澳门的实践是成功的》，见央视网：http://news.cctv.com/china/20091204/102308.shtml。

此外，特区政府自2008年起每年以现金分享的方式向澳门永久性和非永久性居民发放现金，以抵御通胀压力，缓解贫富差距。2010年向每名永久居民发放现金4000澳门元，向非永久居民发放2400澳门元。[①] 2011年11月15日特首崔世安的《特区政府2012年的施政重点》提出，将进一步调高敬老金、最低维生指数、住屋补贴、现金分享额度等，并将实施“积极人生服务计划”、“书簿津贴制度”、系列税收减免措施等，反映出澳门特区政府在保障社会公平、维护社会稳定方面具有较强的责任感。

俯瞰澳门

在社会治安方面，澳门特区政府更是大刀阔斧地进行整顿。在回归以前澳门的社会治安极其不好，对于治安问题，人们谈之色变。由于当时黑社会集团之间相互争夺利益，澳门政府视而不见，警队纪律涣散，像杀人、抢劫、绑架、街头械斗、纵火等严重影响社会治安和人民安全的恶性事件时常发生，晚上10点后，人们都不敢再出门。在回归以后，澳门特区政府将打击犯罪、维护治安作为一项重要的施

① 《澳门年度现金分享计划实施　每人发放4000澳门元》，见新浪财经：http://finance.sina.com.cn/china/dfjj/20110119/03599275618.shtml。

政方针，在中央政府的支持下，对黑社会集团及有组织犯罪进行严厉的打击，并改革和加强警队建设、提高警务人员的素质和责任感、使命感。通过一些列措施的执行，澳门的社会治安迅速好转。据统计，回归一年内澳门的凶杀案件减少了72%，纵火案件下降了40%，重大恶性犯罪案件也大幅度减少。[①] 如今的澳门社会治安一直良好，在街上随处可见认真工作的巡警，澳门已被公认为是世界上治安最好的地区之一，民众的安全感大幅提高，夜不闭户、安居乐业。更重要的是，社会治安的良好，使境外投资者可以放心赴澳经商，境外游客也可以安心地在这里观光旅游，这对澳门经济的发展起到了极为有力的助推作用和保障作用。

弹指一挥间，澳门已经发生了翻天覆地的变化。回归前那种低迷的经济状况和混乱的社会环境早已不复存在，现今的澳门正焕发着勃勃的生机，以全新的面貌谱写全新的历史篇章。因此，回归对于澳门来说就是一次历经轮回的“新生”，正所谓“昔也辉煌、今也辉煌”，前世的坎坷曲折、荣辱成败，才铸造了今日的腾飞与崛起！

第二节　危机与困惑

澳门回归十多年来城市的建设发展和经济的急速增长是有目共睹的，谈起澳门的经济成就人们总是充满着溢于言表的欣喜与骄傲。不错，澳门如今的发展水平确实值得我们引以为豪，但是，自豪过后、欣喜之余，我们更应该持有一颗冷静的心，用理智的头脑去审视澳门现今的发展状况，去思考澳门未来的发展之路。否则，就会逃不过“盛极而衰”的命理，再加上世界经济和市场环境瞬息万变，澳门只

---

① 张家伟、何自力、李凯：《澳门回归十周年社会文化篇：谱写文明和谐新乐章》，见新华网：http：//news. eastday. com/c/20091217/u1a4887165. html。

有“居安而思危”、“防患于未然”，才能保证长久的繁荣昌盛。

一、经济结构“极化”——博彩业的“罪与罚”

如果用一个简单的词语来概括澳门的经济现状，该用哪个词才合适呢?

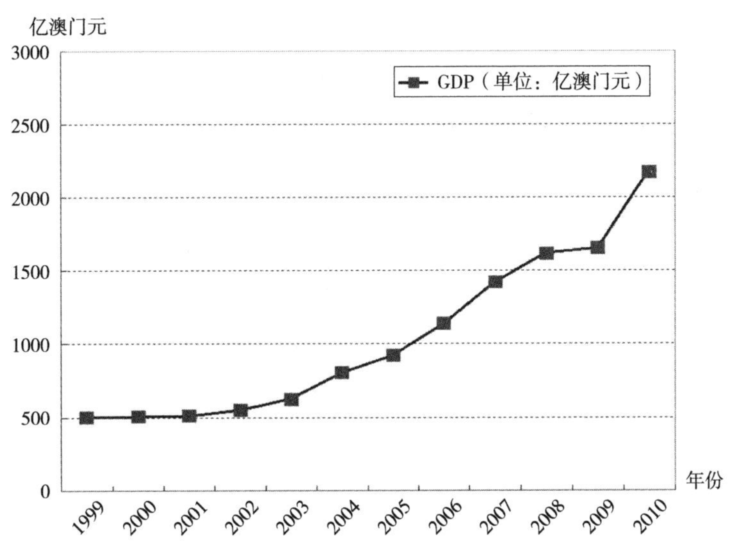

图 1－2　澳门回归以来 GDP 变化趋势

数据来源：澳门特区政府统计暨普查局网站：http：//www.dsec.gov.mo/default.aspx。

表 1－4　博彩业与政府公共收入指标时间序列资料

年份	博彩业毛收入（百万澳门元）	博彩业毛收入增长速度（%）	博彩税（百万澳门元）	博彩税增长速度（%）	公共收入（百万澳门元）	博彩税在公共收入中的比重
2000	—	—	5646.50	—	15338.5	36.81%
2001	—	—	6292.90	11.4	—	—
2002	23496.00	—	7765.80	23.4	—	—
2003	30315.10	29	10579.00	36.2	—	—
2004	43510.90	43.5	15236.60	44	—	—

续表

年份	博彩业毛收入（百万澳门元）	博彩业毛收入增长速度（%）	博彩税（百万澳门元）	博彩税增长速度（%）	公共收入（百万澳门元）	博彩税在公共收入中的比重
2005	47133.70	8.3	17318.60	13.7	28200.82	61.41%
2006	57521.30	22	20747.60	19.8	—	—
2007	83846.80	45.8	31919.60	53.8	—	—
2008	109826.30	31	43207.50	35.4	62259.34	69.40%
2009	120383.00	9.6	45697.50	5.8	69870.88	65.40%
2010	189587.80	57.5	68776.10	50.5	88488.05	77.72%

数据来源：澳门特区政府统计暨普查局网站：http：//www. dsec. gov. mo/default. aspx。

自澳门回归以来，由于国家政策的扶持、内地市场的开放、港澳自由行的实施，使得澳门经济的发展日新月异、突飞猛进，GDP 和博彩业收入呈逐年增长的趋势。

面对这样的经济走势，我们似乎可以用“欣欣向荣”这个词来概括和形容，但当我们透过表面对澳门的经济现状进行深入的剖析时，我们能想到的词却是“喜忧参半”。

长期以来，澳门都是作为“赌城”吸引着世界各地的旅客。博彩业一直是澳门经济赖以生存的支柱产业，博彩业之外的许多行业如酒店住宿、餐饮、零售业、会展、旅游等也都要依托于博彩业的发展。尤其是回归之后由于赌权的开放、自由行刺激了内地市场的需求，澳门的博彩业得到了跨越性的发展。博彩业占整个第三产业的比重约为36%，博彩业收入约占服务出口总收入的81%，如图1－3所示。

表1－5　2009年澳门前8大产业占GDP的比重

产业	占GDP比重
博彩业	32.30%
不动产	9.00%
建筑业	8.30%

续表

产业	占 GDP 比重
公共行政	6.60%
租赁及企业服务	6.40%
批发及零售业	6.10%
银行	5.90%
其他服务及家庭雇佣	4.70%

数据来源：澳门特区政府统计暨普查局网站：http：//www.dsec.gov.mo/default.aspx。

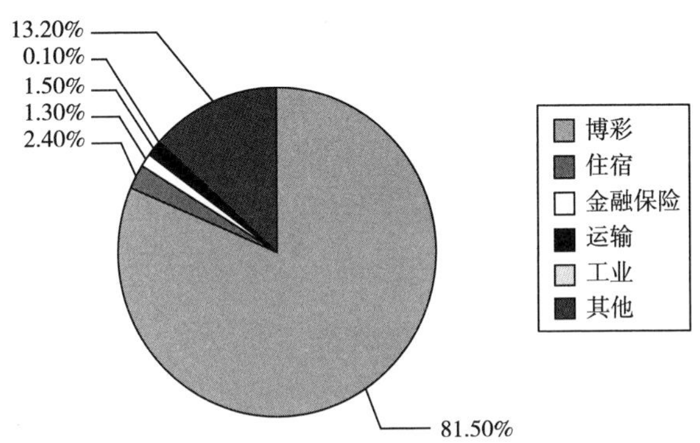

图 1－3　2010 年澳门服务出口收入构成

数据来源：澳门特区政府统计暨普查局网站：http：//www.dsec.gov.mo/default.aspx。

从博彩业所占的 GDP 的比重我们可以明显地看出澳门经济对于博彩业的依赖性极强，而且这种依赖程度在整体上也是呈上升趋势的。据政府数据显示，澳门工业的比重从 2000 年逐年下降至 2009 年的 10%，工业增加值在 2009 年为 106 亿澳门元，仅为 2000 年的 60.2%。第三产业比重持续上升，至 2009 年，达到 89%，第三产业总产值几乎翻三番，其中公共行政、文娱博彩及其他服务业总产值所占比重达到 54.13%（见图 1－4）。[①]

---

① 张雷：《基于虚拟经济视角的博彩业研究——以澳门博彩业为例》，《开放导报》2009 年第 3 期。

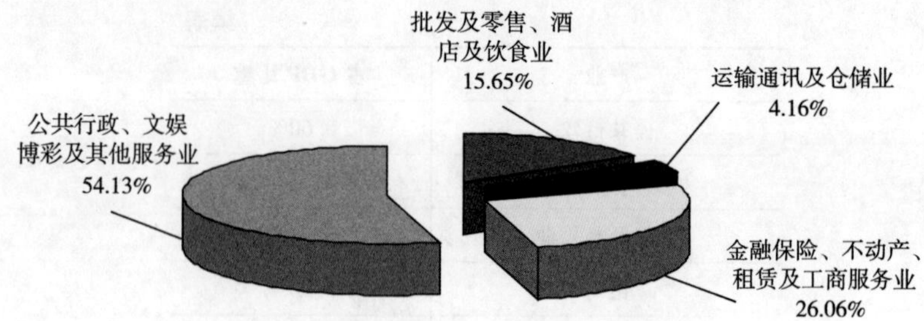

图1-4　2009年澳门第三产业产业结构图

2010年，博彩业毛收入迅速增长，在政府公共收入中的比重，十年间攀升到277.72%（见图1-5）。而同期，原来对外商品贸易出口却急剧锐减，2010年仅有69.6亿澳门元，博彩业逐渐成为澳门的经济命脉，验证了博彩业具有排挤（substitution）效应与吞噬（cannibalization）效应的研究结论。①

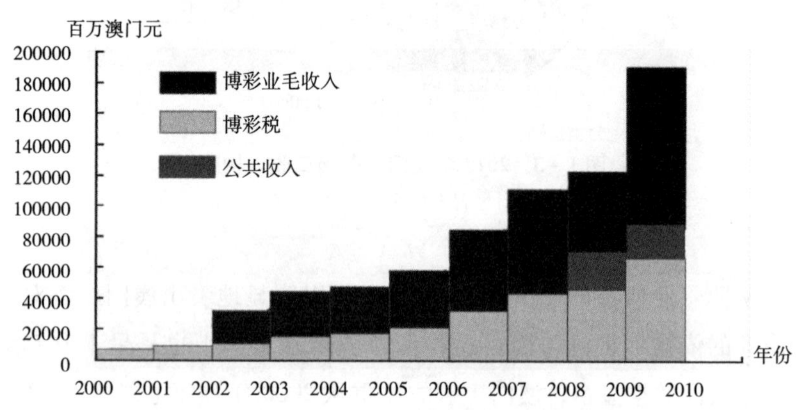

图1-5　博彩业与政府公共收入指标态势图

数据来源：澳门特区政府统计暨普查局网站：http：//www. dsec. gov. mo/default. aspx。

除了博彩业之外，没有第二个产业可以支撑起整个澳门的经济发展，澳门已经陷入了以博彩业为单一产业的经济发展模式，经济结构

① 赵国强：《〈澳门特别行政区基本法（草案）征求意见稿〉的特点》，《法学》1992年第3期。

明显呈现出“极化”的特点。须知，单一产业的快速发展，可能会以牺牲长远的可持续性发展为代价，而且会因此而付出较高的机会成本，还存在高风险度。如是，在风险没有到来的时候，当然是可以赊账的，但是，风险一旦到来，那可就要加倍偿还了。因此，这种单一的、“极化”的经济结构不得不让人忧虑重重。

一个城市能够把博彩定位为龙头，在世界上绝无仅有。对于第一次到澳门来的游客来说，可以说大多是出于“扫盲”性质，但是，他们是否还会第二次第三次再次光临？澳门除了赌客之外是否还会有回头客？澳门是否在博彩之外还应该有绝招、有过人之处？澳门是否需要充分开发长期被忽视的资源？甚至是否需要去创造原来根本就没有的资源？

表 1－6 澳门与拉斯维加斯 2012 年前 10 个月的博彩收入

（单位：亿澳门元）

	拉斯维加斯	澳门
10 月	46.37	277.00
9 月	39.67	238.66
8 月	39.2	261.36
7 月	47.71	245.79
6 月	38.62	233.34
5 月	37.93	260.78
4 月	36.68	250.03
3 月	35.83	249.89
2 月	42.37	242.86
1 月	49.79	250.40
合共	414.17	2,510.11

注：拉斯维加斯收入以 1 美元兑 7.9847 澳门币计算。

数据来源：澳门特别行政区统计暨普查局网站：http://www.dsec.gov.mo/default.aspx。

博彩确实是澳门的经济命脉和龙头产业，牵一发而动全身。它具有井喷效应，可以带动其他产业，并且产生“乘数效应”。但是，其实它还存在“挤出效应”，还存在“马太效应”。何况，它还导致澳门的经济风险还在不断增加。澳门无疑还有发展空间，但是，也很难持续性发展，这主要是因为，第一，博彩不是高成长行业，而是高风险投机行业。大起大落，本来就是博彩业的特征。第二，博彩的产业链比较短，而且，也很难延长。更为严重的是，对高科技的带动能力很差。第三，博彩很容易受外界经济的影响，天灾人祸，都会令博彩顷刻翻盘。

再者，由于博彩业的工资比较高，而且对学历的要求低，因而对于人力资源具有强大的“虹吸”作用，会造成“有工无人做，有人无工作”的现象（而且对于社会的价值导向不好）。例如，据数据显示，2000 年，澳门制造业就业人数占总就业人数的 19%，而到了 2010 年，这一数字却变成 5%，制造业就业人数直接下降了 14%；2000 年，博彩业就业人数占总就业人数的 7%，而 2010 年这一数字就上升到约 20%，博彩业就业人数在十几年间直接增加了 13%。①

那么，澳门的博彩业是否具有后发优势呢？“后发”是因为有了“忧患意识”，所以才会去推进“技术转移”，也才会去进行“制度借鉴”。但是后来居上的情况并不多见，亚洲四小龙之外，我们并没有看到这样的例子。更何况澳门只是同周边地区相比较的“落后分子”，农业和工业都不行。而且，澳门也缺乏忧患意识，不注重引进技术，也没有制度可以借鉴，因此，博彩产业的后发优势根本不存在。

另一方面，澳门的博彩业具有先发优势吗？答案是：也没有。澳门博彩业目前的优势完全是因为周边的地区和国家还没有放开对赌博的管制所造成的，周边的地区和国家大都禁止赌博，不允许经营博彩业。一旦周边地区放开政策，那么澳门的博彩业就会失去现有的优势。以香港足球博彩为例，它一开，澳门就不行了。新加坡一开赌场，经营

① 毛艳华：《澳门经济适度多元化：内涵、路径与政策》，《中山大学学报》（社会科学版）2009 年第 5 期。

也超过澳门——因为他们的政策更为合理。因此，澳门有的只是先发劣势。一旦引发“博彩爆炸”，澳门的一切都会“一无是处”。

在这种情况下，澳门经济的命脉——博彩业，俨然成为澳门经济发展的软肋。试问：如果博彩业不行了，澳门还剩下什么?！这种博彩业“一业独大”的单一经济模式将澳门置于非常危险的境地。

当然，我们并不是在否定博彩业，相反我们对澳门博彩业的发展持支持和肯定的态度。我们认为澳门未来的发展不能也不可能脱离博彩业。因此，我们迫切需要的是：为澳门找出一条适应新经济、新环境、新形势的新的发展之路。

二、重重包围、竞争加剧——周边地区博彩业的兴起

位于美洲的拉斯维加斯和大西洋城、位于欧洲的蒙地卡罗和位于亚洲的澳门——这四座城市被称为“世界四大赌城”。不难看到，这四座赌城在地理区域上都有各自的“势力范围”。澳门长期以来主要占据着亚洲市场，是周边的中国台湾、日本、韩国及东南亚各国游客的首选目的地。而且由于博彩业的特殊性质，包括中国内地在内的澳门周边地区和国家对赌博都是采取禁止或严厉管制的措施，因此，澳门得以在一段较长的时期内都处于一个竞争程度较低的市场环境中。此外，澳门的博彩业有160多年的悠久历史，声名远播，博彩产业内部早已经形成了成熟的运营机制，具有一定的规模和稳定的客源。再加上，回归以后市场和客源得以充分扩展，博彩业进入新的发展时期，威尼斯人、星际、永利、美高梅、新濠天地、银河等几大豪华酒店娱乐场相继建成开业，澳门的博彩业一时间呈现出强劲的发展势头，博彩业的收入连年攀升直至超过第一大赌城拉斯维加斯。

同时，澳门靠着博彩业使其经济发展在东南亚区域内独领风骚，也引起了周边国家的警觉和反思——博彩业似乎是一个不错的“吸金器”，那么，何不拿来为我所用呢？于是原来对博彩业管制十分严厉的地区开始稍稍放松了限制，原来禁赌的国家也开始在法律的监管下

开起了娱乐场，逐渐，开赌在亚洲已经形成一种趋势。目前，澳门周边的竞争对手逐渐增多，而且颇具竞争力，其中，主要的竞争对手有新加坡、马来西亚、菲律宾、韩国等。

新加坡是一个传统价值观念很强，法律很严谨的国家，对于赌博一直是禁止的。但是，随着博彩业的兴盛，周边国家开赌潮流的影响，同时也出于为自身经济发展的考虑，于是放宽了法律，开设了与旅游业紧密结合的以主题公园为形式的赌博娱乐场所，吸引了一大批境外游客。

马来西亚的云顶集团是唯一合法经营博彩业的公司，其旗下的云顶赌场早在 20 世纪 70 年代就已经开始经营。现在马来西亚致力于将云顶打造成世界著名的休闲度假胜地，而不再仅仅作为赌场来经营，目的是将博彩业多元化经营，开发出邮轮赌博和网络虚拟赌场等项目，大力发展相关产业和娱乐业，以此来吸引海外游客。

菲律宾的博彩业虽然饱受争议，但它却是菲律宾主要的财政收入来源，除了一般赌场外，菲律宾的网上赌博最为活跃最为发达，最著名的就是菲律宾太阳城娱乐网。目前菲律宾政府更是加大了对博彩业的发展力度，据悉，菲律宾政府正筹划在马尼拉湾旁 250 公顷的填海土地上建造一座包含赌场在内的综合性休闲娱乐之城。①

韩国最著名的也是最大一个赌场就是位于首尔东北部的华克山庄，它是亚洲最富丽堂皇的高级娱乐场所之一，也是世界十大知名赌场之一。华克山庄一直都是韩国旅游业的支柱，赌场坐落在优美的汉江江畔，景色宜人，集休闲、度假、娱乐、购物为一体，近来韩国政府加大了对华克山庄的宣传，以吸引更多的境外游客，促进旅游业的发展为首要目的。

除了以上这些竞争对手外，与澳门地理位置较近的还有日本、印度、中国台湾、澳大利亚、新西兰等国家和地区，这些国家的博彩业也在大力发展之中。此外，两个传统的竞争对手——蒙地卡罗和拉斯

---

① 《菲律宾欲打造另一座“东方拉斯维加斯”赌城》，见全讯网：http://www.g08.net/a/rfgj/2013/0521/1169.html。

维加斯近年来也在维持博彩业发展的基础上，转变经营观念、调整经营模式，围绕着旅游、休闲、度假、娱乐这几个主题开发相关的项目和产业，使本地的经济走上一条稳定而长久的发展道路，而这正是澳门亟须面对的问题。

世界范围内，尤其是亚洲的博彩业的兴起与发展，给澳门带来了极大的竞争，澳门这种以博彩业为经济支柱和命脉的单一经济结构体，一旦陷入这种包围和竞争，无疑是十分危险的！

在这种情况下，博彩业俨然成了澳门经济发展的软肋。

那么，如何找到出路、突出重围，确保自身在世界的领先地位？这显然是澳门必须要慎重思考的难题。

三、错失良机

前面我们回顾了澳门四百多年的发展历程，在这段可以说是漫长的岁月中，澳门经历了三次衰落、三次崛起。细想一下，每一次崛起中的澳门似乎都扮演着一个征战沙场、开疆扩土的勇士，总是在危难之时，凭借一身过人的胆量力挽狂澜；但却不是一个洞察世事、预料先机，能在危险出现前就规避过去的睿智者和谋略家。

《孙子兵法》曰：“以谋为上，先谋而后动。”这是因为，“无谋而动”可能会取得成功，但这种成功是短暂的，甚至潜藏着种种的隐患和祸根，而“谋而后动”不但可以事半功倍，而且更能获得具有深远意义的胜利。

反观澳门，每一次崛起的背后都潜藏着危机，这正是因为，澳门“谋”得不够。

回顾历史，在发展道路上因为“谋”得不够而虽然名震一时却以惨败而收场的城市屡见不鲜。

我们以珠三角的城市为例。

珠三角是在中国改革开放和市场经济发展中成长起来的一片神奇的土地。而且，现在的珠三角，其实已经不是一个单纯的地理区域概念，它早已经成为一个被经济学界争相关注和研究的经济概念。改革开放30多年来，珠三角诞生了一批耀眼的经济新星：顺德、中山、深圳、东莞、惠州、佛山等等，一个又一个城市在珠三角这片大地上缔造出经济发展的神话，成为其他地区和城市竞相学习的楷模。

然而，30年岁月如白驹过隙，珠三角曾经举足轻重的经济地位不可避免地趋向了衰落，不禁使人扼腕叹息：英雄已迟暮矣！例如，“深圳，你被谁抛弃”？“可怕的顺德”现在已经不再“可怕”，江门，现在也已经找不到新的攀登之“门”。[①] 真正应了那句“打江山难，守江山更难”。

当然，答案也很简单，因为“打江山”更多需要的是勇气，而“守江山”需要的却是智慧，“有勇无谋”是万万不可的。

珠三角由盛而衰的例子，让人禁不住感叹“其兴也浡焉，其亡也忽焉”！

可是，我们不禁还要问：“澳门，你准备好了吗?”澳门，你明天的奶酪在哪里?未来的增长极又在哪里呢?

我们还要大声疾呼：宁肯以后花钱买棺材，却不肯现在就花钱买药看病，这实在是一种短视的行为。因此，面对严峻的问题，究竟是学杜鹃声还是做乌鸦啼?是一味撰写自欺欺人的光明行安乐颂，还是效法刺破安乐梦的蒺藜、长鸣报警的钟声，发出不信东风唤不回的杜鹃的带血的啼叫、撰写危言耸听的盛世危言?答案是亟待选择的！

何况，说到澳门的文化产业，那只好是以“有文化却没有产业，有艺术却没有产业”来概括。这当然很残酷，但毕竟是事实。当然，之所以如此，我们可以从很多方面来开脱自己。例如，刚刚起步，等等，但是，以本项目的主持人这样一个在内地多年从事战略咨询策划的业内人士的眼光来看，其实，关键还是在战略咨询策划的意识不强，换言之，就是缺乏战略咨询策划专家的参与。中国有句古话，叫做：“谋而后定”。澳门的问题就在于少谋，就在于“定而后谋”，甚

---

① 李桂生：《〈江门三部曲〉之完结篇——江门，你被谁抛弃?》，见2005年8月23日广东省人民政府政务论坛：http://bbs.gd.gov.cn/thread-145495-1-1.html。

至“定而不谋”。现在经常说：要提升“硬实力”，要打造“软实力”，可是，人们却往往忘记，在这两者之间，应该还存在着一个非常重要的“巧实力”，还存在着一个善用“巧实力”的问题。

打个比方，驾驭城市也犹如行船，当城市的航船从长江驶入大海之时，人类也必须及时转变观念，要学会不再凭眼睛和经验去辨认航道，而是学会用罗盘，学会看航海图，学会掌握潮起潮落的规律，一句话，学会从传统的船老大变为现代的船长。

而我们今天也要学会去“谋”，学会去善用“巧实力”。

以澳门为例，因为在“谋”上、在善用“巧实力”上下功夫不够，因此，澳门过去已经丧失了两次发展文化产业的天赐良机。

第一次，是发展电视传媒。在香港凤凰台崛起的时候，澳门也应该快速跟进。凤凰台以新闻立台，澳门的电视台就以娱乐立台。试想，当年如果如此，那今天会是什么繁荣景象？可惜，现在内地的电视台已经睡醒了，其中如湖南台、江苏台，人称“江湖双雄”。而澳门的几家电视台，现在实在是个小弟弟了。而且，要想再打电视牌，难度系数也太高了。

澳门观音像及旅游塔

第二次，是争取迪士尼乐园在澳门落地。迪士尼乐园在香港落地并非最佳选择，因为那是一个商业都市。可是，如果落地澳门呢？作为娱乐天堂的主打产品，它会极大提高澳门的身价。有了它，澳门就有了主心骨。文化产业不需要大而全，也不需要小而全，对于袖珍型的澳门来说，尤其如此。因此，如果有了迪士尼乐园，澳门的文化产业就基本搞定了。在此基础上再打造一条产业链，也就大体可以了。可惜，澳门没有去全力拼抢这个大项目。

还有一个可以讨论的例子，就是台湾的“诚品书店”的引进。

对于知识分子来说，去台北必去“诚品书店”，这已经是一种“朝圣”般的选择，而即便是一般游客，也大多倾向选择去那里“到此一游”。而澳门区别于世界上其他赌城的，就是它还有历史，有文化、有世界文化遗产，试想，争取“诚品书店”在澳门落地，会是一个多么令人振奋的选择?！犹如“咖啡加奶”，“诚品书店”一旦落地，无疑会产生“一加一大于二”的效果，遗憾的是，澳门似乎在这个方面的努力也还是不够。

当然，亡羊补牢犹未晚也，澳门的前面还有机会。只是，这个机会是一定要期待着“谋而后定”的。换言之，澳门千万不要再做“有勇（大胆搞博彩）无谋（文化产业发展缓慢）”之类的事情了。

我们由衷地相信：勇于拼搏的澳门必定会抓住历史机遇，突破升级困境，再次成为独领风骚的佼佼者。

澳门已经高踞峰巅，但尚未登临绝顶。

谋定而后动的澳门，定当一飞冲天，实现自己的世纪之梦！

第三节　寻找出路

一、研究回顾：路在何方

高速的经济增长使澳门的前途看起来一片光明，然而完全的光明就像完全的黑暗一样令人可怕，置身于纯粹的光明就像置身于纯粹的黑暗中那样看不清任何东西，也辨不明任何方向。

博彩业为澳门经济成长的贡献绝对无可非议，然而博彩业的“内忧”、“外患”不可忽视。

如今，澳门是强强竞争，在急速扩张的全球赌业军团竞争中继续依赖博彩业这个“非健康产业”，还是壮士断腕，努力培育新的经济增长点，尽快扭转产业的“极化”结构？抑或独辟蹊径，寻求博彩业与其他产业的融合发展？这些问题都是澳门在第二个十年发展中亟待思考和选择的战略性问题。面对这些问题，围绕着博彩业的“去或者留”，学者们逐渐形成了澳门未来经济发展战略的诸多观点。

归纳和总结这些观点，大致可以分为以下三种。

1. 控制博彩、弃“暗”投明

这种观点，认为应该适当控制博彩业的发展规模和速度，积极发展非博彩业。如学者覃成林在《基于产业和文化资源优势的澳门城市形象定位研究》中认为，澳门的“赌城”形象虽然具有世界性的知名度，但是缺乏美誉度，对澳门的国际竞争力呈负面效应。[①]

张萌、陈蔚在《澳门城市生态旅游开发浅议》中，指出自身过度依赖博彩业，并且周边地区相继开赌，澳门旅游与经济“内忧”、“外患”不容忽视。[②] 而且博彩业并非健康产业，长期发展亦会带来严重的社会治安问题。[③] 因此，应加快发展其他产业，降低博彩业在整个经济结构中的比重，如大力推进城市生态旅游，适时发展电子（娱乐）设备及其配套、环保轻工产品、旅游产品加工、海洋药业与中成药等新兴工业[④]，特别是要大力发展旅游文化产业[⑤]，等等。

---

① 覃成林：《基于产业和文化资源优势的澳门城市形象定位研究》，《城市发展研究》2009 年第 10 期。

② 张萌、陈蔚：《澳门城市生态旅游开发浅议》，《生态经济》2010 年第 7 期。

③ 冯邦彦、黄佳佳：《澳门博彩旅游业的发展与制度改革》，《特区经济》2003 年第 10 期。

④ 褚俊虹：《澳门产业结构调整：第二产业发展的一些观点》，《学术论坛》2008 年第 3 期。

⑤ 郝雨凡、姜姗姗：《澳门多元经济与珠澳整合》，《广东社会科学》2009 年第 4 期。

2. 肯定博彩、内部调整

第二种观点，主张应继续大力发展博彩业。博彩业是澳门的生存之本，博彩经济仍将是澳门经济生活中的第一要务①。澳门作为一个微型经济体，博彩业一业独大的现象在逻辑上是具有一定合理和必然性的②。目前，澳门博彩业的主要问题是客源市场的单一化，即主要依靠内地旅客。2003年以后，随着内地对澳门旅游开放政策的阶段性变化，澳门博彩旅游客源市场主体由香港到内地、由国际到国内转变，“内地化”的单一客源“旅游环境风险很大”③。因此，澳门博彩业发展的关键在于促进客源结构的多元化、国际化，拓展国际客源，逐步减少大陆客源的比重，以降低澳门赌业的产业风险，并发展以博彩业为核心的虚拟经济④。

3. 结合博彩、多元发展

第三种观点，则依据“经济适度多元”政府战略意图，提出了博彩业与其他产业融合发展的思路。如将博彩业与文化创意产业融合互动发展⑤，与旅游业有机地结合。毛艳华在《澳门经济适度多元化：内涵、路径与政策》中指出，博彩业可以与旅游业结合，如包括观光文化、度假休闲、购物和会展等结合，把酒店、餐饮和娱乐业连为一体，以实现产业结构优化和经济适度多元的战略目标。⑥ 而融合发展的最终目的是为改变澳门经济发展过度依赖博彩业的模式，避免经济

---

① 王五一：《“赌权开放”与澳门博彩业发展》，《广东社会科学》2011年第2期。

② 郑华峰：《微型经济体的产业比较及其对澳门发展启示》，《亚太经济》2010年第3期。

③ 张小平、官志和、单瑜：《澳门博彩旅游客源市场“内地化”趋向的分析》，《云南财经大学学报》（社会科学版）2010年第2期。

④ 张雷：《基于虚拟经济视角的博彩业研究——以澳门博彩业为例》，《开放导报》2009年第3期。

⑤ 王鹏：《澳门博彩业与文化创意产业的融合互动研究》，《旅游学刊》2010年第6期。

⑥ 毛艳华：《澳门经济适度多元化：内涵、路径与政策》，《中山大学学报》（社会科学版）2009年第5期。

结构过度单一化的局限，调整博彩业自 2001 年以来作为“龙头产业”的定位，使那些从博彩业中衍生和扩张出来的新产业成为未来澳门经济的支撑。

上述研究成果不乏真知灼见，但却主要是产业经济学、区域经济学等经济学理论的研究成果，管中很难窥豹之全貌，较少能够把握澳门经济社会的整体状况，因而对政府的战略决策所起的参考作用也就较为有限。那么，澳门的出路究竟在哪里呢？

二、路，就从这里开始

关于澳门的出路，我认为最为重要的，就是不要唱衰澳门，过多指责博彩业，过多主张离开博彩另辟蹊径，过多提倡弃“暗”投明，诸如此类的看法，我们都是非常不赞成的。

我们认为，在今后澳门经济的发展中，博彩依然是重点。

在澳门，很多人都喜欢说，继新加坡之后，日本、印度和中国台湾等国家和地区纷纷在考虑将赌场合法化，澳门博彩业结束本轮黄金发展期的日子越来越近了。这种“唱衰澳门”的做法，我们很不赞成。

从“东方渔港”到“东方拉斯维加斯”再到“世界博彩一哥”，澳门的发展堪称神速。2010 年，澳门地区生产总值达到 2237.4 亿澳门元，人均 GDP 达到 51214 美元，比 2009 年分别增长 31.5% 和 30.8%，继续位居世界最发达地区之列（根据世界银行的统计资料，澳门 2010 年人均 GDP 仅次于卢森堡、挪威、瑞典和丹麦等四国）。[①] 当然，不可否认的是澳门的发展也存在着一个极化趋向：博彩几乎占了澳门经济的大半壁江山，2010 年达到 77.72%。为此，有人就觉得澳门置身危险的边缘。但是，在我们看来，对于澳门这样一个袖珍经济体来说，能够有博彩“一枝独大”是莫大的幸运。否则，澳门真要

① 2010 年世界各国/地区人均 GDP 排名（IMF 数据库 2011 年 4 月 11 日发布），见 http://www.360doc.com/content/11/1119/15/5931940_165747760.shtml。

不知何以存身了。为此，我们应该常存感恩之心！

众所周知，澳门目前博彩“一家独大”的产业政策其实不是澳门的主观选择，而是客观必然。固然，邻近国家开赌或者是经济转型，但是澳门却不同，对于澳门来说，完全是生死攸关，没有了博彩，澳门就什么也没有了。因此，必须首先去聚精会神把博彩做大做强。澳门要与世界“煮酒论英雄”，别无他选。澳门必须进入博彩发展的深水区，澳门发展的盛世寓言目前也首先必须由博彩来书写。在澳门这个弹丸之地要“你有我有全都有”的花腔或者玩“为多元而多元”的潇洒，那必然是死路一条。在澳门，需要的就是“靓女先嫁”，博彩先嫁，只有博彩经济才是拳头经济，也才是澳门的王者归来之路。

因此，“沉舟侧畔千帆过，病树前面万木春”，澳门不如专心把赌城做大，博彩业的蛋糕做大——而且，做到最大。

具体来说，博彩对于澳门也确实是发展的契机，起码会带来四个直接的效果：第一，为澳门创造了更多的就业机会，提高了整个社会的就业率；第二，给澳门博彩业现有员工的福利待遇改善带来了机会；第三，创造了博彩培训业。

而且，就澳门自身而言，博彩的赌害其实也并不像想象的那么大，因为参与赌博的主要是外来游客，他们把钱扔下，把种种因此而导致的社会成本背了回去，在所住地发酵，与澳门无关。其次，澳门长期开赌，居民早已见惯不惊，已经形成了自己居民不赌的习惯。

博彩业本身并没有好与坏、对与错，关键是我们应该怎样利用博彩业扬长避短、趋利避害来发展经济。如果在今天这种处处都搞博彩业的情况下，澳门却反过来限制、甚至放弃博彩业，那无疑是战场上的逃兵！对于博彩业的竞争来说，这就是一场强强相遇的战争，放弃、逃避、妥协都没有用，唯一取胜的办法就是采取合理的策略将对手彻底打败！对于澳门来说就是要将博彩业做大做强！做到任何人都无法模拟和超越的地步！

还回到相当一部分人喜欢以博彩末日将近的预言来“唱衰澳门”这个问题，其实，只要澳门坚持把博彩做到全世界最大最强也做到最全最丰富，全世界都搞博彩又有什么关系呢？何况，几十年上百年以后的博彩黄金期的结束，难道就真的那么可怕？我们要相信那个时候的澳门人是像我们今天的人们一样的绝对聪明的。我们何不妨把这个难题留给他们，并且相信以他们的智慧是完全可以很好地解决这个问题的。现在我们要告诫自己的只是，不要因噎废食，不要为了非常遥远的未来有可能会发生的一种可能而停止今天的前进的脚步。例如，有人经常“唱衰空气”，预言说，将来会发展到空气也要出售与购买，甚至出门要自带空气的地步，那么，难道今天我们要立即就开始放弃呼吸空气，却找一种新的东西来取代吗？我们在做战略咨询策划的时候经常说，损失惨重的胜利其实就等于完败。澳门如果放弃发展博彩业，或者放弃呼吸空气，其实就是损失惨重的胜利，其实，也就是完败。

三、澳门“第二个十年”：博彩业由大做强

虽然从整体上来看，澳门已经步入了世界发达地区行列，但仍然面临经济结构极化、人力资源不足、贫富差距加大等矛盾，经济社会的可持续发展面临极大挑战，第二个十年的重点应当突出“促进经济适度多元发展”。

不过，澳门的经济适度多元发展，并不是限制、控制甚至打压博彩业，而是要从“一业独大”发展到“根深叶茂”，成为全球最大、世界最强的博彩业①。

1. 博彩业符合澳门实际发展需要

澳门博彩业自1847年合法化，至今日已超过160年历史。作为自然资源极度匮乏的微型经济体，产业集中才有优势，如卢森堡、冰岛、瑞士、摩纳哥等，莫不如此。

① 孙威、苏武江：《对澳门“第二个十年”发展战略的思考》，《经济导刊》2012年第2期。

当前，社会用于休闲娱乐的时间和金钱越来越多，包括赌博在内的休闲活动类型已经成为广泛被接受的休闲行为。不难想象，随着思想的开放、经济的富裕、社会制度的不断完善，博彩业会变得越来越正规化、合理化、娱乐化，越来越多的人会参与这种娱乐休闲方式。

因此，博彩业是澳门的客观实际需要，具有存在的合理性和必要性，博彩业在未来仍将是澳门的主导经济。

2. 澳门具有将博彩业做强的条件

“一国两制”是澳门博彩业发展的法律依据。尤其是，《澳门基本法》第118条规定：“澳门特别行政区根据本地整体利益自行制定旅游娱乐业的政策”。[①] 澳门开放赌权后，保持经济高速增长，被誉为“一国两制的成功典范”[②]。

随着“赌权”开放，竞争机制和国际资本涌入澳门，澳门博彩业进入国际化发展轨道，经济和社会面貌更焕然一新。

如果说，全球经济中最大的亮点是澳门博彩业在“第一个十年”中创下的辉煌成就，那么，在“第二个十年”发展中，最令人激动和期待的则莫过于进一步将博彩业羽化为全球最强。

3. 澳门具备修正博彩形象的实力

从有记载的人类历史开始，赌博就已经是一种极为盛行的娱乐活动，而且越是历史悠久的文明国度往往越是赌博较早出现的地方。但赌博也是有害的、更蕴含着罪恶，它会导致病态赌徒增加、罪案飙升、家庭破产、婚姻破裂等社会问题。而在传统观念看来，“博彩”就是“赌博”（gambling），“赌博”换成“博彩”是偷换概念，掩盖“赌城本质”。实际上，从研究指标来看，离婚率和罪案发生数目与博

---

① 赵国强：《〈澳门特别行政区基本法（草案）征求意见稿〉的特点》，《法学》1992年第3期。

② 孙威、苏武江：《对澳门“第二个十年”发展战略的思考》，《经济导刊》2012年第2期。

彩业的壮大关联并不大。何况，160 多年的历史，使得澳门的博彩业已经形成了无形资产，因此，澳门亟待要做的，只是去改变、提升澳门的形象，形成“绿色博彩”。

回归祖国的第一个十年，澳门已经发展成为全球博彩业营业额最高的地区，面对席卷全球的博彩合法化浪潮和汹涌发展的各国博彩业军团，澳门切不可在博彩业“去或者留”的问题上左右摇摆，而应通过与其他产业，主要是文化创意产业的相互整合，延伸博彩产业链和技术含量，丰富博彩的文化内涵、娱乐色彩和旅游特点，逐渐改变博彩投机性强的产业特点，增强博彩的健康化、文化化、娱乐化，提高博彩业的核心竞争力，使博彩业由最大向最强发展。可以展望，未来的某一天，我们不经意间会发现博彩与旅游、文化、娱乐等一样，成为一个健康产业，而“去澳门博彩”也会成为一个有文化内涵的、健康休闲的娱乐活动。

四、最好的选择：发展文化产业

前面的分析中，我们首先已经否定了那种“唱衰澳门”、限制博彩、放弃博彩的观点。其次，我们十分赞同的一种应对之策则是“要肯定博彩，并要在此基础上解决问题”。但解决澳门目前经济发展中的桎梏和隐患，不是单单肯定博彩就可以了解的。我们所说的“将博彩业做大做强”只是澳门走出困境的第一步，这一步做好了，就可以让澳门在周边博彩业的竞争包围中抢占先机，立于不败之地，更可以让澳门拥有更多的资源来发展其他行业，以促进经济发展。但是澳门经济想要进入可持续发展的良性轨道，更关键的是要走好第二步，就是要与一个具有优势的其他产业即文化产业相融合，催生出适度多元的经营模式。关于这一点，社会上许多学者也有类似的看法，但是，他们大多都是另起炉灶，寻找其他产业与博彩业融合，而且也没有充分考虑澳门实际情况；同时，在关于多元化发展的问题上往往是“过度”强调多元化，而不是“适度”强调多元化。

正是基于上述三点想法，构成了我们的最为根本的出发点，那就是——在将博彩业做大做强的基础上大力发展文化产业，将博彩业与文化产业相整合，以促进经济结构、产业项目、经营模式的适度多元化发展。

为什么澳门就一定要发展文化产业不可呢？

回顾历史，我们发现澳门自古以来就是中国面向世界的一个窗口，它背靠大陆、面向海洋，是中西方海上贸易航线中的重要港口，也是中国最早接触到西方文明的地区。16 世纪 50 年代，葡萄牙人在澳门取得了合法居住权，而欧洲其他国家，如西班牙、意大利等国的商人、旅行者、传教士等等也借中葡通商之路来到中国，这些外国人大都在澳门停留、聚集、生活，在感受、体验、考察中国文化的同时，也将大量的西方文化引入中国。那时的澳门就已经成为中西方文化相互交流相互融合的中心。这种中西方文化的对撞加上澳门自身具有的海洋文化特质，以及澳门独特的历史地理条件，使得澳门形成了一种开放与多元的文化环境。多种文化在这片狭小而神奇的土地上和谐共生，并不断衍生发展，为澳门文化产业的发展提供了独特的资源和宝贵的财富。

然而，当我们回顾澳门经济发展的历史时，让我们惊心的是，这种独有的珍贵的文化资源从来就没有得到过足够的重视和充分的发展。可是，放眼世界，不难发现，当今的世界经济形势已经发生了巨大的变化，文化产业在经济全球化迅猛发展的背景之下得到了前所未有的重视。越来越多的国家、经济区域和经济体都把文化产业的发展放在了首位，尤其是欧美等西方国家在文化产业的发展上已经取得了不小的成就。

值此之际，澳门应当顺应世界经济发展的趋势，结合自身的博彩产业优势和文化资源优势大力发展文化产业，另辟经济发展路径。为此，前任特首何厚铧先生和现任特首崔世安先生都曾多次强调，文化产业将会是特区下一阶段澳门重点发展的、具较大发展潜力的新兴产业。2010 年 8 月，崔世安特首更是批示设立文化产业委员会，诸如此类，都不应该是为了居安思危，而是为了谋求更大发展机遇和更大的发展空间。

从这些客观现实上看，澳门拥有发展文化产业得天独厚的资源与条件，归纳起来，有以下几个方面：

首先，澳门拥有独特的历史文化资源。从 16 世纪开始，中西方的文化就在这里交汇，两者之间不断地相互渗透、相互融合，在这一漫长的过程中，中西方文化不仅把自己最具代表和象征的精华保留下来，而且还相交衍生出同时兼具中西方文化特色的结晶。例如，澳门很多的建筑物，在构造、外观、装饰上都同时能够找到中西方建筑的风格和特色。在澳门，像这样别具特色的历史遗存还有很多，身处于澳门，随时随地都可以感受到传统的中国文化和地道的欧洲风情。这些历经了岁月的凝练而积淀下来的特色文化资源是澳门发展文化产业的宝贵财富。

澳门大三巴

其次，澳门拥有开放多元的文化氛围。自 16 世纪起，许多外国人就陆陆续续来到澳门，他们带来了不同的思想、不同的价值观念、不同的宗教信仰、不同的语言、不同的生活方式，等等，但却共同生活在一起、相交相惜、和谐共存。由于澳门这种特殊的历史背景和人文背景，使澳门对于各种文化形成一种极为包容和宽容的态度，造就了澳门开放多元的文化氛围。这种氛围有利于吸引和吸收世界各国不同性质、不同内容、不同领域的文化产业前来发展，为澳门文化产业的发展提供更宽广的市场空间。

澳门海滩

再次，澳门具有典型的海洋文化特质。澳门的海洋文化特质得益于澳门优越的地理位置，它背靠内陆，面向海洋，是联通内陆与海外的一座桥梁，内陆文化和外来文化在这里得到中转和交流。再加上澳门处于亚热带，气候环境适宜，海洋资源丰富，渔业船业发展良好，这些典型的海港城市特色反映了其典型的海洋文化特质，而这种海洋文化特质又催生了以海外贸易为代表的海洋经济的发展。

最后，外部环境的支持。文化产业的发展已经成为全球经济发展的热点。由于文化产业所涉及的领域十分广泛，它可以和众多行业进行对接、交叉和融合，因而文化产业对整体经济发展的影响力和推动力不容忽视。欧美一些发达国家在文化产业的发展上已经先行一步，并且取得了不少成绩。文化产业的全球化发展浪潮为澳门文化产业提供不可多得的机会。澳门特区政府也大力支持澳门文化产业的发展，增设部门，成立文化产业委员会，加强文化产业类人才的培养，把文化产业的发展放在重要位置。这些外部环境创造的机遇和条件大大拓宽了澳门文化产业发展的生存空间。

上述资源和条件都是澳门发展文化产业不可多得的优势。选择发展文化产业不仅仅是因为大势所趋，也不仅仅是因为澳门适合发展文化产业，更重要更关键的原因是，只有文化产业可以和博彩业做到最好、最大程度的融合，并延伸出相关产业链条和衍生出多种娱乐休闲项目，丰富和增加博彩业的内涵，提高旅游业的对外吸引力，树立澳门新的城市形象。而从城市建设意义上讲，澳门要成为一个非常具有吸引力的旅游目的地，就要从“赌城”变成“娱乐之都”。在这个方面，澳门别无选择，只有尽快发展为一个宜人的旅游目的地，开发凼仔、路环新区，建成一个具有极品生活趣味的国际小区，澳门才能成为名副其实的“旅游胜地”。

而这一切的转变都要靠与文化产业结合来发展和实施。归根结底，澳门发展文化产业，其实就是为了留住2800万游客，并吸引更多的游客前来，给游客们一个除了“博彩”以外的来澳门的理由，无疑，这正是澳门的商机之所在。因此，澳门发展文化产业，只能是也必须是以谋求更大发展机遇和更大发展空间为目的。

由此，如果将澳门比作一体正在腾飞的经济巨龙，那么博彩业必定是这条巨龙的龙头、文化产业就是龙身，而由博彩业和文化产业带动起来的服务业就是龙尾。有了龙头、龙身和龙尾，澳门这条经济巨龙必定能冲破云霄、直上九天！

第四节　两千亿的烦恼

然而，也许有人会质疑，小小澳门还有发展文化产业的空间吗？自回归以来，澳门的经济发展取得了令人瞩目的成绩，呈现逐年增长的趋势。但作为一个小型经济体，澳门经济发展中同样存在着资源匮乏、结构单一、依赖性强等问题，再加上周边地区纷纷发展博彩业使该行业的竞争越演越烈，似乎澳门经济已经发展到了瓶颈阶段，无怪乎人们对于澳门未来的经济形势表现出种种担忧和质疑。那么澳门是否还有发展潜力？澳门经济是否还有增长的空间呢？

一、两千亿："拉斯维加斯模式"下的澳门

说到澳门的发展，人们总是会拿澳门与拉斯维加斯作比较，把澳门称为"东方的拉斯维加斯"。作为世界十大赌城之首的拉斯维加斯确实是值得学习的楷模，我们要印证澳门的经济增长空间，完全可以和拉斯维加斯作一个比较和计算。

曾经，博彩业给拉斯维加斯带来高回报的同时，也给其带来了众多负面影响，人们曾称之为"罪恶之城"，再加上博彩业竞争的不断加剧使拉斯维加斯意识到单纯发展博彩业已经成为其经济发展的桎梏，于是，拉斯维加斯走上了一条产业多元化之路。

近年来，拉斯维加斯不仅仅只注重博彩业的发展，更致力于会展、表演、娱乐休闲、度假疗养、婚庆、高端文化消费等行业的发展。其中的婚庆产业，据说已经成为拉斯维加斯的第三大支柱产业。每年有将近 12 万对男女到拉斯维加斯登记结婚，尤其是众多的明星，如刘德华、黎明、杨千嬅等等都选择在拉斯维加斯秘密结婚。① 其他行业的发展也为拉斯维加斯带来了巨大的经济效益：会展业的发展使拉斯维加斯成为了世界会展之都，2009 年拉斯维加斯一共举办了 19394 场会展活动，出席会展会议的人数高达 449.23 万人次，给当地经济带来约 5.25 亿美元的贡献。②

---

① 《探秘世界结婚之都拉斯维加斯》，见新浪旅游：http://travel.sina.com.cn/news/2009-09-03/1038104901.shtml。

② 《美国拉斯维加斯会展业》，见 http://blog.sina.com.cn/s/blog_6bf9f86b0100uyc2.html。

表演业的发展也吸引了大量的游客，尤其是大型表演已成为拉斯维加斯吸引游客的招牌项目，据调查，到拉斯维加斯的游客中超过70%的人在逗留期间都会去观看各类表演。这些多元产业的发展与博彩业相互拉动相互促进，共同推动了拉斯维加斯经济的新发展。每年来拉斯维加斯旅游的3890万游客中，来购物和休闲度假的占了大多数，专程来赌博的只占少数。① 经过10年的发展，昔日的“罪恶之城”已经脱胎换骨，成为世界知名的旅游休闲度假胜地之一。MRC公司还对人们来拉斯维加斯的“理由”作出过详细的统计：②

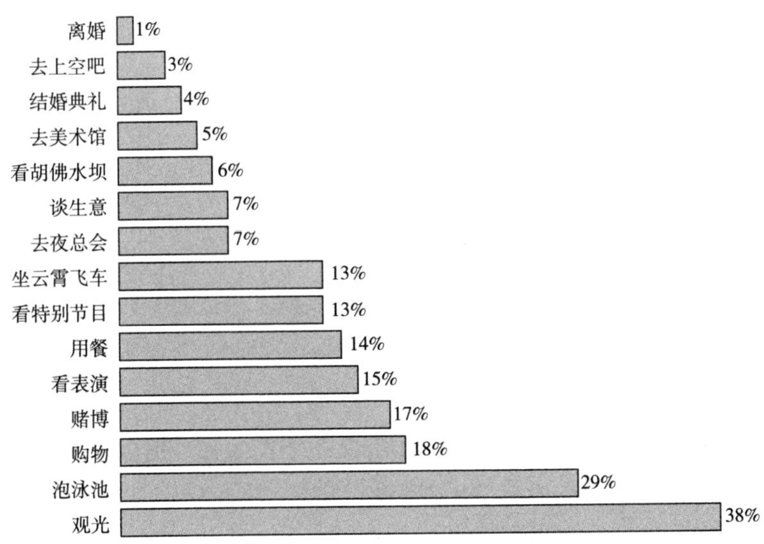

图1－6　游客赴拉斯维加斯的理由

目前拉斯维加斯赌场收入中有将近60%是来自非博彩的项目，在博彩收入并未减少的情况下，拉斯维加斯总收入中的非博彩收入却在大幅度提高，经济收入对博彩业的依赖明显降低，现在博彩业收入仅占其总收入的约30%。游客在拉斯维加斯的非赌博支出中有近80%

① 曾忠禄：《澳门与拉斯维加斯博彩产业比较研究》，《澳门研究》2010年第4期。

② 《医院营销之赌城营销启示录》，见 http://www.hxyjw.com/yingxiao/yxcl/1150233/2.shtml。

用于住宿饮食娱乐等，可见游客来拉斯维加斯大多是休闲度假、享受生活、品尝美食的，这增加了游客在拉斯维加斯的停留时间，从而提高了经济利润的增长空间。① 拉斯维加斯转变经营战略，以博彩业为基础大力发展多元化产业，这不仅没有削弱博彩业的竞争力，反而推动了博彩业的进一步发展，提高了博彩业的利润与收益。

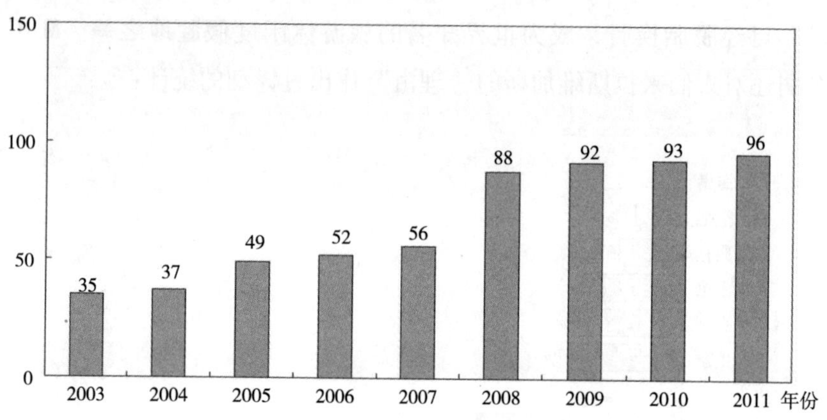

图 1－7 澳门酒店数目

数据来源：澳门特别行政区政府旅游局。

那么，如果澳门也按拉斯维加斯模式来发展呢？据数据显示，到拉斯维加斯的游客几乎 100% 会在此过夜，平均停留时间为 3.5 个晚上、4.5 个白天。② 而目前游客在澳门的平均停留时间仅为 1.5 天，这说明澳门在游客心中更多地表现为“空中走廊”，观光一下就走了，而没有当成是自己的“客厅”甚至是“卧室”。而如果按拉斯维加斯模式发展完全可以达到 3.4 天，从 1.4 天到 3.4 天，可以将客房入住率提高到 90% 左右，这无疑能够给澳门带来巨大的经济提升空间。

如表 1－7 所示，截至 2010 年底，澳门有星级酒店 60 家，其中五

① 曾忠禄：《澳门与拉斯维加斯博彩产业比较研究》，《澳门研究》2010 年第 4 期。
② 曾忠禄：《澳门与拉斯维加斯博彩产业比较研究》，《澳门研究》2010 年第 4 期。

星级23家、四星级13家、三星级12家、二星级12家，另有31家公寓。而这91家酒店场所一共提供的20091间客房，48386个床位，2010年酒店的平均客房入住率为81%，其中五星级酒店79%，四星级84%，三星级82%，二星级77%；而公寓只有57%；总的入住率为80%，[①] 显然，还远不够饱和。

表1－7　2010年澳门客房/床位及入住情况

项目＼酒店	五星级	四星级	三星级	二星级	公寓
数量	23	13	12	12	31
可供应用客房	11988	4338	2397	798	570
可供应用床位	30672	9773	5171	1678	1092
入住率（%）	79	84	82	77	57

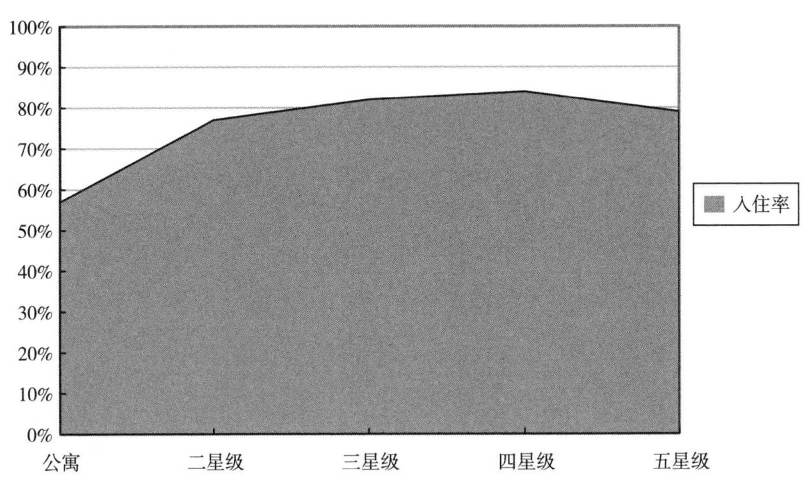

图1－8　2010年澳门各类酒店客房入住率

如果按照拉斯维加斯的模式进行计算，澳门显然存在着巨大经济

① 数据来源：澳门特别行政区政府统计暨普查局官方网站：http://www.dsec.gov.mo/default.aspx。

增长空间。澳门2009年的博彩业收入是1204亿澳门元，在拉斯维加斯模式中则意味着这只占总收益的30%，还有另外70%来自于非博彩业如会展和旅游业。在保持澳门博彩收入不变的情况下，按这样的比重计算，澳门的非博彩收入将高达2千亿澳门元左右，显然，这对于澳门整个经济来说都是一笔可观的收入。而且2千亿的数字应该说只是一个套用拉斯维加斯模式计算出来的“保守估计”，其实澳门完全可以做得更好！

如此巨大的经济增长空间证明澳门经济的发展并不是进入一个所谓的“瓶颈期”，充其量只是成长道路上的烦恼而已，而这个烦恼说到底就是如何赚这2千亿的烦恼，就是如何赚得更多的烦恼！

二、博彩城市的取胜之道

在回答如何解决赚钱的烦恼这个问题前，我们不妨先看看别人是怎么做的。

1. 摩纳哥

世界四大赌城之一的蒙地卡罗其实并不是一座城市，它只是其所在国——摩纳哥公国的一个街区。摩纳哥与澳门的情况最为相似，两者同为世界著名的赌城，同样是面积狭小、人口密度高（摩纳哥公国面积为1.95平方公里，人口密度为每平方公里约16398人；[①] 澳门面积为32.8平方公里，人口密度为每平方公里约16982人），同样是背靠大陆、面朝海洋的地理环境，因此澳门与摩纳哥具有极大的可比性。

摩纳哥的赌场数量很少，只有5个，而且规模也不大，属于国家垄断行业，竞争程度低；但其历史悠久、知名度高，一直以来吸引了大量的游客前往。但今天的摩纳哥令人神往的不再是它举世闻名的赌

① 摩纳哥，见 http：//baike. baidu. com/view/2523. htm？ph =255。

场，而是它舒适的生活环境、丰富的人文景观、美丽的蓝色海岸、得天独厚的自然风光。据摩纳哥官方资料统计，其博彩业的收入占财政收入的比重已由20世纪初的95%下降到现在的4%（国家垄断行业）左右。[①] 这一比重的下降，并不是由于博彩收入的减少，而是由于经济多元化发展的模式使其非博彩业的收入得到了极大的增长！

摩纳哥利用其独特的资源和条件成功地转型为多元化的经济模式，如今摩纳哥的支柱产业包括金融服务业、商业贸易、旅游业和工业（主要是轻工业）。金融服务业之所以能够在摩纳哥充分发展起来，是因为摩纳哥吸引了世界各地的富豪在这里生活居住。摩纳哥优越的地理位置，优美的自然环境，舒适安谧的氛围提供了良好的居住环境；更重要的是摩纳哥是一个低税制的国家，居住在这里的外国人不用缴包括个人所得税在内的多种税目，因此许多富豪居住在这里，既可以享受生活又可以合法避税；另外在摩纳哥开办的国外企业所缴的税种少，税率也低，因此吸引了大量外资在摩纳哥开办企业，这些企业的开办提高了就业率，促进了对外金融贸易，繁荣了摩纳哥的经济。

2. 马来西亚

马来西亚博彩业始于20世纪70年代初，主要形式是赌场，著名的云顶赌场位于马来西亚的吉隆坡北面的云顶高地上，它是马来西亚唯一合法的赌场。云顶赌场的经营使马来西亚的经济获得了巨大的增长，云顶集团大力开发和丰富赌业的多种形式，使赌业不再仅仅限制于赌场之内。

云顶集团将赌业发展由陆地延伸到海域——邮轮赌场。云顶集团拥有世界上最大的游船业务，该业务由云顶集团旗下的丽星邮轮有限公司经营，成立于1993年，最初总部位于马来西亚的巴生港，现已移到香港，经过十多年的发展，丽星邮轮已经成为“亚太区的领导船队”，世界第三大联盟邮轮公司之一。“丽星邮轮的航线遍及亚太区、

① 张增帆：《金融危机对我国博彩业的影响及对策》，《经济师》2009年第7期。

南北美洲、夏威夷、欧洲、地中海等200多个目的地，停靠的港口有：马来西亚的巴生港、关丹、槟城、朗卡维，新加坡，中国的香港、台北、厦门、海口，以及日本的大阪等。”① 云顶集团还将现实的赌场发展到互联网的虚拟赌场。2008年其旗下在海峡群岛注册的子公司开始经营网上虚拟赌场，游戏包括轮盘、21点、百家乐等，目前欧洲部分国家的居民都可以通过网络存钱和赌博。

云顶集团通过创新博彩方式的途径将其赌业延伸到更广阔的空间，这是非常值得澳门博彩业学习的。邮轮赌场就等于是一个流动的赌场，为不同地区的赌客提供了方便，甚至是禁赌地区的赌客也可以方便地赌博。例如在香港赌博是不合法的，但许多邮轮赌场可以通过停泊在公海的方式规避禁赌的法律。而互联网赌博可以触及的空间和市场更加广泛，目前由于考虑到其带来的危害，以及没有制定出有效的监管措施，因而只能在有限的范围内开展。

三、非博彩城市的成功之法

1. 马耳他

马耳他是位于地中海中部的一个岛国，有“地中海心脏”之称。它北距意大利西西里岛93公里，南距北非海岸288公里，西距直布罗陀1826公里，东距亚历山大港1510公里，是南欧、北非和中东三地的海上要冲，在地中海上具有重要的战略位置。国土面积316平方公里。国土内共由5个岛屿组成，国土内丘陵起伏，无山脉、河流，缺少淡水，自然资源贫乏。② 但马耳他拥有迷人的海岛风光，在长137公里的海岸线上遍布着大大小小的海湾、海港和礁石洞穴和充满阳光的海滩，这些自然景观吸引了众多外国游客。马耳他属于典型地

① 《亚太博彩商盯准中国游客腰包》，《澳门月刊》，见 http://www.macaumonthly.net/Article/zttg/200806/20080603000000_820.html。

② 马耳他，见 http：//baike.baidu.com/view/3136.htm。

中海式气候，春秋两季很短暂，但冬夏分明，冬天不会很冷，夏季十分炎热、光照充沛。此外，马耳他还拥有悠久的历史以及丰富的多元文化底蕴。

马耳他位于欧洲和非洲的结合部，靠近中东，是多种文明的交汇点。马耳他拥有众多的历史古迹，例如建于7000年前的哈扎伊姆神庙，被列为世界遗产的圣约翰大教堂和大骑士宫等；在民族文化和民俗方面，马耳他不少地方的居民仍保持着原始的生产方式和传统的饮食风俗。马耳他政府利用上述优势条件大力发展旅游业，还引进Ryanair和Easyjet两家航线多、价格超低的廉价航空来吸引和方便游客到马耳他旅游。[①]

根据马耳他国家统计局的数据显示，到马耳他的游客主要构成是英国、北欧、爱尔兰这三个地方的居民，2007年共有约124万名游客到马耳他度假。据马耳他政府数据显示：首次访马者比例为67.8%，主要人群集中在45—64岁年龄段，增速最快的是25—44岁年龄段。到访游客平均停留8.9晚，人均消费373马镑（约合870欧元），旅游总消费达4.54亿马镑（约合10.58亿欧元），约占马耳他国内生产总值（GDP）的30%。马耳他政府总理冈奇在其2008年预算报告中提出马耳他未来的发展目标之一就是要成为“世界级旅游中心”。[②]目前，旅游业已经成为马耳他当之无愧的支柱产业，并能保持较快的增长速度向前发展。

2. 戛纳

戛纳是法国南部的一个市镇，位于滨海阿尔卑斯省的蔚蓝海岸地区，邻近地中海，人口约70000人，面积19.62平方公里。中古世纪时，戛纳是Lérins修道院的封建属地。19世纪早期，戛纳也不过是一

① 《马耳他旅游业发展概况》，见中华人民共和国商务部网站：http://www.mofcom.gov.cn/aarticle/i/dxfw/jlyd/200807/20080705694509.html。

② 《马耳他旅游业发展概况》，见中华人民共和国商务部网站：http://www.mofcom.gov.cn/aarticle/i/dxfw/jlyd/200807/20080705694509.html。

个小渔村。19 世纪 30 年代开始，戛纳逐渐成为法国及外来贵族的度假胜地。鲜为人知的是，从 20 世纪初期开始，戛纳作为欧洲博彩之都的地位就再也没有被动摇过，Casino 的标志随处可见，游客可以自由自在地体验博彩的乐趣。现在，提起戛纳，却与博彩无关，而是得益于每年 5 月在这里举办的世界知名的戛纳国际电影节。①

戛纳——“电影界的奥运会”，今天已经闻名全球。这个从对抗当时受意大利法西斯政权控制的威尼斯国际电影节走出来的电影节，自创办以来，除 1948 年、1950 年停办和 1968 年中途停断外，每年举行一次，为期 12 天左右，最高奖为“金棕榈奖”。②

500 米长的海滩上，25 个电影院、放映室，海滩中心是 6 层高的电影节宫。大海、美女和阳光给予了戛纳 3S 电影节荣誉。此外，很多游客都沉醉在戛纳的各种节日中，如金合欢节、国际赛船节、国际音乐唱片节、含羞草节，等等，这些大型活动吸引着世界各地的游客。③

国际电影节为戛纳带来的品牌效应是不可估量的，它让一个小小的海滨城镇成为一座世界名城。每年的戛纳国际电影节虽然只有短短的十几天，却能吸引近 30 万名游客和影视界人士到来，而这十几天内为戛纳带来的经济回报竟然高达约 10 亿欧元。④

由于电影节所举办的各种交易会已经成为全球各影视公司、电视台和传媒机构进行影视版权交易和影视作品推广的重要平台，所以高昂的场租费可以为戛纳带来第一笔可观收入。此外，在电影节举办期间，戛纳的酒店业更是大大的赚上一把，虽然各酒店旅馆纷纷大幅度的提高价钱，但其入住率却不减，达到 100% 的入住率，甚至许多没有提前预定住宿的游客不得不住在戛纳附近城市。除了酒店业以外，

---

① 戛纳，见百度百科：http://baike.baidu.com/view/99950.htm。

② 戛纳电影节，见百度百科：http://baike.baidu.com/view/6136.htm? fromId = 78109。

③ 见百度百科：http://baike.baidu.com/view/99950.htm。

④ 陆芳：《戛纳 11 天交易 10 亿美元，红毯秀的好不如片子卖的好》，见 http://media.people.com.cn/n/2013/0527/c40606-21620737.html。

餐饮业的收益也同样暴增，有数据表明，酒店业和餐饮业在戛纳电影节期间的收入要占到其年利润的10%到15%。①

电影节给戛纳的酒店业、餐饮业带来了极大的利益，也为其他行业，例如“汽车租赁、服装百货、旅游纪念品、摄像器材、公共交通”等带来颇为丰厚的收益。戛纳在一个名牌节庆——国际电影节的带动下，发展起众多其他精彩的节庆项目，这些丰富的节庆活动既促进了戛纳展会展销业的发展，也吸引了世界各地的游客。由品牌节庆打造品牌城市，戛纳无疑成为城市发展中的典范。

四、启示：澳门 & 文化产业

上述四个地区的发展思路和发展模式对澳门的经济发展具有很大的启示作用，澳门并不是只有博彩业这一个优势，在经济政策、自然环境、人文历史等方面还有很大的潜力和优势可以发掘，而这些潜力和优势正好适合拿来发展文化产业。具体可以从以下四个方面来看：

1. 海外市场：客源与资本

据数据显示，从游客构成来看，蒙地卡罗所在的摩纳哥公国，是以3万多本地人口，接待了80多万境外观光者，相当于本国人口的25倍，可是，它仅有1.98平方公里的领土，只及澳门的5.9%。澳门截止到2010年的统计数据显示，其入境游客为2496万人，但这2496万人中有53%是来自于内地，有30%是来自于香港，来自于其他地方的仅有17%，也就是约424万人；如果再将来自于中国台湾的游客除外的话，那么真正的来自于其他地方的游客只有12%，约300万人，仅仅是澳门本地人口的六倍左右。② 不难看出，对于澳门来说

① 韦巍：《戛纳电影节的经济账：一个渔港小镇到著名旅游胜地》，见中国经济网：http://www.ce.cn/culture/gd/201205/15/t20120515_23324847.shtml。

② 潘知常：《“澳门模式”与中国文化复兴之路》，见 http://blog.sina.com.cn/s/blog_72051f2b0100pbut.html。

海外市场的空间巨大却严重开发不足，尤其是葡语国家的客源市场。如果澳门能够利用自身丰富的旅游资源，利用其作为中国与葡语国家相互交流的平台作用，做好“引进来（把海外游客吸引进来）”和“走出去（将特色的旅游资源宣传出去）”这两方面的工作，那么澳门将会吸引更多的海外游客，从而使经济增长获得更大的提升空间。

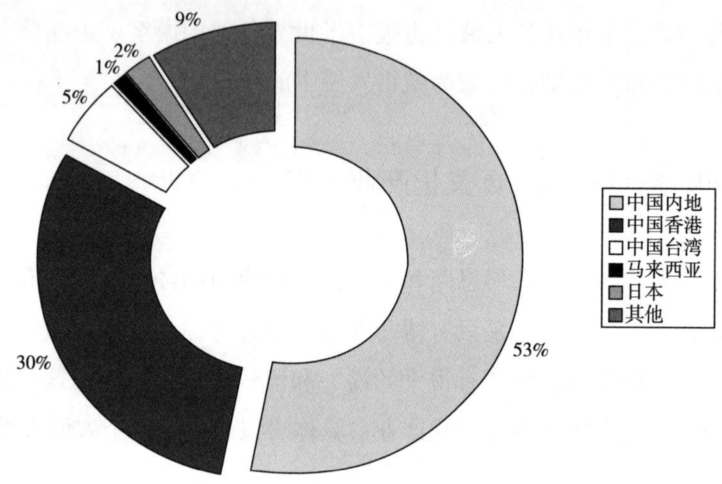

图 1－9　2010 年赴澳门旅客构成①

此外，在澳门经济中，中小企业是一个庞大的群体，几乎占澳门企业总数的 99%，② 中小企业在经济体中的作用十分重要，因为中小企业数量众多、适应性强、营运成本低，对市场及经济的转变反应迅速、对经济周期具有高度的抗衡力，可以抵消外来冲击，与大企业相互补充，发挥整体竞争力。但由于澳门经济结构的失衡、一业独大，使得这些中小企业的生存空间狭小，经营状况普遍不好，中小企业的发展成为澳门亟待解决的问题。

---

① 数据来源：澳门特别行政区政府统计暨普查局：http://www.dsec.gov.mo/default.aspx。

② 田青、陈剑峰、郭静思：《澳门中小企业的组织文化影响力评估》，《澳门科技大学学报》2007 年第 1 卷第 2 期。

融资是中小企业在经营发展中遇到的最大障碍之一。澳门在这一点上可以向摩纳哥学习。澳门同摩纳哥一样是一个税制很低的地区，属于实行避税港政策的地区之一，澳门税制的特点是以直接税为主体，税种少、税负轻，实施收入来源地税收管辖权原则；另外，澳门在地理位置上也颇具优势，生活环境舒适，治安良好，气候适宜，澳门完全可以利用这些优势吸引外商投资，推动外资与中小企业的合作，促进对外贸易，开拓营销网络，以带动和启动本地中小企业的发展，解决中小企业发展困难的问题。

尤其是澳门目前正在发展文化创意产业，一些做文化创意的小机构如：仁慈堂婆仔屋、疯堂、澳门创意馆、澳门佳作、C-SHOP 等以及那些以制作富有传统元素与现代艺术相结合的工艺品或礼品的手工业者们，他们目前最大的发展问题，一是缺少资金、二是缺少市场，解决这两个问题的最好办法，就是吸引外商。

简单言之，澳门要发展文化创意产业，绝对不能封闭起来自己搞，而要向外部更广阔的天地里寻找资源，利用外部资本与市场，为自己创造出无限的机遇和空间。

2. 海洋休闲文化

澳门自古以来就是一个港口城市，除了澳门本岛和大陆相连外，凼仔和路环两岛皆被海水环绕。澳门背靠大陆、面朝大海。海洋是澳门最不应该忽视的一大资源。全澳门共有内港码头、外港码头、凼仔码头、九澳湾码头四个港区，这些港区除了发挥运输的作用，还应当将其与旅游业和海洋文化相结合开发出海洋休闲旅游的经营模式。澳门可以向马来西亚学习将娱乐从陆地扩展到海洋上去，当然结合澳门自身的海港条件和水域条件发展邮轮业并不可行，但澳门完全可以发展游艇经济。

游艇是海洋经济的新消费品，是海洋休闲文化的流行趋势，可集航海、运动、娱乐、休闲、游玩等功能为一体。在发达国家，很多富人都拥有私人游艇。在澳门，可以发展重点商务豪华型游艇、家庭豪华型游艇、普通游览型游艇和运动型游艇。

商务豪华型游艇主要满足商务交际的需求，游艇以大中型为主，内设全套的通讯设备、办公设备，同时还有娱乐区、宴会区、休息区等，就像一个海上流动的高档酒店。

家庭豪华型游艇是为了满足以家庭为单位、以休闲娱乐为目的的消费者，这种游艇以中小型为主，游艇上设有卧室、客厅、厨房、卡拉 OK 设备、电子游戏室以及加长的钓鱼船尾等。

普通游览型游艇主要为团队游客和散客提供在海上游览的需求，可多配备一些娱乐项目。

运动型游艇以小型快艇为主，可满足游客尤其是年轻游客在海上冲浪、体验刺激的需求。

以上几种类型的游艇可以满足不同年龄、不同目的、不同身份的游客的需求。

我们已经介绍过，赴澳旅客中有 53% 都是来自于内地，这些游客中绝大部分都是来自于内陆城市，他们很可能从没有见过大海，或者没有在海上游玩过，大海对他们来说是一种新奇的体验和向往。发展海洋休闲文化就是抓住了这部分旅客的需求，有需求就有市场，有市场就有经济增长的空间。再加上 2011 年澳门成功举办了第一届中国（澳门）国际游艇进出口博览会，这对澳门来说是不可多得的契机。同时澳门应当和周边地区如珠海、深圳、香港的港口联系起来，拓展和开辟游览线路，充分发挥海洋休闲文化的作用，创造海洋经济的新增长点。

3. 非赌博游客

根据澳门统计暨普查局的数据显示，旅客来澳的目的中 63% 是度假，7% 是探亲访友，6% 是商务及参加会展，其他目的占 15%，而真正以赌博为目的的只占 9%。许多旅客只是来目睹一下赌城的风采，进入赌场也只是为了参观和体验一下，并不是以赌为目的的，那么只有赌博设施而缺少其他娱乐设施的酒店又怎么能把人留住呢？2010 年澳门的入境旅客总人数约为2500万人，人均消费为1518澳门元；按63%计算以度假为目的的旅客人数就是约1575万人，他们所创造的人均总消费额目前约为240多万澳门元，而这63%的非赌博旅客恰恰是各个酒店赌场应当绝对重视的对象[①]，抓住了他们就抓住了一个巨大的利润空间。为此，澳门赌场的建设中应该充分考虑这部分人的需求，增加非赌博的娱乐设施以及适合家庭娱乐的项目；另外，各个赌场在对外宣传时也应把这些非赌博娱乐项目放在重点，“赌场可以赌博”这已经是众所周知的，因此要大力宣传那些非赌博的娱乐项目以便吸引住大量的非赌博游客。

此外，与马耳他相比，澳门同样拥有宜人的气候、悠久的历史和多元文化的底蕴，但澳门的旅游业和博彩业相结合后，似乎已经丧失了旅游业本身的竞争优势，似乎已难以摆脱对博彩业的依赖了。其实抛开博彩业不说，澳门本身就具有丰富的旅游资源，例如澳门八景：镜海长虹、妈阁紫烟、三八胜迹、普济寻幽、灯塔松涛、卢园探胜、龙环葡韵和黑沙踏浪；又如那些古老的葡式风格的大教堂和那些兼具中西方特色的庭院楼阁等特色建筑；还有许多历经半个多世纪传承下来的民间美食；等等。这些宝贵的旅游资源掩盖在博彩旅游的光环下，一直没有被人们充分的挖掘和利用起来，导致许多游客都不知道澳门还有这么多别具特色的人文旅游景点，这对于澳门旅游业的发展来说是一大浪费。如果能大力开发这些人文历史资源，使其成为著名的文化旅游景点，就能吸引住63%的非赌博目的的游客，刺激他们的消费，延长他们在澳门逗留的时间。

上面我们提到过到马耳他的游客人均消费约合870欧元，也就是约9500澳门元，而到澳门的游客人均消费却只有1518澳门元！中国内地游客一向是世界公认的最具消费力的群体，而以内地游客为主要游客群体的澳门却并没有充分开发内地游客的消费潜力。试想想，如果赴澳游客的人均消费能提升到9500澳门元，那么仅仅按

---

① 数据来源：澳门特别行政区政府统计暨普查局：http：//www. dsec. gov. mo/default. aspx。

63%非赌博游客的人数1575万人来算的话总消费额就是1500多万澳门元，是目前总消费额的6倍多！这绝对是一个不能忽视的增长空间。

4. 节庆会展经济

节庆会展产业的发展已经在世界范围内形成了一种潮流。成功的节庆会展项目可以为举办地区树立起良好的品牌声誉，形成一种无形的资源与价值；还可以带动和促进当地众多行业的发展，带来丰厚的经济利润。目前，世界上众多的地区和城市都在大力发展节庆会展业，文化会展和节庆项目可以很好的推动商品流、资金流、技术流、人才流、信息流等各种经济要素的汇集与交易。澳门每年都会举办众多国际性或地区性的会展、赛事、节庆等，例如：澳门国际烟花比赛会演、澳门国际音乐节、澳门格兰披治大赛车、澳门国际贸易投资展览会、澳门国际电影节、澳门国际汽车博览会、澳门国际游艇进出口博览会，等等。在这些会展节庆中，有一些在澳门已经有一定的历史了，其中最有资历的当属澳门格兰披治大赛车了。它首次开办于1953年，此后每年一届，至今已有50多年的历史。

虽然，澳门紧跟世界经济浪潮，意识到节庆会展产业的重要性，每年都举办众多的展览、比赛、会议等活动，但关键的问题是这些会展节庆项目没有形成一个具有代表性的世界知名品牌。会展节庆产业在澳门目前的现状是活动多、重点项目不突出、过于分散、不具规模，这样一来，整个节庆会展业对整体经济的带动作用就会大打折扣。我们知道，会展业是城市面包，可是，会展业又必须成为规模经济。为此，就必须形成适度空间，这样才会有规模经济，否则，就会有规模而无经济甚至有规模不经济。

前面在戛纳的例子中提到过，戛纳除了电影节之外还有其他的商业展会和节庆类的大型活动，每年有300天都在举行展销活动。澳门会展节庆业的发展应当学习戛纳的模式，即“以一带全”：首先要选择一个最具有经济效益、附加值最高、涉及领域较多、最符合澳门现实条件的项目作为重点和主要发展对象，使这一项目发展成为世界知名的品牌；然后借用该项目的品牌效应和带动作用，吸引和发展其他商业会展和节庆赛事；最终使这些会展节庆带动当地其他行业，如酒店旅馆、饮食业、零售百货、交通运输等的发展。

据统计，2010 年澳门由节庆会展业带来的直接经济收益约为 8 亿澳门元，[①] 而面积只有澳门 3/5 的戛纳，每年由一个电影节带来的直接经济收益约为 2 亿欧元，约合 21 亿澳门元，是澳门整个会展业收益的 3 倍多；如果按照加上间接经济收益的总经济收益来算的话，澳门约为 15 亿澳门元，而戛纳是 9 亿欧元，相当于 96 亿澳门元，是澳门的 6 倍多！可见，澳门会展节庆业的增长空间是巨大的，戛纳能做到的，澳门自然也可以做到！

五、只有文化产业可以“救”澳门

通过以上的分析，我们不难看出澳门在经济的增长上还存在着巨大的潜力（至少还可以赚 2 千亿），而这个巨大的空间不仅正好适合文化产业来“大展拳脚”，而且从客观条件和环境上看也必须依靠文化产业来赚这一大笔财富。关于这一点是毋庸置疑的。至于目前澳门之所以在经济上呈现出博彩业一业独大的特点，其他产业都要依赖博彩业而生存的现状，并不是因为澳门已经没有空间可以发展了，而恰恰是因为博彩业创造的巨额利润以及带来的经济飞速增长，麻痹了人们的危机意识，掩盖了其他产业的发展空间，抢占了其他产业发展的资源；人们或顺其自然、不思进取，或虽有意发展其他产业但在人力、资金甚至是政策上都缺少支持和扶助。当然，我们并不是否定博彩业，正好相反，澳门今后的发展仍然离不开博彩业。澳门需要转变的是思路，要抛弃“只有博彩业”的观念，博彩业目前在澳门已经是“巨人”了，我们要学会“站在巨人的肩膀上”看世界，这样才能制

---

① 《会展业对经济增长的意义》，见 http://www.macaodaily.com/html/2012-07/15/content_715609.htm。

定出更为长远、宏伟和持久的发展蓝图。

这个发展蓝图，就是文化产业。

毫不夸张地说，只有文化产业才能“救”澳门！只有文化产业才能创造澳门新的奇迹！也只有文化产业，才能为澳门书写全新的历史篇章！

第二篇

发展的空间

第一节　文献综述

如前所述，澳门回归十多年来，在城市建设、居民生活、经济发展等社会各个方面都取得了令人瞩目的成绩，尤其是经济增长的速度可谓是一日千里，连年呈直线上升趋势。由于特殊的历史背景、人文特色、地理位置，澳门历来就是一座备受瞩目的城市；自回归以后，澳门的发展更是受到了各方关注。虽然澳门的经济十分繁荣，增长势头强劲，但许多研究者已经看到了这繁华背后隐藏着的忧患与危机。随着东南亚博彩旅游业的成熟发展，澳门的经济必将受到巨大冲击，一旦作为经济支柱的博彩业失去了竞争优势，那么，澳门未来的经济增长点又在哪里？还有哪个产业可以带动澳门经济的发展呢？关于这些问题，近几年来众多研究者们做出了诸多的探索和考察。

一、对于澳门现状的分析

2002 年，澳门博彩业正式引入竞争机制，博彩经营权一分为三，打破了长达 40 年的垄断经营格局，并随之改变了澳门经济的整体面貌，使其呈现出前所未有的活力，然而，博彩业的超速发展也日益加剧了澳门产业单一化的程度；1999 年到 2007 年，博彩业占 GDP 的比重从 25.38% 升至 54.59%，博彩税收占政府财政收入的比重从 19.53% 升至 76.1%，博彩从业人员占总就业人口的比重从 4.2% 升至 19.54%，此外，贫富差距拉大、人口拥挤、交通堵塞、环境污染、房价攀升、病态赌徒、中学生辍学率升高、中小企业经营负担增加等，都在加重社会发展的成本；更严重的是，开放赌权本是希望借助国际资本和国际管理模式，达到吸引国际游客的目的，但数据显示，

2003 年起内地一直是澳门第一大客源市场，资本的国际化并没有相应带来市场和管理的国际化。①

由于博彩业的“一业独大”，使得澳门传统的贸易加工业陷入了困境，究其原因主要是：“1. 地理环境条件和微型经济自身的局限随着经济增长更为突出，本地销售市场过小；2. 原有配额和低成本优势弱化；3. 与周边国家合作不强而竞争激烈，外部环境恶化；4. 传统行业之间缺乏较强的联系效应；5. 出口市场和出口产品单一，易受冲击；6. 系统教育不足，科教水平不高，缺乏高科技人才；7. 政府支持不够；8. 尚未充分利用与华南地区乃至内陆更高、更深层次的有效互促合作关系”②。

可以说，现今澳门社会及经济中存在的一系列问题，都是由博彩业的急速发展带来的。然而有错的并不是博彩业，相反，如果没有博彩业，澳门经济不会有现在欣欣向荣的景象。关键在于，在澳门经济发展的过程中没有很好地将博彩业与其他产业结合起来，没有发挥好博彩业的带动作用，忽略了其他产业的重要性，最终导致澳门现今经济结构单一的弊病。对于这一问题，不同的学者提出了不同的意见和想法。

二、文化创意产业与经济多元化

目前，对于澳门未来经济发展的方向，得到大家认可的就是要以文化创意产业为依托，与博彩业广泛结合，促使澳门经济多元化发展。之所以选择文化创意产业来构建澳门经济格局的另一极，是与当今世界经济发展模式以及澳门自身拥有的优势条件分不开的。澳门处于珠三角的西侧，处于岭南文化的核心区域，有着深厚的岭南文化基础，同时由于历史上长时期的通商，在与对外的融合中，又具有葡萄牙式南欧风格的建筑群落和文化特征；这种东西方交融的属性是澳门

---

① 郝雨凡、姜姗姗：《澳门多元经济与珠澳整合》，《广东社会科学》2009 年第 4 期。

② 杨骁婷：《粤澳合作与振兴澳门经贸的新思路》，《探求》1998 年第 2 期。

文化产业发展中的一张王牌，应建立在当前现有的这种文化资源的基础之上，一方面进行深度挖掘，另一方面利用这种文化优势扩大自身作为一个文化交流中心的重要作用，扩大文化交流的活动范围，从而进一步提高在这个领域的地位；通过这样的方式，能够在原有的基础之上衍生出更多的资源，使得澳门的文化产业具有持续发展的动力①。

文化产业是后工业时代的朝阳产业，是挖掘和生产人类精神文化产品，提供文化服务以满足人类精神文化需要的行业门类的总称，是以“文化创意”为核心，通过产业化的方式制造、营销各类文化产业的行业②。对于澳门这样一个既充满了文化底蕴，又具有现代化气质的城市来说，发展文化创意产业再合适不过了。

文化创意产业是一个可以与多种行业相结合的活力产业，由它可以带动起众多产业的发展。首先是旅游文化产业。发展旅游文化产业并不是要抛弃博彩业，而是要调整它自2001年以来作为“龙头产业”的定位，使那些从博彩业中衍生和扩张出来的新产业成为澳门未来经济的支撑，最终形成“以旅游业为龙头，以博彩业为特色”的产业结构；“世界旅游休闲中心”的城市定位要求博彩业必须是旅游文化产业这一大框架中最具特色而非唯一的元素，只有这样，博彩业才能在澳门经济发展过程中扮演正面的推动力③。

其次，文化创意项目是澳门文化创意产业发展的突破口。当前，特区政府已经设立并制定了文化创意产业发展的短、中期计划，确定了重点发展的八大文化创意项目。以“有基础、有特色、有前途”的标准，澳门文化局已经列出了文化创意产业的八大重点发展项目，即视觉艺术、设计、电影录像、流行音乐、表演艺术、出版、服装及动漫，其中，以“视觉艺术”和“设计”先行先设。④

此外，还有研究者认为：澳门是一个适合发展软件开发、咨询服

---

① 杨宜勇、董进修：《澳门文化产业前景与定位分析》，《文化现代化的战略思考——第七期中国现代化研究论坛论文集》2009年第8期。

② 郝雨凡、姜姗姗：《澳门多元经济与珠澳整合》，《广东社会科学》2009年第4期。

③ 郝雨凡、姜姗姗：《澳门多元经济与珠澳整合》，《广东社会科学》2009年第4期。

④ 李瀛：《澳门文化产业借势“起锚”出航》，《北京商报》2010年11月22日。

务、创意设计、教育培训、影视娱乐、文化旅游等产业的都市型文化产业城市[①]。由此可见，文化创意产业的发展既能打破澳门单一的经济结构，又能催生出其他新兴产业的发展，最终带动澳门经济向多元化的方向转变。

《澳门文化与文化澳门——关于文化优势的利用与文化产业的开拓》,[②]《澳门文化创意产业：策略与发展》[③] 两部专著，前者从澳门的文化资源与澳门文化产业的发展的角度，后者从国际借鉴、政府作用、澳门路径、区域联动等四个方面，对于澳门文化创意产业、对于澳门创意产业的发展做出了开创性的研究。

三、区域经济合作

澳门要发展文化创意产业，要打造“世界旅游休闲中心”，除了自身具备的特色文化资源之外，澳门还有一个不可忽视的优势，那就是与周边城市，例如珠海、香港、深圳等进行区域经济合作的便利。

珠澳两地同根同源、唇齿相依；近代以来，伴随着澳门开埠，近代西方文明开始从这片土地源源不断地传入中国内陆；传承中华传统文化，沐浴欧风美雨，承接西风东渐，形成了“澳门—珠海”独特的东西方文化交流走廊；改革开放以后，珠海以惊人的速度实现了从农业社会到工业社会、从封闭到开放的转变，进一步加强珠海与澳门的合作，特别是文化产业合作需从增强两地政府合作观念、明确双方合作基础、合作规划先行等三方面推动[④]。

不仅仅是珠海，澳门的发展还应当更远的向外寻求合作伙伴与机会，随着港珠澳大桥的建设，澳门与粤港之间的联系必将日益密切。

---

① 李静：《珠澳文化与文化产业发展初探》，《中共珠海市委党校珠海市行政学院学报》2010 年第 4 期。

② 杨允中等主编：澳门大学澳门研究中心 2005 年版。

③ 郝雨凡等主编：中国社会科学出版社 2011 年版。

④ 李静：《珠澳文化与文化产业发展初探》，《中共珠海市委党校珠海市行政学院学报》2010 年第 4 期。

以珠海、澳门、深圳、香港、广州为主要城市带动起的新兴的经济发展区域必将成为中国乃至世界的明日之星。有学者分析认为，在不久的未来，中国将出现五大都会圈，即上海经济圈、京津都会圈、广州都会圈、重庆经济圈和深港珠澳大都会圈。这五大都会圈占未来中国GDP比重的70%左右，其中深港珠澳将打造中国最大的都会圈，谋求区域整体效应的发展模式将是大势所趋，以应对来自全球的竞争压力①。

许多研究者都提出了打造“粤港澳高经济增长区”的构想。首先，以文化产业来说：香港、澳门都是中西文化交融的国际都市，在发展文化产业方面拥有得天独厚的优势。港澳的文化产业人才，普遍具备企业运营技巧，而且有长期的国际合作经验，精通国际融资、成本控制、人才搜罗与市场开拓等方面的知识。众所周知，中华文化源远流长、博大精深。由于有丰富的内地资源（尤其是文化方面的资源）、宽阔的内地市场作为依靠，港澳文化也不再只是片面狭窄的搞笑娱乐，香港、澳门将会更快地完成文化产业的国际化融合过程，进而成为领先国际文化潮流的桥头堡②。香港及中国的影视及出版业，已进军部分国际市场，例如中央电视台及香港的两家电视台拍有不少高水平的文化、历史、旅游纪录片及大型歌舞表演节目，但仍未打入葡语及其他拉丁语国家市场。透过澳门的网络，不难找到翻译专才及适当人际关系辅助，开拓此巨大市场。同样地葡国及其他拉丁语国家都有作者曾获诺贝尔文学奖，这些高水平文学作品，港澳可以翻译为中文出版，相信不难找到盈利市场。又例如可以以中西创新学院的港澳研究所为基地，开办语言及旅游文化管理课程，培育葡萄牙语国家人才来香港和内地开拓文化产业，同样可培育内地及香港人才到葡语国家为推广旅游、文化产业及会议、展览服务。③

其次，以发展创意产业来说：香港澳门的社会自由开放，创意蓬

① 郝雨凡、姜姗姗：《澳门多元经济与珠澳整合》，《广东社会科学》2009年第4期。
② 梁育民：《粤港澳增值经济区合作研究》，《珠江经济》2008年第4期。
③ 苏树辉：《京澳港共创三赢新文化产业》，《中国产业》2011年第3期。

勃而且公共秩序良好。港澳在发展文化产业、创意产业方面，具有人才、技术、资金和利伯维尔场经济制度，以及开拓海外市场经验的比较优势。在香港和澳门，文化商品与其他商品无异，都是由市场主导，可以自由生产和进出口，生产要素、商业服务和市场信息都可以自由流通。政府只提供必不可少的法治基础和商业环境，并且对公共文化服务给予资助。管理方面，港澳都采取时候机制，即市场上的文化产品只在违法或遭受市民正式投诉后，政府才会依法进行处理①，在港澳形成的利伯维尔场中，非常适合以文化为主要内容，以创意为形式的各个行业自由开放的发展。

再次，以发展旅游业来说，有学者认为澳门应当充分利用其海洋资源，与沿海各城市形成海洋旅游的区域性合作。例如，有研究者提出可以将海南与澳门的海洋资源结合起来，大力发展海洋旅游业。澳门和海南的旅游合作首先建立在构建一个南中国海大旅游板块的基础上，澳门要打造成为世界旅游休闲度假中心，海南目标建成东方“夏威夷”，成为真正的热带度假天堂，再加上以购物和观光为主的香港旅游，不同地区各有侧重，包含了购物观光、休闲度假，这样就形成了南中国海旅游发展的金三角②。

当今世界经济竞争不断加剧，想要立于不败之地，就要在各个路径和行业中寻求合作，唯有合作才能达成双赢的局面，唯有合作才能抵御来自国外的竞争压力。因此，在澳门未来的发展路程中，能够广泛的寻求合作伙伴，形成区域经济优势，才能打破澳门自身市场地域狭小的缺点，从而在激烈的竞争中独树一帜。

四、总结

对于澳门未来经济的走向与发展路线，众多学者都进行了深入的探索和研究，也提出了不少的意见和建议。总的来说，普遍的看法是

---

① 梁育民：《粤港澳增值经济区合作研究》，《珠江经济》2008 年第 4 期。

② 任筱楠：《琼澳旅游合作发展路径分析》，《特区经济》2012 年第 4 期。

要大力发展文化创意产业，促使澳门经济多元化发展，并与珠海、香港、深圳等城市开展广泛深入的合作，形成区域经济规模，以此来推动澳门经济更快更稳地向前发展。

综观现有的对于澳门经济发展的研究，可以发现存在两方面的问题，首先，大家都在说要大力发展文化创意产业，要经济多元化，但文化创意产业涵盖的行业项目很多，不可能全部拿来为澳门所用，况且从经济学的供求原理角度来看，澳门本地市场狭小，容量有限，如果过分的发展多元化经济，扩充市场、扩大生产，就会与本地有限的社会需求产生矛盾，反而会不利于澳门市场经济的健康发展。因此，我们要探讨的是：到底哪些是澳门可以发展的行业，哪些是澳门不适合发展的行业？以及应该如何在澳门发展相关的文化产业的行业？关于这一问题，以往的研究中并没有给出明确的回答。而本研究则针对这一问题进行了系统全面的研究，结合澳门现有的条件与资源进行分析，明确提出了适合澳门发展的十个方面。

其次，现有的研究虽然从理论上对澳门未来经济的发展提出了很多建设性的意见，也提出了一些措施和方法，但是并没有多少实践性策略性很强的规划和方案，而这正是本研究的重点。本研究不仅是从理论上分析澳门经济的发展，更为澳门提供了一个切实可行的战略方针和行动纲要，为澳门的文化创意产业的发展以及打造世界旅游休闲中心的目标提出了诸多实例、方案和策略。因此，本研究较之以往的研究，更加具有实践性、现实性和可操作性。

五、现有成绩与发展目标

其实，澳门对于文化创意产业的关注由来已久。早在 2003 年 8 月就成立了澳门创意产业中心（其英文缩写是 CCI）和澳门创意空间，以进一步推动澳门创意社团的工作和联络。同时在此中心中，进行了一系列与澳门欧洲研究学会在各个创业领域有关的活动，例如摄影、电视片、瓷器、时装、绘画等等。近几年来，世界各地的专家，尤其是欧洲、北欧的专家来到澳门辅导这些培训计划，其目的首先是帮助当地的创意人员提高他们的能力，其次帮助他们准备更好地迎接竞争。同时也组织和赞助了各种各样的国际活动，包括在亚洲和欧洲推广澳门本地的创意者。澳门创意产业中心的目的是成为当地创意者的平台，帮助他们提高这一部门的职业水平并推进澳门在国际上的创意活动。这一方面，已经在亚洲和欧洲进行了数次推广活动，其中包括参加米兰一个国际展览会，这是展示设计和家具的重要国际橱窗的展览会。这一计划是由英国文化委员会及宜家家俬赞助的，同时也得到了其他一些世界著名的企业，例如参加在里斯本召开的“实验设计展览会”企业的帮助。澳门的创意品牌通过这一展览会，得到传播。还在澳门周边的其他国家和地区举办了展览①。

随着国家“十二五”规划提出了澳门加快发展文化创意等产业的内容，文化创意产业的发展也越来越受到澳门特区政府的重视。澳门特区政府在2010年成立文化产业委员会，旨在广泛听取各界对本地文化产业的意见和建议，制定适合澳门本地文化产业的发展政策、策略和措施②。有关方面更发布了澳门文化产业发展政策框架，内容主要分产业推广、产业资助、创意人才培养、行政与法律辅助及产业研究等五部分③。

另一方面，特区政府又在文化局辖下增设文化创意产业促进厅，推进文化创意产业的发展。2011年澳门政府施政报告中提及：“在推动经济适度多元化的过程中，特区政府将加大对文化创意发展的资源投放，支持本地的文化创作，研究加强保留具有卓著艺术贡献、本土气息的文化作品，丰富特区的文化遗产内涵”。④

澳门文化局2010年8月公布了文化创意产业发展蓝图及短、中、

---

① 麦健智：《文化创意产业及其在澳门的发展》，《行政》2006年第19期。

② 李瀛：《澳门文化产业借势“起锚”出航》。

③ 林如鹏、符翩翩：《澳门文化创意产业的发展前景与规划》，《新闻与传播研究》2011年第5期。

④ 澳门贸易投资促进会：《澳门文化创意产业发展前景广阔》，见 http://www.ipim.gov.mo/group_detail.php?tid=22625。

长期目标，定下八大发展方向，包括设计、出版、电影、服装、音乐、动漫等，并力推视觉艺术、设计先行。

近年来，澳门特区政府在这方面也确实做了大量的切实有效的工作。早前文化局公布的塔石广场“玻璃屋”、大三巴“黄屋仔”及南湾“C-SHOP”作为展示及销售本土文化创意产品试点，也在推进。可见，政府文化政策把比较成熟的项目选为重点先行先试，“落重药”重点扶持有潜力对象之发展路向是很有成效的。

目前，位于澳门旧城区的“望德堂区”已成为较大型的文化创意产业试点聚集区，为配合项目发展，有关方面将在产业推广方面推出多项措施。值得一提的是，在 2010 年“第十五届澳门国际贸易投资展览会”（MIF）上，文化创意产业成为一大亮点。当中的“澳门创意馆”深受欢迎，本澳多个文创社团和企业参与，并取得良好及成效。

不过，在这个方面也还存在着可以增进的空间。2012 年社会科学文献出版社出版的《澳门蓝皮书》，就给出了意见：澳门文化产业的研究和认识至今仍然停留在现象罗列、观点展示、局部探讨阶段。建议未来在澳门第一应该成立一个文化创意产业研究单位；第二要建立澳门文化资源的专项研究；第三要建立个别产业的调查研究与产业策略研究。在澳门发展文化创意产业，现在应该具体去做什么？澳门亟待开始个别产业的研究和评估，以提供整体文化产业在发展策略、政策工具的应用方面的借鉴；第四要建立文化创意产业普查与年度报告；第五要协调发展文化创意产业与文化事业。

第二节　澳门文化产业发展的四个基本前提

在澳门发展文化产业，存在着四个基本的、绝对不容忽视的前提，这是澳门文化产业发展的天然的土壤。倘若离开这四个基本的、绝对不容忽视的前提，澳门的文化产业发展则无异于“沙砾上的城堡”。

一、绝对不能离开博彩业这个前提

1. 博彩是澳门的未来

原因很简单，因为澳门主要的投资在博彩，如果不把博彩的路走到底，不将博彩进行到底，那就很难有澳门的未来。

自2002年起，中国市场开放后，访澳游客的人次和博彩业收入逐年大幅增长。澳门统计暨普查局公布数据显示，2003年访澳游客为1188万人次，到2007年访澳游客增长到2700万人次，四年内访澳人次就翻了2.27倍。2011年，澳门游客数量达到2800万，比2010年增长12.2%。[①]

2003年赌权开放后，根据官方及媒体公布的数据显示，第一年博彩收益立刻增长，收入飙升至294.76亿澳门元。2004年金沙娱乐场开业，博彩收入增幅高达44%。到2007年，博彩收入达到838亿澳门元（约104亿美元），紧追美国2006年拉斯维加斯博彩收入的106亿美元。[②] 2010年博彩毛收入达1883.4亿澳门元，同比大增了57.8%，收入规模是美国拉斯维加斯博彩业的四倍。及至2012年1月3日澳门特区博彩监察协调局公布的资料，澳门博彩业2011年全年累计收入达2678.67亿澳门元（1月10日人民币对澳门元中间价报0.7891），较2010年增加42.2%。

博彩业带来了就业率的提高，根据澳门特区财政局披露的数字，2011年前11个月，澳门特区政府批给赌博专营权之直接税达到

---

① 数据来源：澳门特别行政区政府统计暨普查局：http://www.dsec.gov.mo/default.aspx。

② 庄金峰、曾毓淮：《博彩全球化与内地的赌金流失》，《九鼎》2008年第5期。

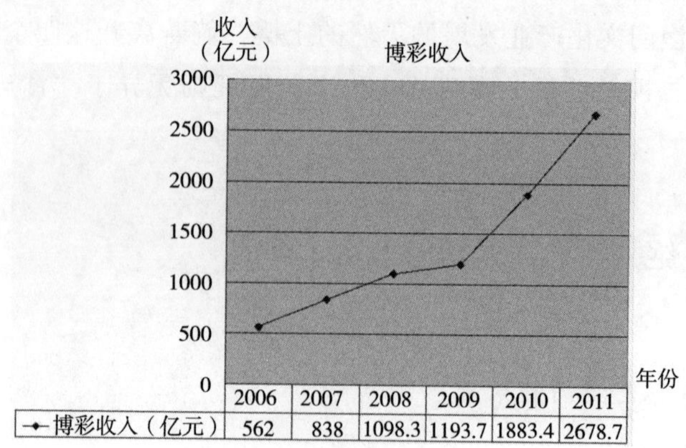

图2-1　博彩收入变化

858.87亿澳门元，远高于同期澳门公共财政收入其他行业的比例，已超过83%。而博彩业直接受薪员工将近4.5万人，约占澳门总就业人数约15%。失业率从2002年的6.3%跌至2007年第四季度的2.9%。[①] 及至2012年1月，澳门特区政府统计暨普查局公布的最新一期就业调查结果显示，2011年11月至2012年1月期间，澳门失业率为2.1%，较上一期（2011年10月至12月）经修订后的2.2%下降0.1个百分点，为历史最低水平，而就业不足率为0.8%。可见，澳门基本上达到了充分就业、全员就业的水平。[②]

此外，澳门人均GDP从2003年的142825元增长到2006年的227508元（约29167美元）的水平，先后超越了新加坡和香港，2007年人均GDP超过36000美元，位列亚洲前茅。[③]

所以，从澳门的发展来看，博彩业是澳门的“定海神针”，在公共财政收入、就业人数、产值等方面对带动澳门经济发展起着巨大的作用，是澳门未来当之无愧的支柱产业。

---

① 吕开颜：《澳门博彩业开放竞争后的总结与反思》，《澳门新视角》2011年第2期。

② 数据来源：澳门特别行政区政府统计暨普查局：http://www.dsec.gov.mo/default.aspx。

③ 数据来源：澳门特别行政区政府统计暨普查局，http://www.dsec.gov.mo/default.aspx。

其实，澳门的经济发展一直在用数据打破着各方有关澳门未来博彩业发展不乐观的预言。总的来看，近年澳门博彩旅游业的蓬勃发展一方面要归功于中国开放旅游市场，推动实施“自由行”的政策；另一方面也要归功于澳门在赌权开放竞争后对大量投资和国外管理经验的吸收上。

澳门夜景

正是因此，澳门旅游市场的整体水平以及博彩业的营销手段开始多元化。各种文艺体育盛事，如英超球队曼联访澳和 NBA 季前热身赛、赛车等活动，知名度越来越高，吸引了世界各地的游客，游客数量大增。2011 年内地、香港和台湾仍位居三大客源地，游客总量接近 2500 万人次。在国际游客方面，韩国旅客增加较多，增幅为 20.2%。①

显然，博彩业是澳门的优势，这无须改变，更何况，博彩业本身也隶属于文化产业的范畴，是娱乐的特殊形式。澳门的经济可以多元化，但决不能离开博彩业的前提。在 2002 年澳门赌牌一分为三时，

① 郭辑：《去年澳门入境旅客大幅增长》，《经济日报》2012 年 1 月 14 日。

澳门旅游娱乐博彩有限公司就承诺未来3到5年里投资50亿澳门元；而永利度假澳门股份有限公司承诺未来7年投资40亿澳门元；银河娱乐场股份有限公司则承诺未来10年里投资88亿澳门元用于娱乐博彩业。[①] 他们一定会把博彩走到底的。

所以，一些长期对澳门博彩发展观察和研究的学者对于澳门未来博彩业发展都做出了乐观的判断。例如，澳门大学博彩研究所所长冯家超对澳门博彩业的未来就非常乐观，他在《我对澳门博彩未来很乐观》一文中之指出，即便在最保守的情况下，澳门博彩收入也还有很大的增长空间，而且中国内地经济每一年都在增长，澳门博彩业的市场每一年也还会越做越大。[②]

2. 博彩业中蕴含缤纷多姿的文化元素

目前，澳门形成了澳博、银河、永利三足鼎立的新格局，其中澳博以葡京娱乐场为代表；银河以银河娱乐场为其代表，永利以金沙娱

澳门银河综合度假村

① 严忠明：《港珠澳大桥能拯救珠海吗?》，见 http://www.yansplan.com/Articleshow.asp? id = 1004。

② 陈磊：《冯家超：我对澳门博彩未来很乐观》，见凤凰财经：http://finance.ifeng.com/news/industry/20110401/3800594.shtml。

乐场为其代表，这个格局为澳门博彩注入了新鲜血液。

走进三大赌场，游客最先感受的是各具特色的空间布局和装饰风格，独具特色的文化风格是澳门赌场奉献给游客的视觉大餐。葡京是澳门博彩业的代表，它看起来宛如鸟笼、建筑大门状如虎口，埃及法老王头像被摆放在一楼大厅，营造了古老神秘的氛围。

银河、金沙娱乐场所表达出的博彩文化趋于现代和多元，不仅求古，更追求古与今的结合，科技与艺术的结合。如金沙娱乐场，从外观上看，金色的玻璃墙和黑色花岗岩形成了金碧辉煌而又低沉含蓄的气质。

大部分娱乐场十分重视风水。据说许多赌场的布局都经过风水大师的精心指点。

在空间布局上，东西方结合，东方艺术茶馆，欧风葡韵的自助餐厅以及特色的金帆船葡式餐厅、酒廊等，无论在陈设上还是在服务员的选用上都是中西结合。①

澳门威尼斯人大运河

除了在建筑景观、空间布局、装饰装修上有许多中西方的文化元素融入以外，澳门博彩业逐渐向博彩娱乐、博彩休闲转移，在发展中也不断融合了广告艺术设计、艺术演

① 林美珍、郑向敏：《澳门博彩文化发展的新趋势》，《旅游科学》2006 年第 4 期。

出、街头艺术等文化形式，文化艺术在赌场的竞争中的重要作用日益凸显。

如新濠天地耗资超过20亿港币的世界级制作“水舞间”，由来自全球18个国家77个国际汇演演员组成；整个大型水上汇演带领观众进入一个魔幻无边的奇妙国度，欣赏一段史诗式爱情故事，经历截然不同的情感之旅，体会哀、怒、喜悦的人生，徘徊在恐惧边缘，最终以爱冲破怨恨。①

澳门威尼斯人度假村的马可·波罗大运河仿照欧洲名城威尼斯而建造的大运河购物中心，是“澳门威尼斯人度假村—酒店”最吸引人的项目之一。它是一个结合优美的威尼斯地标、拱形桥以及迂回运河的室内购物中心，这里有铺满鹅卵石的街道、唱着醉人情歌的贡多拉船夫、色彩缤纷的威尼斯建筑及景色，都令游客置身在艺术的殿堂之中。

二、绝对不能离开澳门自身发展这个前提

1. 澳门之于澳门的重要意义

探寻澳门文化产业的发展之路，就必须探讨澳门之所以为澳门的独特性，澳门之于澳门的重要意义何在？我们要从回到起点来回答这些问题。

前面提到过，四百多年前，澳门并不以“赌城”名世，而是海上丝绸之路的中转站，根据历史学家的研究，历史上它连接着三条大的贸易路线：澳门—果阿—里斯本；澳门—长崎；澳门—马尼拉—墨西哥。串起了亚洲、非洲、欧洲、美洲以及大西洋、印度洋、太平洋，而它所决定的，也至少是三个国家的命运：大明帝国、葡萄牙帝国与西班牙帝国。

---

① 《水舞间》，见 http://thehouseofdancingwatermedia.com/? lang = sc。

与它关联的，主要是白银。因为白银是中国的法定货币，中国对于白银的需求，占了全世界的需求量的一半以上。因此葡萄牙帝国与西班牙帝国主要是通过白银来与中国做生意。当时全世界的白银主要来自两个地方：日本、拉丁美洲。而它们源源不断地流入中国的渠道则正是上述三条。管道的交汇点，正是澳门。因此，毫不夸张地说，如果没有澳门，大明帝国乃至后来的大清帝国的经济可能早就崩溃了

换言之，如果没有澳门，葡萄牙、西班牙自然仍旧会存在，但是，葡萄牙"帝国"、西班牙"帝国"却可能并不存在。

所以，作为中转站，与其说澳门是"海上丝绸之路"，不如说"海上白银之路"来得贴切。中国明朝拿中国的产品换全世界的白银，而白银基本上是从澳门进来的，澳门也就靠这个才发家。

不过更有助于澳门存在的意义的是，澳门是"世界的中国"的开端。

有历史学家指出，中国社会的演进，可以分为：中原的中国—中国的中国—东亚的中国—亚洲的中国—世界的中国。[①] 在这当中，澳门的应运而生，正是"世界的中国"的开端，也就是中国开始走向世界的开端。

自古迄今，古老的中国首先经历的，是东西冲突，那时中国关注的是两河流域之间的秦岭—淮河一线，这是中华民族的中轴线，谁占有了它，也就可以占有中国。不过，这只是"中原的中国"。然后是南北冲突，中国开始关注的，是中国伟大的历史学家司马迁所揭示的龙门—碣石一线，所谓"司马迁线"，这是游牧民族与农业民族的分界线，也是长城所护卫的新的中华民族的中轴线，由此催生的，就是中国的中国—东亚的中国—亚洲的中国。

迄至明代，中国关注的是海洋一线。咸水文化与淡水文化之间的冲突与交融，成为新的历史焦点。"大陆中国"转向"海洋中国"，"耕地"转向"牧海"，当此之时，作为"农耕文明"的代表，作为

---

① 黄健：《全球背景下的中国文化脉络——读许倬云的〈万古江河：中国历史文化的转折与开展〉有感》，《出版广角》2010年第12期。

“大陆族群”，中国人也确实曾经一改“精卫填海”的传统，脱离原先内陆帝国的运行轨道，“头枕东南，面向海洋”，跻身世界上最早探索海洋的族群之一。①

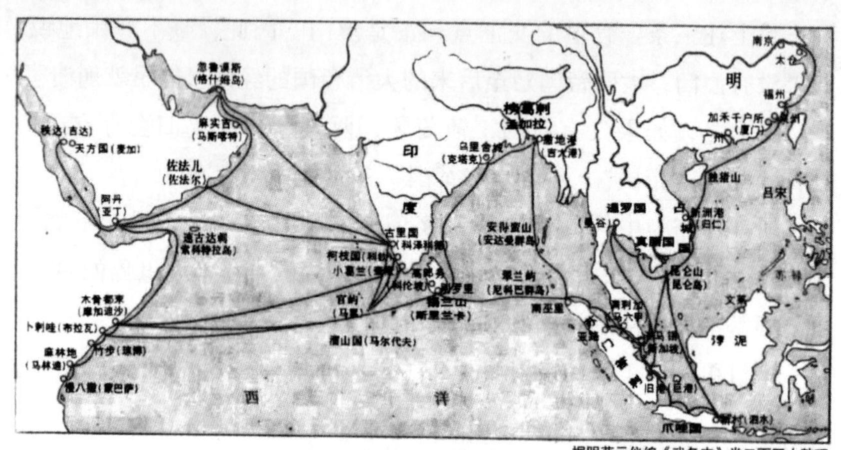

郑和下西洋路线图②

不过，众所周知，郑和下西洋之后几百年，我们人为地终止了这一伟大的历史行程。蓝色终成往事。而退出海洋角逐的结果，自然是西方人穿堂入室甚至攻城略地。不过，我们毕竟要承认，在长达数百年的时间里，中国确曾拥有东西方交通枢纽——海上丝绸之路的命脉，作为东方的“海上马车夫”，中国也曾在帆船时代写下了一篇又一篇走向世界的蓝色传奇。为此，越来越多的历史学家相信：人类的现代世界不是开创于欧洲，而是开创于大明帝国；人类的第一次世界经济也不是开创于欧洲，而是开创于大明帝国。

而澳门之为澳门，重大的意义也就在这里。③

---

① 潘知常：《“澳门模式”与中国文化复兴之路》，见 http://blog. sina. com. cn/s/blog_72051f2b。

② 《郑和下西洋路线图》，见图片百科：http://tupian. baike. com/a0_16_91_01300000358882124240916931163_jpg. html。

③ 潘知常：《“澳门模式”与中国文化复兴之路》，见 http://blog. sina. com. cn/s/blog_72051f2b。

它“孤悬海表”，从地理位置来看，向东北与东京距离大约2800公里，往西南距离新加坡不过2600公里，往东南距离马尼拉不过1200公里，位居东南亚与东北亚航路的中继站。因此，它也就毫无悬念地成为了“海洋中国”、“世界的中国”的历史见证。

因此，我们完全可以说，澳门是世界的澳门，澳门的未来也必须把自己纳入世界经济贸易的链条上，成为中西方发展的黄金传送带。

2. 澳门是一个创造奇迹的地方，必须赚“快钱”

澳门是世界的，不过澳门更是个奇迹诞生的地方。对这座城市458年的几次转型加以研究，不难发现，澳门之于澳门的独特性，还在于它的发展从来就是与众不同的。

因为经济体量很小，完全无法依靠正常的发展道路来发展自己，澳门必须把自己融入到一个有巨额利润的产业链条之中，也必须超常发展，必须依赖奇迹也必须创造奇迹。

因此，澳门的故事事实上就是靠一个个奇迹、一个个传奇缔造的。

在第一篇中，我们曾详细讲述过，澳门在四百多年的历史上，其城市转型发展上出现过三个高峰：

第一个高峰，1557—1640年，主要依靠远洋贸易。

有史料记载：16世纪50年代下半叶，葡萄牙商人在澳门—广州做生意，两地直线距离仅100多公里，乘船既可以内航通广州及粤西南沿江、沿海各埠，外航还可以直接出海；陆路交通上，也有莲花茎石矶连接，以此扩张胡椒、檀香、象牙、白银商业贸易①。此后一百年，澳门逐渐声名鹊起，澳门—里斯本形成了国际大三角贸易网络，逐渐演变为国际性商港，成为日本、菲律宾和美洲、印度果阿和欧洲的三条贸易航线的一个支点，成为海上丝绸之路重要的中转站、名扬海外的国际贸易中转港。

---

① 莫世祥：《近代澳门贸易地位的变迁——拱北海关报告展示的历史轨迹》，《中国社会科学》1999年第6期。

第二个高峰，18世纪的下半叶到19世纪的中叶，是靠贩卖鸦片和劳工。

17世纪40年代后，葡萄牙国际贸易航线衰败，澳门贸易地位严重跌落。葡萄牙人抓住对华鸦片贸易、殖民地发展的机会，把澳门发展成为鸦片贸易、苦力贸易的中心。由于澳门特殊的贸易港口地理位置，这里也因此成了商人寻欢作乐的地方，博彩逐渐合法化，形成一个多元化的博彩架构。

第三个高峰，是19世纪中叶到今天，是靠博彩。

香港的崛起与江门的分流，导致澳门在粤西南经济圈的商业中心地位逐渐滑落。澳葡当局敏锐地转型到博彩业，为澳门增加了新的税收。经过多年规模化发展，一跃成为东方拉斯维加斯，跻身于世界博彩一哥的地位。

不难看出，澳门要发展，它的一个必需的规律就是：一定会是看准了巨大的利润机会才下手，一定会是不按照常理出牌，一定会是作为平台、中介驰骋世界，一定会是在最不可能成功的地方出乎意料的成功，一定会是赚“快钱”。

舍此之外，四百多年之经验告诉我们，澳门别无他途！

三、绝对不能离开海洋生命线这个前提

1. 澳门要面向海洋发展

“善战者，求之于势。”这里的势，就是历史发展的总趋势。

澳门的发展，也存在着“势”。这就是：绝对不能离开由日本经韩国、上海、香港、深圳、澳门、广州、台湾到新加坡的海洋经济高地，在地图上观察一下，不难发现，由日本经台湾、香港和澳门到新加坡，是一个在南中国海上海拔最低的走廊上形成一个高速发展的经济带，如果再细致观察一下，可以发现所谓的亚洲四小龙，恰恰就都在这条线上。因此，“亚洲四小龙”的崛起，绝对不会与这条海洋生

命线毫无关系。

以2008年统计的人均GDP为例：与这个海洋生命线生死相依的新加坡为5万美元；香港为3万美元；台湾为1.7万美元；澳门为3.6万美元；韩国为2万美元；日本为4.1万美元。可是，在这条海洋生命线之外，就出现了巨大的差别，例如，马来西亚人均GDP为6000美元；中国内地为3200美元；珠海为7000美元；印度为3000美元；巴基斯坦为700美元。①

更典型的例子是马来西亚和新加坡。相比之下，马来西亚历史更为悠久，实力也更为雄厚，可是，它没有“求之于势”，而是背对于“势”，采取了面对大陆背对海洋的战略，看重的是大陆的农业资源，结果是迅速的衰落。新加坡不同，作为新生的国家，它敏捷地“求之于势”，采取了面对海洋背对大陆的战略，看重的是海洋资源，结果是迅速崛起。令人无限遐想的是，当年莱佛士以微不足道的金额买下当时的小岛新加坡，该是具有何等的战略眼光？显然，他当时就已经透过历史的烟云，透过帆船时代的衰落与轮船时代的到来这一巨大的历史隐秘，看到了从日本经过台湾、到香港、到澳门、到新加坡的这样一个未来的南中国海经济高地的存在，犹如英国人在第一次鸦片战争后也出人意外地要了一个小小的香港岛，显然，也是因为看到了从日本经过台湾、到香港、到澳门、到新加坡的这样一个未来的南中国海经济高地的存在。

回过头来看看澳门，其实它从一开始就是在这条海洋生命线上生存的。没有这条海洋生命线，根本不可能有澳门的存在。而且，在任何时候，澳门只要离开了这条海洋生命线，也就不再是“澳门”，而只能是江门、厦门或者别的什么“门”了。

以面对香港的崛起为例，香港一朝崛起，澳门并没有转过身去面对内地，而是继续执著地面向海洋，转换城市的核心竞争力，毅然走上了博彩业之路，因此避免了马六甲的悲剧。

---

① International Monetary Fund (IMF), *World Economic Outlook* (WEO) *Database*, October 2012 Edition, Gross Domestic Product, current prices, (Millions of) U. S. dollars.

2. 走与南中国海洋经济高地的发展保持内在的高度一致的发展道路

现在，澳门最为危险的道路取向，是转而面对内地、效法内地、服务内地。

以博彩为例，面对亚洲其他地区加速开赌的趋势，有人出谋划策，澳门今后应该主要依赖国内市场。其实，这完全是死路一条！其结果就是澳门整个的博彩企业和整个澳门都完全被单一市场化，都被捆绑到单一市场的战车上。而单一市场的风险，最终就很可能转化为政策风险。解决这个困境的唯一良策，应该是推动澳门的博彩业面对世界。面对南中国海洋经济高地的各国，面对亚洲，面对欧洲，真正把澳门的博彩提升为国际博彩、世界博彩。

在文化产业的战略取向上，这个危险尤其显著。澳门在某些时候似乎有些太倾向于内地化，总是有意识或者无意识地去模仿内地的文化产业发展的取向，甚至去效法内地的文化产业发展的道路。也因此，种种“小而全”的文化产业发展战略，也经常会在各种各样的有关会议的发言中出现。然而，我们必须要说，澳门之为澳门，秘诀就在于：它不是内地的任何一个市、任何一个省，而是南中国海洋经济高地上的一个重要发展链条。

事实上，澳门过分大陆化既没有必要，也没有前途。借助“一国两制”的优势，澳门应该继续海洋城市的外向、开放特质。澳门必需放眼未来，必须让全世界都看到，澳门，始终是东西方之间一个重要的文化多元化的蔚蓝桥梁，一个充满国际风貌的魅力之都，一个每天都在产生奇迹与机遇的传奇城市。也因此，澳门的文化产业发展，就必须时时刻刻从南中国海洋经济高地这样一个背景出发。澳门，必须的选择就是：背对内地，面对海洋。澳门必须走国际化的文化产业发展之路，走与南中国海洋经济高地的发展保持内在的高度一致的发展道路。

四、绝对不能离开港珠澳大桥这个前提

1. 港珠澳大桥形成了珠江口文化产业新平台

港珠澳大桥的建设早已为世人所瞩目。

在我们看来，港珠澳大桥最重要的意义就在：它把澳门和它所赖以生存的生命线联系得更紧了。港珠澳大桥意味着一个全新的理念的凸显，这就是：珠江口文化产业新平台。

从珠江流域来看，珠江流域西部地区的广东、广西、贵州、云南四省区的国内生产总值占全国的比重超过了15%，从地域看，它涵盖了中国的东部、中部、西部的三个不同的区域经济特征，澳门与珠江流域西部有着一脉相传的历史渊源，西江是珠江水系的主干，流经云南、贵州、广西、广东，在澳门的磨刀门入海，在以水路运输为主的时代，西江是中国西南部省区出海的传统主信道，地处西江出海口的澳门，是西江流域和大西南对外贸易的传统出海门户。① 这些省都与澳门有“同饮一江水”的关系。

过去珠江西岸不如东岸，主要是因为来港陆路交通迂回，耗时费事，通车后西岸城市来港的里程缩短43%—81%不等，仅仅因为大桥通行，首年将增加引资200亿美元，并将带动可观的出口增长。澳门与香港也将成为一市两区。

关键是港珠澳大桥，这个新平台使得我们第一次解放思想，打破原有的行政区化概念，走向区域经济，有了一个从全新的整体角度思考澳门未来的可能。要知道，在这里存在着四大特区、七大城市，实际上，这就是一个未来的文化产业的新高地。由此带来的文化产业带，要求澳门必须从区域整合中去寻求“适度多元化”，而不是自我欣赏式地去追求虚幻的多元化、虚幻的小而全。

---

① 汪海：《澳门：“东方迈阿密”——论构建一个文明对话与国际交流的平台》，《当代亚太》2004年第5期。

而且，历史早已证明，珠江口岸历来也是商家必争之地。有地理研究者和历史研究者对中国历史发展与地理的关系研究后发现，唐宋之后中国历史地理的大门就在珠江口，而且千年不倒。

中国历史地理发展的基本路线，就是顺东转南并一路朝南走。可是，中国人在东边的艰苦努力却一直没有奏效，倒是在国家危亡的时候，外来势力进入中国，却往往从东边破局，显然，这就是上海之所以问世的原因。[①] 同样，过去的很多年里，中国也曾经在东北、在华东华北沿海、甚至在三线谋求发展，但是，都失败了，为什么会如此？岂不是从反面证明只有珠江口才是中国的发展方向？

那么，中国为什么会一路向南？为什么会在珠江口打开国门？原因当然在于中国的海外市场在南边，而不是在东边，这样，珠江口就是最为适宜、便捷的。郑和下西洋，固然没有选择珠江口而是选择了长江口，但是中国的海上丝绸之路选择的，却是珠江口，鸦片战争中，英国人选择在长江口登陆，可是，他们最终却滞留在珠江口。还有最早入华的葡萄牙人，众所周知，他们选择的正是身处珠江口的澳门。香港更有典型意义，这样一个当时的小渔村、小码头，竟然入了英国人的法眼，说明了什么？还不是因为英国人要进军珠江口?!

历史的这一选择，显然绝不是偶然的。

新时代，谁能够在这个珠江口文化产业新平台的整合方面做出有创意的策划，谁就能够在未来的命运博弈中抓住先机，抓住胜负手。这是一个四大特区、七大城市之间“煮酒论英雄”的历史契机。

在这方面，美国对于迪士尼公园、香港大屿山的关注，对于澳门路凼与横琴开发的关注，意味着他们的对于区域整合的清醒意识，理应引起我们的警觉。

2. 澳门要发展面向珠江口岸的开放式文化产业

澳门四百多年以来的生命线，要求澳门发展必须是面向海洋，开

---

① 北京东方信邦投资顾问专家研究组：《以上海为主的长三角欲唱衰珠三角?》，《东方信邦》2005 年 11 月 25 日。

放式的发展；同样，澳门的文化产业发展也必须是开放的，是以珠江口城市群的共同发展为目标的。而现在澳门对珠江口城市群的未来发展仍然没有关注，仍旧关起门来想象自己的文化产业。

我们知道，港珠澳大桥连接起来的三城坐拥三“中心”，也在谋建港深、广佛、澳珠三个产业发展极，当下，亟待港珠澳三地去共同努力，优势互补，以谋求更大的协同效应。为此，三城之间务必要避免同构，避免产业重叠，避免过度竞争、互相拆台。

就澳门而言，则务必不能单打独斗的脱离珠江口岸发展自己的文化产业。毕竟，一个城市单打独斗的时代已经过去，积极寻找区域合作的伙伴将是每个城市发展的必然选择。作为一个高度国际化、经济高度发达、经济结构单一而又资源匮乏的微型经济体，澳门要突破澳门，在广泛、深度的区域发展中寻找机遇和未来，在东亚和珠三角寻找自己的专业分工，通过区域合作发挥后发优势，拓展生存与发展空间。尤其是在港珠澳大桥把四大特区、七大城市之间的距离空前拉近之后，澳门的文化产业的战略选择，更是必须要在四大特区、七大城市之间进行相关的特色发展、错位发展、梯度发展的差别化战略选择。

澳门风顺堂区全景

第三节 澳门在珠三角中的经济互动与全面整合

一、澳门在珠三角经济合作中的地位和挑战

从上文的分析中不难看出，澳门的发展离不开博彩业、离不开海洋经济，而且，也离不开与珠江口岸珠三角城市群的共同发展。

在从小珠三角向泛珠三角的转变过程中，澳门在其中的地位究竟如何呢？

1. 澳门在珠三角发展中的地位变化

澳门作为大珠三角中的一个微型经济体，历史上就一直与这个地区有着不可分割的紧密联系的经济关系。

最初，自从提高了对于航运与航道的要求后，澳门不得不成为香港的附庸，澳门经济也不得不成为香港经济结构的外延。香港的传统劳动密集型出口加工业受到国际市场的制约后，香港的资金、技术设备、管理人员等，也就自然选择了澳门这个近邻。不过，自从改革开放以后，珠三角的飞速发展，却使得澳门对香港的依赖和附庸关系有所改变。

(1) 20 世纪 80 年代，澳门“前店后厂”式发展

20 世纪 80 年代，制造业兴起，香港、澳门的发展无力自动升级，唯有向北邻广东做平面发展，港澳投资在珠三角形成了“前店后厂”的经济格局，带动了三地间行业内、企业内的垂直分工关系，并且将珠三角一起带入了经济的国际圈。

不过，澳门与广东的贸易特点主要是中间产品贸易，并不是互为产品市场，澳门从广东主要进口的是纺织品原料及其他的加工零部件，而澳门出口到广东的产品最大宗的是纺织制品，但金额很小，一直维持在1亿美元上下的水平。澳门主要是通过从广东进口加工原料，在本地加工后出口到第三方市场的。

从澳门政府及媒体公开数据显示，2002年，澳门的主要贸易出口市场依次是美国、欧盟、中国内地、中国香港。其中美国和欧盟共同占有澳门对外贸易的70%，中国内地和香港占澳门对外贸易的21%。而进口上，则依次是中国内地和香港。中国内地占据了约2/5的比例。[①] 总体来看，澳门对内地和香港出口多于进口，内地与香港是澳门主要的原料、材料、零部件与设备的供应地。

澳门与珠三角、香港之间一直以来并不形成互为市场的贸易伙伴关系，而主要是一种产业互补性的共同对外开拓国际市场的伙伴关系，即产业垂直分工中的后厂（珠三角）—前厂（澳门）—前店（香港）的经济合作关系。[②]

总之，澳门虽然因对香港的依附关系而参与了大珠三角的“前店后厂”的经济合作，却没有如香港那样发展出一个完全依赖服务贸易的转口贸易的形态，在对外贸易中，本地生产与出口一直维持了主要的比重。

（2）20世纪90年代，澳门在珠三角中的地位变弱

20世纪90年代以后，资本向更为低廉、资源更为富裕、市场更为广阔的珠三角转移，局势逆转，港澳、珠三角“前店后厂”的局面开始打破，新的增长点产生了以电子信息产业为主的新的成长三角。

最先与这个格局疏离的，就是澳门。按照澳门统计及普查局《直

---

① 《澳门与大珠三角的经济互动关系》，《中国评论》，见 http://crntt.com/crn-webapp/cbspub/secDetail.jsp? bookid =4551&secid =4579。

② 《澳门与大珠三角的经济互动关系》，《中国评论》，见 http://crntt.com/crn-webapp/cbspub/secDetail.jsp? bookid =4551&secid =4579。

接投资统计 2001》数据显示：在 1990 年后，澳门对珠三角投资的主要投向从以制造业为主转向以服务业为主，比重依次是运输仓储及通讯业，批发零售业，工业。工业的投资越来越少，仅有 2 亿澳门元，澳门与珠三角的经济互动开始向多领域延伸发展。①

结果，尽管在大珠三角区域“前店后厂”的第一次（以轻型消费品为主）经济整合中，澳门依附于香港成为成长三角中的一个增长动力。但是，澳门的经济结构决定了它无法参与大珠三角“前店后厂”的第二次经济整合（以电子信息产业为主）。澳门与珠三角之间的经济互动至今为止停留于第一次的“前店后厂”合作阶段。而且，当珠三角地区开始寻找重化工业的时候，即便是香港也被排除了。

（3）20 世纪以来，澳门旅游业依赖于珠三角

随着珠三角市场的绝对成长与香港市场的相对缩小，珠三角已经成为澳门经济成长的主要动力。进入 21 世纪以来，澳门在大珠三角经济互动中扮演的是国际性旅游中心的角色，珠三角加快内部整合的要求越来越高，珠三角成为澳门的最大旅游市场，澳门开始日益依赖珠三角而不是依赖香港。

澳门近年来的经济成长是由博彩旅游业带动的，澳门通过其博彩旅游业的区位优势，成为区域中一个国际性的旅游中心，并且从与珠三角的合作中吸取成长的动力。

从澳门的地理位置上看，虽然处于大珠三角的核心地区，但并不是经济的核心，与珠三角、香港之间的投资互动中，资本的流入多于流出，与香港与珠三角的关系资本流出多于流入相反。澳门特别行政区政府统计暨普查局公开数据显示，2001 年外来直接投资在澳门的投资累积额为 229.5 亿澳门元，而澳门在境外直接投资累积总额为 11.0 亿澳门元。前者是后者的 20 倍。投资数额最大的地区分别是香港、中国内地与葡萄牙。而投资的行业则主要有文娱博彩及其他服务业，

---

① 《澳门与大珠三角的经济互动关系》，《中国评论》，见 http://crntt.com/crn-webapp/cbspub/secDetail.jsp? bookid =4551&secid =4579。

尤其是批发零售业、金融业与工业。[①] 这反映了澳门对外来资本的吸引力所在。

显然，这与一般的规律不同，按照一般规律，一个国家或地区在人均收入 4000 美元以上时，就成为直接投资的净流出地区，澳门人均 GDP 远远高于 4000 美元，这，也是令澳门发展困惑的问题。

2. 澳门在珠三角区域经济发展中的挑战

实事求是地说，由于面积、人口、自然资源和市场规模限制的“小澳门”要发展“大经济”，困难重重，澳门发展博彩业也并不具有垄断优势，无非只是因为别人没有开而已，因此只是地域垄断。对于澳门来说，成本优势、历史经验的积累是一个优势，但是也很容易被复制；建筑质量、人文景观、交通条件、配套服务，其实也不比香港、新加坡要好。而且，在新加坡、韩国陆续开赌场后，赌客可能就会转到南北韩或者东南亚区赌博了。因此，澳门不仅与相邻香港相比缺乏优势，即便与相邻的“小特区”珠海比较，也没有优势。珠港澳大桥的建成，有利于加快区域间的经济合作，不过，珠港澳大桥建成后，澳门要吸引内地旅游业会更加艰难。

珠港澳大桥建成后形成的几个经济区：

一小时经济区——广州、东莞、深圳、香港一线，也包括广州、佛山一线。

二小时经济区——包括整个地理意义的珠三角。

三小时经济区——从广州延伸至整个广东省以及临近省份的部分地区，甚至北上到湖南长沙。

四小时经济区——广东省加临近省份的接壤地区，北上则达到湖北武汉。

显然，这可能使原本过夜率不高的澳门，更有可能雪上加霜，成

① 《澳门与大珠三角的经济互动关系》，《中国评论》，见 http://crntt.com/crn-webapp/cbspub/secDetail.jsp? bookid =4551&secid =4579。

为区域旅游中的“客厅”，而不是“卧室”，游客穿堂而过，数量大，但是质量不高，而且，更要命的是，只游览不消费。

澳门是一个小城市，在强大的“9+2”阵营中，它是一个相对的弱者，纵有百年平稳发展的基础，但少人资、缺土地的天然不足已经让澳门面对的前程有些迷茫。澳门对珠三角的依赖，从游客数量中就可以看出来，2011 年，在内地游客当中，有一半来自广东。

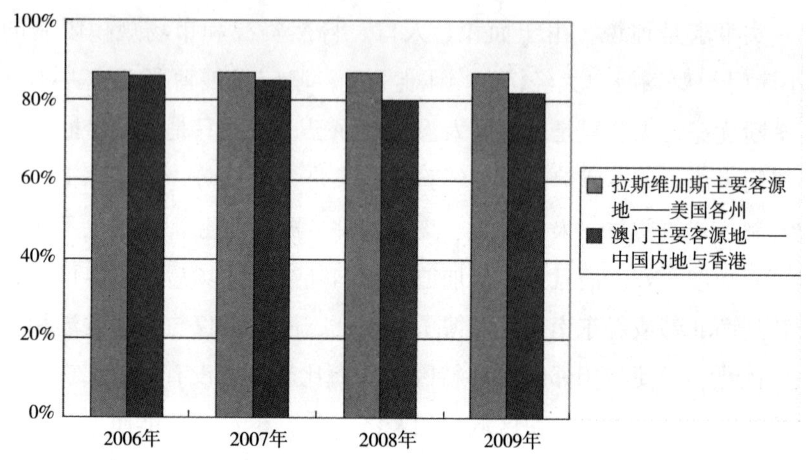

图 2-2　澳门与拉斯维加斯主要客源比例对比

资料来源：Centre for Gaming Research，University of Las Vegas 及澳门统计暨普查局、澳门博彩协调暨监察局，2006—2009 年。

显然，澳门离不开香港，更离不开珠三角，珠三角城市的经济互动与全面整合，将最终决定澳门的发展前景。

二、澳门文化产业发展要与珠海演绎双城记

更为重要的，是澳门与珠海之间的双城记。

澳门与珠海要共同演绎一国两制的精彩乐章，这是一个必须考虑的战略任务。两地都能够成功，才是最为成功的实践。

但是，核心优势是什么？各自的优势在哪里？为什么要合作？切

入点又在哪里？

世界上有很多双子城，大多是以河分割的，有一城两国的：圣玛丽河，北岸是安大略省的苏圣玛丽城，南岸是美国密歇根州的苏圣玛丽城；有一城两时的：明尼苏达州双子城：圣保罗与明尼阿波利斯。圣保罗是夏时制，明尼阿波利斯却不是。

那么，澳门与珠海如何成为双子城？尤其是如何做到 1 + 1 > 2，这是一道非常具有战略意义的数学题目。

澳门与珠海两座城市与香港、深圳两座城市所不同的是，两座城市在城市的中心区域以及郊区都紧密连接，但是在过去几十年的发展中，却基本很少有关联性。

长期以来，珠澳合作差强人意，一直不温不火，甚至貌合神离，远未达到想象中的默契和成功。一个重要的原因是，澳门是珠澳合作的单方面受益者。澳门的农副食品、水电、原材料等均仰赖于珠海，但澳门对全世界的博彩旅游吸引力却并未惠及珠海。①

区域合作的前提，应该是优势互补。例如，要共享资源，以便降低成本，提高效率。在这方面，粤港、港深合作得就比较成功，但是，粤澳、澳珠合作得就不太成功。在这里，关键是动力不足、方向不明、切入点也一直找不准。

例如，十年来，澳门经济突飞猛进，但对珠海的带动和帮助却极为有限，甚至在珠海广泛有一种“背负澳门发展成本”的抵触情绪。相互的隔阂致使两地资源互补优势很不明显。因此，珠澳合作能否成功，关键在澳门方面能否放下“高珠海一等”的心态，摒弃先天优越感，主动的以平等合作的诚意构建珠澳关系。②

澳珠合作，关键已经不是资金土地之类的简单生产要素的合作，也不仅仅是为了两地发展，而是要带动珠三角西翼的高度发展，力求成为未来粤港澳发展的新动力。因此，澳珠不能各扫门前雪。

而且，关于澳门与珠海的关系，关键是都要共同往前看，要多关

---

① 苏武江：《澳门文化创意产业发展路径研究》，《科技管理研究》2012 年第 24 期。

② 苏武江：《澳门文化创意产业发展路径研究》，《科技管理研究》2012 年第 24 期。

注珠江口未来的变化发展，而不是往后看，吃后悔药，互相埋怨，更不要各揣心思。

在这里，至关重要的是要展开对于澳门珠海的一体研究。长期以来，澳门很少去研究珠海，珠海也很少去研究澳门，更不要说联合去研究一体化的澳门与珠海了。鸡犬之声相闻，老死不相往来。长此以往，肯定是不行的。

那么，澳门和珠海能否在发展文化产业方面形成互补优势，演绎双子城的华彩篇章呢？

珠海在整个粤西地区具有“天然交通中心”的地位，还有一个具有建设30万吨码头条件的国际深水良港——珠海高栏港，是国家沿海主枢纽港，离国际航道只有11海里，具有独特的地理优势。

从发展目标来看，珠海已经明确提出，到2020年，跻身珠江口西岸核心城市，人均收入、生态、文化、社会法制、社会公平等方面实现领先的发展目标。其中的文化繁荣，指的就是文化强市战略，把文化产业发展作为重要支柱产业和战略性新兴产业发展。通过重点扶持文化旅游、动漫网游、影视制作、信息交流等文化创意产业，打造“创意珠海、浪漫之城”的城市新形象。①

从发展基础来看，珠海发展文化创意产业的优势主要有：

第一，珠海是珠三角人口密度最低的城市（珠海每平方公里0.09万人，深圳和香港分别为0.51万人和0.64万人，而澳门已达到1.86万人），土地资源较为丰富，人均GDP已超过1万美元，位居珠三角第四位，服务业发展水平一直较高，具有发展文化创意产业的广阔空间。②

第二，珠海环境优美，空气清新，是珠三角环境污染最轻的城市，曾被联合国授予最佳人居奖，为发展文化产业提供了得天独厚的自然条件。

---

① 杨连成：《珠海建成珠江口西岸核心城市》，见中国广播网：http://zh.cnr.cn/xwzx/zhxw/201008/t20100803_506832794.html。

② 苏武江：《澳门文化创意产业发展路径研究》，《科技管理研究》2012年第24期。

第三，珠海有着底蕴深厚的历史文化资源，特别是近代以来领风气之先，以香山文化、“近代中西文化走廊”以及一批儒夷皆通的近代风云人物，深刻地影响了中国的历史进程。目前，珠海的文化创意产业已经颇具规模。

金山和巨人两大国内顶尖网游巨子斥资近30亿元在珠海建设研发中心；投资50亿元的南方影视传媒基地、华强动漫主题城、奥飞动漫影视基地、香港文化创意园等一大批文化创意大项目也已初步和珠海达成落户意向，2011年，首个文化创意产业基地揭牌成立。

据不完全统计，2010年，珠海文化产业增加值占全市GDP的比重已达到5.1%，全市文化及文化产业相关类企业近万家，相关从业人员超过6万人。①

同样，澳门文化创意产业的发展基础也并不薄弱。

第一，澳门拥有独具韵味的人文环境和旅游资源。2005年大量南欧风情建筑的建成，拥有四百多年中西文化的城市底蕴的“澳门历史城区”成功申请为世界文化遗产，这是中国甚至整个亚洲的骄傲。

第二，澳门拥有“一国两制”的制度特点。凭借澳门的“特殊性”，可以自由发展各种与意识形态无关的产业，澳门要利用这个优势。

第三，澳门是一个自由港，具有较高的经济开放度和国际化的竞争环境。澳门一直没有加入高约束性的区域贸易协议，目前共有近90个国家或地区给予澳门特别行政区护照持有人免签证待遇，具有国际贸易的高度自由化空间。

第四，博彩业的高速发展还为发展文化创意产业带来了较为充足的货币资本。

从《珠江三角洲地区改革发展规划纲要（2008—2020年）》来看，珠海与澳门一个是区域，一个是世界中心，在发展方向和重点上各不相同。珠海重点发展“三区一基地”，即珠海高栏港工业区、航

① 邓红辉：《从浪漫之城到创意之都》，见 http://news.xinmin.cn/rollnews/2010/05/16/4907066.html。

空产业园区、国际商务休闲旅游度假区和海洋工程装备制造基地，打造珠江口西岸核心城市；澳门的目标则是“世界旅游休闲中心”。①

从实际来看，未来的珠海独木难成林，澳门单打独斗也缺乏支撑力量，双方都要依靠对方的力量来成就彼此，珠澳两地相互叠加、联动发展必将是趋势。

在这方面，2009 年《横琴总体发展规划》的实施，已经为珠澳两地深化合作提供了新平台，一系列发展障碍正在突破。不过，横琴岛又已经是澳门永远的痛！要寻找利益契合点。是个老问题，其实，早在 1887 年中葡的划界谈判中，横琴岛的问题就曾提出。可是，直到如今，横琴岛问题的解决，对于澳门也还不尽如人意。开始是珠海开发，后来是珠海澳门共同开发，再后来是粤澳合作开发，又再后来是 9 +2 合作开发。澳门始终只是并非关键性一方的参与者。横琴岛是澳门的三倍，一共 86 平方公里，完全给澳门，可以使用 50 年，同时给珠海和澳门，可以使用 25 年，现在却给了 9 +2，可以使用的时间可能连 5 年都不够了。而且，广东的利益、珠海的利益、澳门的利益如何兼顾，这可能还是一个很难解决的大问题。但是，无论如何，横琴的合作都是澳门与珠海合作的一个开始。由此，我们寄希望于澳门与珠海之间的进一步的深度合作，而且要零距离、零摩擦、零阻力真正实现两地的同城化，实现两地资源优势互补、一体发展。2011 年 3 月签署的《粤澳合作框架协议》再次为珠澳跨界合作提供了新机遇和新动力。

当然，最为核心的战略应该是：大澳门。

在这个方面，珠海应该以主动姿态融入澳门，并且通过融入澳门来融入世界。自成一统的珠海，是没有出息，也没有前途的。与澳门无缝对接，向澳门靠近而不是香港，才是珠海的选择。倘若当地政府一味强调自力更生，而不去与澳门珠联璧合，而且心甘情愿做配角，那么，除了做做收地租的地主之外，是很难得先机、得先手，也很难

① 国家发展和改革委员会：《珠江三角洲地区改革发展规划纲要（2008—2020 年）》，见人民网：http://politics.people.com.cn/GB/1026/8644751.html。

获得巨大回报的。

三、澳门文化产业要在区域经济合作中寻找发展空间

一些专家分析指出，香港服务业大举转移广东暗示着，粤港经贸合作关系的升级，从过去较低层级的“前店后厂”的合作向金融、服务、科技等全方位、高层次迈进。

在全球化程度日益加深的背景下，澳门经济发展正迎来一个新的时期，不仅要与大珠三角保持合作关系，更要从泛珠三角区域经济中寻找发展空间。

1. 大珠三角空间

现在，长三角、珠三角和京津冀是中国公认的三大都会圈，在粤港一带，深港都会圈、广佛经济圈的融合程度都走在了前列。目前，广州都会圈、深港珠澳大都会圈、上海经济圈、京津都会圈、重庆经济圈在中国的地位越来越明显，然而，不少专家和研究者都认为其中深港珠澳将可能成为全球最大的都会圈。从规模上看，大珠三角已成为世界第三大都市圈。

在未来 20 至 30 年，伴随着西太平洋地区时代的到来，以粤港为中心的 9 大城市串联的大珠三角世界级都会区将成长起来建设成世界上最繁荣、有活力的经济中心和世界级都市圈之一。广东省社科院院长梁桂全预测，未来 15 至 20 年，这个大珠三角的世界级都会区 GDP 将达 1.5 万亿至 2 万亿美元，人均 2 万至 3 万美元。①

珠三角细分又可区分为核心、内层与外围三大部分。香港、深圳、澳门、珠海位于珠江出海口尽头和位于出海口内端的广州、佛山两城，共同构成珠三角的核心圈；而两岸的东莞、江门、中山等城

---

① 曾卫康：《大珠三角都会区 20 年内 GDP 将达到 2 万亿美元》，见搜狐新闻：http://news.sohu.com/20090911/n266638532.shtml。

市，则构成内层；肇庆、惠州则构成珠三角的外围。①

关于大珠三角的战略发展，有人总结为：一个方针，两个坚持。一个方针——坚持外向型经济的成长；两个坚持——第一继续发挥香港的功能，为整个地区吸引外资，继续走外向型增长之路，因为这是本地区的比较优势；第二，加大区域内部的各城市间经济整合的深度与广度，并且以区域均衡的整合思路来规划各项建设与各地发展重点。

澳门要全力融入珠三角——这个世界级都市圈中，这是时代发展的方向。

资本与投资的互动是澳门与珠三角、香港间形成贸易互动关系的基础。珠三角中的经济互动与全面整合，互为动力、互相促进、同步增长，将最终决定澳门的发展前景。

2. 泛珠三角空间

如果以泛珠三角来看，澳门的经济面临的机遇更大，这是因为泛珠三角的经济规模更宏大。按照公认的说法，泛珠三角是“9+2”（粤、闽、赣、桂、琼、湘、川、云、贵加港、澳），面积约200万平方公里，4.46亿人。这一区域又与东盟相连，与新马泰有密切关系，发展环境和经济发展也很相似。②

新经济地理学理论认为，区域之间的合作可通过发展相互合作关系来构筑区域利益框架，并在区域利益框架下通过利益均衡谋求本区域利益最大化。融入泛珠三角，对于适度多元发展澳门经济提供了动力机制。③

第一，跨境工业区的建设带动了多元化发展；

第二，CEPA（《内地与澳门关于建立更紧密经贸关系的安排》）提供了制度平台；

---

① 莫世祥：《珠三角城市经济联盟战略新论》，《经济前沿》2004年第1期。

② 《透视“9+2”经济圈　广东提出“泛珠三角”战略》，见国际在线：http://gb.cri.cn/1827/2004/07/22/521@241184_4.htm。

③ 苏武江：《澳门文化创意产业发展路径研究》，《科技管理研究》2012年第24期。

第三，CAFTA（中国—东盟自由贸易区）提供了多元化的启动器与引擎；

第四，从内到外，澳门形成了与内地尤其是与广东西部地区的商贸服务中心；海外企业进入中国内地企业的桥梁；中国与世界各地经贸交往的窗口；内地与葡语国家经贸国家合作平台；与全球华商联系合作的服务平台；等等。

3. 澳门文化产业要由“单兵作战”向“兵团作战”转化

在区域经济一体化发展的背景下，文化创意产业的集群化发展也已经成为大趋势。这不是一个城市单打独斗、“单兵作战”的时代，积极寻找区域合作的伙伴是每个城市发展的必然选择。作为一个高度国际化、经济高度发达、经济结构单一而又资源匮乏的微型经济体，澳门要突破自我局限，向外拓展，在东亚和珠三角寻找自己的专业分工，通过区域合作发挥后发优势，拓展生存与发展空间。

澳门发展文化产业，要不攀比，不内耗，不恶性竞争，不单打独斗，抱成一团，争团体冠军，在大珠三角、泛珠三角发挥集群化发展的优势。

目前，在国际上公认的有著名的大纽约、大东京、大伦敦三大国际都会区，集中着世界上最具创意的脑袋。在中国，也有正在发展壮大的产业集群，北京，上海—苏州—杭州，广州—深圳，昆明—丽江—三亚，重庆—成都—西安，长沙，分别形成了六个以核心城市为中心发展的创意产业集群，而珠三角创意产业集群将是未来最具潜力发展的集群带。①

粤港合作，珠三角协作，思考了多年，也探索了多年，现在是真正进入实战的开始。大珠三角要跳出区域的界限，CAFTA 要跳出国境的界限，借助泛珠三角和东盟，携手走向世界。澳门大力发展自己、提升自己，而今堪称最佳时期。

---

① 吴思：《我国初步形成六大区域创意产业集群》，《中国高新技术产业导报》2006年10月30日。

值此时机，成之也小，败之也小的澳门理应意识到“财富金矿”的存在，积极置身大珠三角、泛珠三角，与大珠三角、泛珠三角的“知音”们既互相竞争，更同病相怜，着眼双赢，借力打力，突破空间狭小困局，走集中化发展路线，积极参与区域分工，把有限资源集中在重点上，保持自身竞争优势，优势互补、错位发展，再谱一曲高山流水的新探戈。

4. 澳门文化产业要找到自己的文化色彩

在当前，各地的旅游都在从“外在型”向“内涵型”转变，内涵就是文化。澳门要在泛珠三角中找到自己的定位来补位发展。那么，泛珠三角的内在整合点在哪里？我们认为关键是要知己知彼，知道人家的特色，也找到自己的特色，以便与对方互补错位发展。澳门发展文产，离不开区域旅游业，澳门的重点是要找出自己最鲜明、最独特的文化色彩。

以澳门为中心，2 小时经济圈有 15 亿人，5 小时经济圈有 30 亿人，中国内地、香港、台湾，是三大旅游客源。澳门周边有四大文化旅游，按照学者胡幸福的色彩文化旅游观念来看，广西、云南、贵州是以山水文化为主的绿色文化；江西、湖南、四川是以历史人文为主的红色文化；福建、广东、海南岛是以海洋文化为主的蓝色文化；香港、澳门是以商业文化为主的金色文化。

在这 5 小时经济圈内，澳门的金色文化如何在红绿蓝金色文化中突围出来呢?

广东的发展是最好的例子。广东红色旅游、绿色山水、商务旅游、人文历史旅游，虽然都有，但是都不强，广东的发展后来打出综合牌：广府风、客家情、潮汕韵、南海潮、百越神，通过这五大风情来诠释广东旅游文化。

香港，一直打造“商都旅游文化”，核心是“好客文化”。迪士尼的引进虽然赚钱却带来文化的缺失，被许多专家认为是一个文化的错误。现在香港看到了自己的弱势，开始“近邻深圳，远交湖南”，积极拓展与深圳和湖南的区域旅游合作。针对深圳新兴移民开发具有两种不同制度、不同旅游文化的综合旅游区域，利用湖南的人文风景和历史底蕴是对香港旅游资源空白领域进行补充，精心打造“一程多站”的旅游新线路。[①]

有人说，广东文化形态呈晶体，是一个多面构造，正因为多面，所以才璀璨绚丽。[②] 其实澳门的文化也呈晶体状，广东文化的发展同中原文化分不开；同海外文化也分不开，澳门文化发展与广东文化分不开，更同海外文化分不开。背依黄土地，面对蓝海洋，在南北文化之间，在黄蓝文化之间，在中西文化之间，澳门也创造了一种有鲜明特色的富有活力的文化：金色文化。

在这方面，澳门与香港颇有相似之处，不过，香港是金色商业，澳门则是金色娱乐。

有人说，经济香港、文化澳门。应该说，此言大致不差。粤港澳总的来说都属于蓝色海洋板块，同为三块金色宝石。相比之下，澳门在商业上难以与粤港相比，唯有娱乐文化，才是澳门自身的特色。

在博彩之外，“小澳门”要发展“大经济”，实在难上加难。唯一的办法，就是“小澳门，大（娱乐）文化”！

第四节　澳门文化产业发展战略的基本思路

芒福德说，“真正影响城市规划的是深刻的政治和经济转变”。

---

① 胡幸福：《广州旅游在泛珠三角的文化攻略》，《广州大学》（社会科学版）2007 年第 4 期。

② 范若丁：《晶体的广东文化形态（1）》，见新浪读书：http://book.sina.com.cn/nzt/his/guangdongjiuzhang/7.shtml。

城市的存在都不是孤立的，从诞生到繁衍再到发展，其命运都是从一开始就已经命中注定了的，也都是为我们自己的智慧与谋略所决定的。

人们常说：一张白纸可以描绘最新最美的画卷。可是，白纸何其多，为什么美丽的画卷却很少？这就犹如当今世界处处都在造城，但是，好的城市却仍旧少之又少。

何况，有多少城市可以重来？

答案是：零！

没有一个城市可以重来。

也因此，澳门的城市建设一定要秉成大智慧、大谋略。

其实，即使未来澳门经济转型成功，每年若干亿的GDP，在全球的那些庞大非经济体面前，也仍然是个微型经济体，澳门要有所突破，光在经济上做文章远远不够，必须要走向“小澳门，大（娱乐）文化”。

澳门，一定是“文化澳门”，而并非“经济澳门”。

一、澳门文化产业发展战略的反省

文化澳门的建设不仅仅是文化产业建设的问题，但是，文化产业建设却毫无疑问应该是其中的一个重要方面。

在这当中，文化产业发展的战略，是一个首当其冲的问题。

“战略”，原来是一个军事术语，源于战争实践，原指将帅指挥战争或战役的谋略和艺术。《辞海》的解释是：“对战争全局的筹划和指导”。《韦氏新世界词典》的解释是：规划、指挥大型军事行动的科学，在和敌军正式交锋前调动军队进入最具优势的位置。

现在，“战略”已经广泛地进入了日常生活，政治、经济、社会、文化甚至科技，简单说，战略其实就是一个价值预设与价值定位，战略，就是全世界都关注你而不关注你的竞争对手的全部理由。

战略，区别于战术的“量入为出”，是一种“量出为入”的思考，它首先考虑的是理想目标、理想方位；其次考虑的是切实可行的发展路径和操作方式。

依据上述思路，我们可以对澳门目前的文化产业的发展思路加以检讨。

2010年，特区政府曾提出八大重点发展的项目：视觉艺术、设计、电影录像、流行音乐、表演艺术、出版、服装及动漫等，并且，以视觉艺术、设计为先行。这无疑是澳门文化产业发展的重要一步。近年来，澳门特区政府在这方面也确实做了大量的切实有效的工作。早前文化局公布的塔石广场“玻璃屋”、大三巴“黄屋仔”及南湾“C-SHOP”作为展示及销售本土文化创意产品试点，也在推进，可见，政府文化政策把比较成熟的项目选为重点先行先试，“落重药”重点扶持有潜力对象之发展路向是很有成效的。

二、对澳门战略发展方向的反思

不过，对于政府的八大重点项目和以视觉艺术、设计为先行先试的项目，本澳艺术界和学术界也提出了许多不同意见。

毋庸讳言，我们的看法也有所不同。

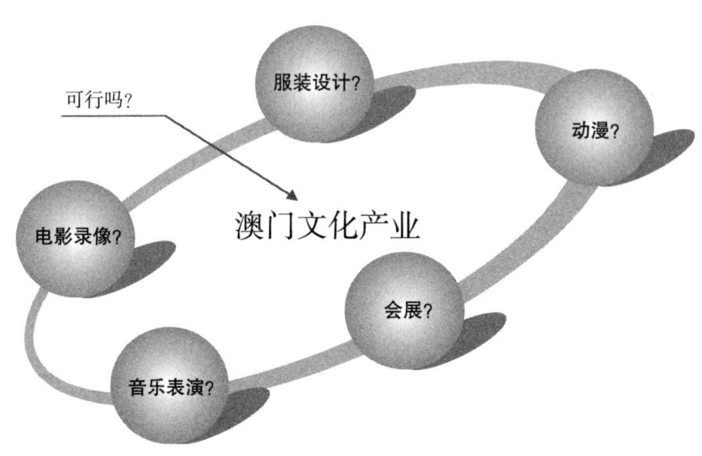

图2－3　澳门的文化产业

在这里，至关重要的是，澳门还没有意识到，要发展文化产业，首先就需要大胆创新。因为，这是文化产业之为文化产业的本质与核心。而这也就是说，必须要根据自己的特性来创新文化产业本身的定义，必须去为文化产业定义，而不是被文化产业定义。

例如从澳门目前的决策看，一个易于为人们所质疑的问题就是：一开始就被束缚在文化产业的定义之中。其实，人们所习惯的那种文化产业的定义（澳门习惯称之为：文化创意产业），从根本上看，可能并不适合澳门的特定情况。

简单地说，从文化产业的上游来看，澳门的原创力明显不足；从文化产业的中游即生产环节来看，澳门的组织集约经营程度也非常低；再从文化产业的下游来看，澳门的营销能力，也只能说，还有待增强。

面对这样一种情况，澳门需要的应该是实事求是去研究具有澳门特色的差异化的文化产业之路。文化产业的市场不是等出来的，而是找出来的、创造出来的。澳门应该以自身的核心竞争力去启动、汇聚形形色色的内在资源，启动唯独属于自己的文化产业市场，而绝不应该是按部就班照本宣科地走教科书上所宣示的那些所谓的文化产业发展之路。

试想一下，地域狭小，空间有限，资源匮乏，陆地总面积仅 29.7 平方公里，还不足内地很多乡镇的土地面积，可是，总人口却达到 55.23 万人，是世界上人口密度最高的地区之一。如果再加上日均在澳游客，实际上在澳门狭小的土地空间上所承载的日平均人口达到 70 万人左右。[①] 其结果，澳门土地稀缺问题，电力、淡水等资源消耗大幅增加（98% 的淡水资源和 40% 的电力均需珠海供应）。这样一个土地和资源承载力已经到了相当脆弱水平的城市，常规的文化产业之路对于它就真的有意义吗？

再看人力资源。近年来，赌场不断扩张，澳门失业率水平从 2000

---

① 苏武江：《澳门文化创意产业发展路径研究》，《科技管理研究》2012 年第 24 期。

年最高时的7%一路降至2010年的不足3%，最低时达到2.6%。一方面，博彩业对低水平从业人员存在不断扩张的需求，另一方面，工资水平不断攀高。结果，澳门人力资源源源不断从其他行业涌向博彩业，求学需求被抑制，高学历、高素质人才在澳门无用武之地，安于现状、知足、保守、消极落后等社会惰性已经成为澳门的通病。[①] 而文化产业是需要大量的高学历、高素质而且个性禀赋独特的人才存在的。可是，这样的人才在澳门有吗？即便是有了，数量够吗？

而且，与国内外如火如荼的发展之势相比，澳门的文化创意产业起步甚晚。如果把英国文化创意产业从1997年开始算，那我国台湾、香港等地是起步于本世纪初，内地约2/3的省份已在“十一五”（2005—2010年）前期起步，而澳门则直到2009年在前任特首何厚铧的施政总结中才强调，文化产业将会是特区下一阶段的新的、具较大发展潜力的新兴产业。2010年，澳门政府才成立了文化创意产业促进厅，并设立了文化产业委员会，迄今，相关产业扶持政策法规、行业标准、发展规划等都仍在酝酿、制定中。

仅举一例，就可以知道澳门在这个方面的准备有多么仓促多么不足。在“中国知网”以“澳门”为主题词去检索，结果是，文献数量27594条，再以“文化创意产业”进行二次检索，研究文献却仅有3篇（截止到2011年10月）：

澳门贸易投资局局长李炳康发表于2009年10月《人民论坛》的《用巧实力统合硬实力软实力——关于澳门经济转型的思考》；[②]

暨南大学王鹏发表于2010年6月《旅游学刊》的《澳门博彩业与文化创意产业的融合互动研究》；[③]

中国传媒大学齐勇锋等发表于2011年4月《城市观察》的《澳

① 苏武江：《澳门文化创意产业发展路径研究》，《科技管理研究》2012年第24期。

② 李炳康：《用巧实力统合硬实力软实力——关于澳门经济转型的思考》，《人民论坛》2009年第20期。

③ 王鹏：《澳门博彩业与文化创意产业的融合互动研究》，《旅游学刊》2010年第6期。

门经济结构调整和政府作用研究——兼论澳门文化创意产业发展》。①

当然，实际的情况可能会略好于这样一种尴尬状况。据我们所知，应该还有一些关于澳门文化创意产业的研究成果的存在。

但是，澳门文化创意产业的发展问题甚至连引起学术界的足够重视都还是亟待努力的，却是一个不争的事实。

（1）澳门适合发展电影录像行业吗？

澳门要发展电影录像行业，只是一个美好的愿望。

我们知道，多年来，也确实有很多仁人志士在为此而孜孜努力。

不过，以澳门地域之少、人才之缺，这一切无异天方夜谭。不说其他，就说群众演员一项，澳门普遍普通话表达不畅，而且形象身材都比较单一，而外来的群众演员资源是根本无法自由进入澳门的，那么，这个方面的人才该如何满足？

还有编导、电影制作人、制作室、发行公司、专业演员，等等，这些人才澳门又何处寻觅？

有记者惊叹，最红的澳门明星事业重心竟在香港；人均 GDP 亚洲第二的澳门却只有几家影院；在电影中看澳门竟然远比看澳门拍摄的电影要容易得多②。

其实，澳门要发展电影，只有两条路可走。

首先，在澳门搭建一个为全世界电影服务的平台。例如，在澳门举办全球范围的电影节，就是一个可以选择的快捷方式。还有，就是在澳门开展电影版权贸易，这也是一个可以选择的道路。

其次，就是在澳门大力推进电影院的建设，把澳门打造为全球最为知名的电影放映中心。最新的电影、最老的电影、最难以寻觅的电影、最流行的电影，都可以在这里轻易觅得，大饱眼福。把逛赌场、瞻仰大三巴和看电影，作为游客到澳门旅游的必选项目，应该说，在

---

① 齐勇锋、陈曼冬：《澳门经济结构调整和政府作用研究——兼论澳门文化创意产业发展》，《城市观察》2011 年第 2 期。

② 唐爱明：《评论：澳门本土难造星电影产业落后》，见 http://ent.sina.com.cn/c/2011-12-11/09383504331.shtml。

这个方面，澳门前途广阔，也大有可为。

（2）澳门适合发展流行音乐、表演艺术行业吗？

不可否认，自回归后澳门特区政府文化局确实投入了很大的资源，表现在赞助大小艺术文化社团活动经费，建立澳门音乐学院，填补了本地正规艺术教育的空白，政府每年斥资举办的音乐节、艺术节，亦成为澳门两大文化盛会。澳门国际音乐节举办至今，已成为澳门重要的音乐活动之一，标志着澳门流行音乐的璀璨发展，展示澳门原创歌曲魅力，以及本地乐队及歌手的实力，为本土流行音乐注入了生命力。澳门艺术节也越办越火，为澳门旅游增添了不少艺术气氛。

根据《澳门月刊》2010 年 10 月号《发展文化创意产业路向如何定位》一文介绍，文化局每年斥资数千万的音乐节、艺术节，是否物超所值，对每年动用巨额公款的公众表演活动，澳门本地市民的参与度如何？另外，业界一直反映本澳表演场地不足，缺乏大型文化交流中心及常设性文化交流项目，尚不能满足社会团体举办文化交流活动之需，如粤剧、舞蹈、乐队、艺术表演等等，业界一直建议建立可供市民预约租用的大型演艺艺术中心，一来推动全社会的艺普教育，提升市民的艺文素质，丰富市民的暇余生活；二来可吸引游客来澳观看，从而最终实现借表演艺术带动文化、旅游等产业。[①]

更重要的是，澳门真正能够影响世界的音乐作品在哪里？如果连这样的音乐作品都没有，那么，又如何可以产业化呢？

可见澳门音乐、表演艺术的节庆活动与真正实现音乐、表演艺术的产业化之间尚存在许多差距。

（3）澳门适合发展动漫产业吗？

政府将动漫产业定位八大重点项目之一，对动漫产业寄予高度厚望。不过，目前澳门动漫产业距离成为一个行业，实在还差之甚远。

在这方面，我们必须说，濠江非“蓝海”，澳门不但没有优势，而且还存在明显劣势。如果没有自知之明的去盲目发展，其结果只能

① 《发展文化创意产业路向如何定位》，《澳门月刊》2010 年第 10 期。

是吃力不讨好。因此，澳门发展动漫产业，当慎之又慎。

根据国办发［2006］32号文件，“动漫产业”定义为以创意为核心，以动画、漫画为表现形式，包含动漫图书、报刊、电影、电视、音响制品、舞台剧和基于现代信息传播技术手段的动漫新品种等动漫直接产品的开发、生产、出版、播出、演出和销售，以及与动漫形象有关的服装、玩具、食品、电子游戏、主题公园、博览会、虚拟代言人等衍生产品的生产和经营的产业。

而要发展动漫产业，最为关键的是什么呢？动漫的开发与生产，否则，动漫的出版、播出、演出、销售及周边产品的开发就根本无从谈起。可是，澳门此前的动漫开发、生产能力，我们只能说，是极为薄弱。毫不客气的讲，到目前为止，澳门本地还没有一个能够产生影响力的动漫生产品牌。那么，皮之不存，毛将焉附?!

再退而求其次，既然没有产业链的源头，那么就干脆委曲求全，直接从事产业中下游的工作。然而，那些外来的动漫产品在本地的出版、播出、销售——再加上在澳门周边地区的销售，在50万人口的城市里，市场究竟能有多大？尚且不说发展动漫业的宏图之所以势必被搁浅在濠江之中，还有一个不容忽视的瓶颈，就是：缺乏人才！

在澳门要找到在动漫产业领域开疆辟土的人才，怕是难上加难。50万的人口，赌城的独特地域文化，导致了有许多活找不到人做，可是也导致了有许多人不想找活做。何况，澳门本地居民的福利待遇极其丰厚，失业率极低，基本衣食无忧。澳门的本地人均收入是9000元人民币左右。这样的收入，如果放在内地，已经要算是中高产阶层。如此福利，还有多少澳门人想去做动漫？结论是不言而喻的。

当然，可以大力引进外来人才。可惜，外地人才来澳门，要难于上青天。原因很简单，大力引进外来人才，势必分担澳门本地居民的公共福利，澳门居民生活水平就会无法保证。而政府支出公共资源的扩大，也进而会导致公共基础建设资金的不足。因此，难免会引起澳门居民的激烈诟病。

在澳门引进人才是一个披荆斩棘的过程。而澳门政府要发展动漫，也要付出极大的代价和努力。从目前的情况看，世界上发展动漫的道路，基本上是两条：一条是日本的低成本道路，因为那里有着雄厚的发展动漫的民间基础；还有一条，是韩国美国的高成本道路。美国是诉诸电影，韩国是诉诸网络，都是政府投入了高额成本。澳门要发展动漫，只有诉诸高额成本投入。可是，即便是如此，是不是澳门的动漫产业发展就可以一帆风顺？结论是：举步维艰！

要知道，现在世界上的动漫发展，已经是一片“红海”。日本、韩国、美国的动漫发展，几乎是遥不可及。对此，刚刚起步动漫的澳门，完全就是望尘莫及的。

因此，发展澳门的动漫产业，最大的可能，是成为一个鼓舞人心的“口号”。但是，真的要在澳门重点发展动漫，则是不符合澳门实际情况的。

(4) 澳门适合发展服装设计产业吗?

时装业也被澳门政府列为重点发展的本澳创意产业之一。

的确，20 世纪七八十年代，澳门服装制造业非常兴旺，多以加工欧美订单制造成衣为主，但是，却并没有服装设计师这个职业。

直至回归前，澳门生产力中心才开始在设计上有所动作，除了开设培训本地设计人才课程外，还经常举办时装设计表演/展览，引介学员赴内地参赛，也确实提高了业界人士的水平，扩大了澳门服装设计业的影响力。不少品牌在本地创立，不少国际品牌、表演机构也开始进驻澳门。

不过，澳门的服装设计者不成规模，多以业余爱好性质参与，要发展服装设计产业，还是十分欠缺有竞争力的设计师队伍和市场，年轻人入行的少，而手工艺人的流失是澳门服装设计业长期发展面临的困境。

澳门服装设计产业要摆脱“有价无市”的困境，发展成一项产业，尚待时日。

(5) 澳门适合发展会展业吗?

顺便讨论一下，有人呼吁：澳门要大力发展会展业。那么，这个选择是否可能？

的确，回归后，澳门会展业发展迅猛，根据公开数据显示：2000年，澳门全年会展活动约250个左右。到2010年达到了1399个，10年间翻了5倍多，[①] 会展设施的建设也大幅增长：10年间，澳门会展场地从只有2万平方米，到2011年超过13万平方米。10年间，澳门酒店房间翻了一番达到2万间。[②]

看起来澳门会展业进入了一个新的发展历程。2010年澳门特区政府成立了澳门会展发展委员会，之后又在澳门经济局分别成立了会展综合服务厅、会展政策发展小组和对外合作工作小组。与此同时，对在澳门举办的会展活动提供支持和资助计划。《澳门会展产业管理条例》优化了会展业“五年规划”，制定了明确会展业扶持政策。根据澳门会展业的发展规划：未来将朝着“专业化、品牌化、国际化”迈进。

但是，澳门真的适合发展会展产业吗？

发展会展业当然很好，会展业是城市面包，这也确实是全球最赚钱的行业。可是，发展会展业是非常需要城市的空间的，涉及旅游、宾馆、广告、交通、运输等几十种服务行业，例如深圳，它的会展业在全国排第四，我们看看它的情况：112个国内航线，23条国际航线；全市港口165个泊位，其中万吨级以上泊位64个，154个国际集装箱航线连接世界主要港口，这一切，澳门有吗？再看，深圳2万平方米以上的大型展会达到29个，5万平方米以上的大型展会也有13个，可是，这一切澳门有吗？[③]

再者，凡是会展中心，没有例外，都是有依托的。广州是中国的南大门，巴黎是法国首都，香港、新加坡是国际交通枢纽，东莞是珠三角制造业的基地，拉斯维加斯周边没有竞争者，有土地资源。可

① 徐晶慧：《澳门向国际化会展城市迈进——专访澳门会议展览业协会理事长卢德华》，见中国经济网：http://www.cces2006.org/xydt/ztfw/6887.shtml。

② 《2011年会展城市会展业数据统计》，见消费日报网：http://www.xfrb.com.cn/xfdc/newsf/2012/05/08/1336464061.htm。

③ 徐佳丽：《会展业“第四城”，舍深圳其谁？》，《南方都市报》2010年6月2日。

是，澳门呢？它不是区域性的经贸、物流中心，也不是交通枢纽，也没有自己的统一市场，显然，澳门的会展业是无所依托的。

一般来说，会展中心有四种类型，产业基地型、城市中心型、交通枢纽型和旅游综合服务型。澳门不是生产基地型，因此商品供货商不足，商品采购商也不足；不是交通枢纽型，因此商贸往来不是必经之地；不是区域性中心城市，因此不是金融中心、信息中心、政治经济中心，也不是人才聚集之地；澳门是二三线城市，也吸引不到一流的会展，综上所述，澳门难以充当会展中心的角色。

再看看周边，广州、深圳、东莞、珠海等地的会展中心规模宏大、设施一流，而且深圳是澳门加上珠海的 2.5 倍，澳门执意要与它们进行同质化的竞争，有必要吗？

当然，澳门也并非就完全在会展业方面无所作为，在我们看来，倘若澳门多多发展会议业，无疑还是可行的。

三、澳门文化产业发展战略的基本思路

综观上述，澳门发展文化创意产业，并非那么容易，犹如第二届特区政府提出的“经济适度多元化”的战略构想，这句话说说容易，做起来难度就非常大了。什么叫“适度多元化”？无疑，这里还存在着一个“过度”的问题。“适度”，首先就要理解为不要“过度”！小小澳门，倘若单独发展博彩业，那固然十分危险，但是，倘若过度发展名目众多的文化产业，难道就不危险吗？

更为重要的，澳门的发展文化产业，在战略上必须从“量入为出”转向“量出为入”。也就是说，要从“二千亿”这样一个宏大目标来倒逼自身，不再走“量入为出”靠山吃山、靠水吃水的属性开发模式，而是立足未来审视现在，“量出为入”，把自身的战略资源整合出来，从赚取“二千亿”这样一个目标出发，来策划自身的发展，衡量自身的发展，完成澳门战略发展的总体布局。

值此之际，我们可以再想一想澳门曾经亲历的惊险一幕。当年，

在香港崛起之后，澳门没有盲目硬拼，而是立即去寻找新的增长极，转而走上博彩业的路，因此而避免了马六甲的悲剧。试想，如果当年澳门不是坚持“快进快出”，坚持赚快钱，坚持自己的平台特色，而是与香港死缠烂打，那么，同质化的战略会是什么结果？最终就只会让它变成中国珠江口岸的一个默默无闻的小角落。

更值得一提的是瑞士，数据显示，这是一个仅500万人口的国家，然而，各城市的发展却百花齐放，在世界享有盛名。日内瓦是国际会议中心，距日内瓦30公里的洛桑却是奥运会的办公地，是个体育之城。苏黎世是传统的金融中心，这里有几百家银行，当地居民都以银行业为生。而全世界知名的达沃斯则以论坛出名，除此之外，伯尔尼的钟表制造业、卢赛恩的教育业都吸引了全世界的游客和进修学习者。

瑞士的经验说明，城市是可以华丽转身的——城市发展不能再搞小而全的山寨经济模式了。再小的城市也可以是世界性的。

什么都发展，就等于什么都不发展；有所不为，才能有所为。对于澳门来说，因为它是一个袖珍型经济体，因此，就更是如此，更不能搞文化产业发展的大跃进，否则，就会重蹈全世界都屡屡看到的“其兴也浡焉，其亡也忽焉”的文化产业在大跃进后立即大衰败的悲剧。

在此基础上，我们提出了一个思路，这就是：一岛蓝图、两极驱动、三翼展开、多元共生。

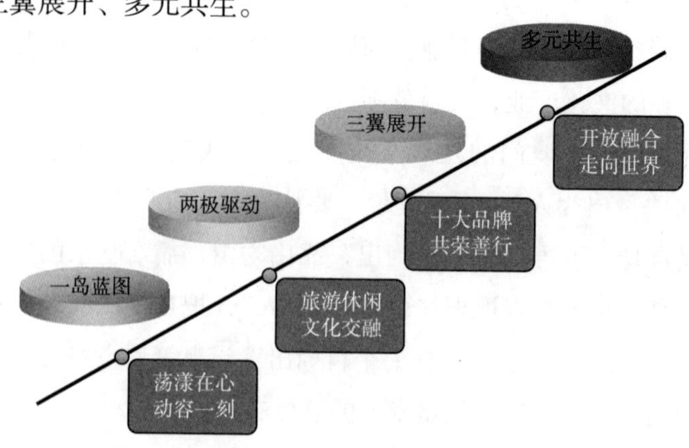

图2－4　澳门的重新定位

即：

一岛——国际未来岛蓝图；

两极——博彩业与旅游休闲业二极驱动；

三翼——新业态新娱乐新品牌三翼展开；

多元——丰富多彩的文化产业业态多元共生。

不过，因为下面几篇还要具体就上述战略思考加以阐发，因此，这里暂时先不去详细讨论。

但是，由于文化产业的具体分类深刻地关涉文化产业的发展战略，因此，这里有必要借此机会简单予以说明。

“文化产业”一词出现于第一次世界大战后，源于德国的法兰克福学派。

众所周知，关于文化产业，在不同的文化背景中有着不同的称谓，例如，在瑞典被称为“体验产业”（experience industries），在韩国则被称为“内容产业”（content industries）。联合国贸易暨发展会议（UNCTAD）也意识到这些名称上的差异，所以将这类产业定义为“任何生产象征产品、倚重知识产权及面向广大市场的经济活动”。其中包括：“文化产业”、“创意产业”、“体验产业”、“内容产业”等等，并将它分为“上游活动”（如表演艺术、视觉艺术）及“下游活动”（如广告、出版及与媒体相关的行业），“下游活动”相对“上游活动”生产成本较低，较容易产生大利润。具体来说，则可以再分为四大类和九个范畴，包括文化遗产（即文化景点和传统文化呈现）、艺术（即表演艺术和视觉艺术）、媒体（即出版和印刷、影音等）和功能性产品及服务（即设计、新媒体和文化服务），等等①。

不过，正如人们经常谈到的，不同的国家都是不同的，具体的市场都是独特的，每一种创意产品也都是自有其特质的。因此，没有任

---

① UNCTAD. Creative Economy Report: The challenge of Assessing the Creative Economy Towards Informed Policy-making. *United Nations Conference on Trade and Development* (*UNCTAD*). Washington, DC: UN, 2008: 33-56.

何一个文化产业的分类可以适用于所有国家。也因此，每个国家都应根据自己的强项、弱项和现实环境，提出自己的切实可行的文化产业的分类，以发展和强化自己的文化产业。

例如，英国的文化产业，是十三类，这个分类，很多国家都在沿用，包括香港、台湾都在沿用，即使韩国，也在沿用，不过，韩国是十七类，加了传统服饰、传统菜肴，等等。而且，在韩国，语言补习班也是文化产业，而我们国内就不是，可是，几乎没有人能够否认，这是一个上千亿的大市场，例如新东方的英语培训。

2004年，国家统计局在与中宣部及国务院有关部门共同研究的基础上，推出了我国自己的《文化及相关产业分类》，在这当中，从我们国家自己的特色出发，将文化及相关产业概念界定为：为社会公众提供文化、娱乐产品和服务的活动，以及与这些活动有关联的活动的集合①。

根据这一概念，文化产业的范围为：

1. 为社会公众提供的实物形态文化产品的娱乐产品的活动，如书籍、报纸的出版、制作、发行等。

2. 为社会公众提供可参与和选择的文化服务和娱乐服务，如广播电视服务、电影服务、文艺表演服务等。

3. 提供文化管理和研究等服务，如文物和文化遗产保护、图书馆服务、文化社会团体活动等。

4. 提供文化、娱乐产品所必需的设备、材料的生产和销售活动，如印刷设备、文具等生产经营活动。

5. 提供文化、娱乐服务所必需的设备、用品的生产和销售活动，如广播电视设备、电影设备等生产经营活动。

6. 与文化、娱乐相关的其他活动，如工艺美术、设计等活动。

---

① 中华人民共和国国家统计局：《国家统计局关于印发〈文化及相关产业分类〉的通知》，见 http://www.stats.gov.cn/tjbz/hyflbz/xgwj/t20040518_402154090.htm。

2012年，在原分类标准实施8年之后，国家统计局颁布了新修订的《文化及相关产业分类（2012年）》，文化及相关产业被分为10个大类，其中“文化创意和设计服务”分类首次在该《分类》中被提出。根据该《分类》，“文化创意和设计”具体包括广告服务、文化软件服务、建筑设计服务和专业设计服务①。

新标准的一个大变化是类别结构被重新加以调整：过去是从“核心层、相关层、外围层”三个层次去分类，现在代之以“文化产品的生产活动、文化产品生产的辅助生产活动、文化用品的生产活动和文化专用设备的生产活动”四个方面的分类原则。

从“三个层次”到“四个层次”，变化的当然不仅仅是数字，更是理念。值得注意的是删除的内容：旅行社、休闲健身娱乐活动、教学用模型及教具制造、其他文教办公用品制造、其他文化办公用品机械制造和彩票活动等。

那么，从澳门的特殊情况出发，应该如何去对自身的文化产业区加以分类呢？

从澳门的实际情况出发，我们认为，借鉴英国的文化产业分类，同时参之以情况比较相近的台湾、韩国的文化产业的分类②，是一条可行的道路。

英国的文化产业分类为十三类：

1. 广告业
2. 建筑业
3. 艺术品和古董交易业
4. 互动性娱乐软件业
5. （工业）设计业
6. 时装设计业
7. 电影和录像业

① 中华人民共和国国家统计局：《文化及相关产业分类（2012年）》，见 http://www.stats.gov.cn/tjbz/t20120731_402823100.htm。

② 李波等：《中外文化产业分类体系比较研究》，《管理评论》2010年第3期。

8. 出版业
9. 电脑软件和电脑游戏业
10. 电视广播业
11. 音乐业
12. 表演艺术业
13. 手工艺品业

台湾的文化产业分为十六类：

1. 视觉艺术产业
2. 音乐及表演艺术产业
3. 文化资产应用及展演设施产业
4. 工艺产业
5. 电影产业
6. 广播电视产业
7. 流行音乐及文化内容产业
8. 出版产业
9. 广告产业
10. 产品设计产业
11. 视觉传达设计产业
12. 设计品牌时尚产业
13. 建筑设计产业
14. 创意生活产业
15. 数位内容产业
16. 其他经中央主管机关指定之产业

韩国的文化产业的分类为①：

1. 与电影、录像制品相关的产业

① 熊澄宇、傅琰：《关于当前我国文化产业分类标准的研究》，《社会科学战线》2012年第1期。

2. 与音乐、游戏相关的产业

3. 与出版、印刷、定期发行物相关的产业

4. 与广播、影视相关的产业

5. 与文化遗产相关的产业

6. 与漫画、卡通形象（大体指卡通、小说中主要角色以及其被商业化的产品，如卡通图像、吉祥物等）、动画、娱乐教育、移动通信文化内容、设计（工业设计除外）、广告、演出、美术品、工艺品相关的产业

7. 从事数字文化内容、用户制作参与型文化内容与多媒体文化内容的收集、加工、开发、制作、生产、储存、搜索、流通等活动以及与之相关服务的产业

8. 除上述外还包括总统令所规定的对传统服装、食品等传统文化资源进行开发利用的产业

综合上述英国、韩国和台湾的三个分类，再参照澳门的实际情况，我们提出，澳门的文化产业分类应为：

1. 创意博彩业
2. 文化旅游业
3. 创意设计业
4. 大众传媒业
5. 节庆会展业
6. 表演艺术业
7. 视觉艺术业
8. 数字内容业
9. 出版发行业
10. 文化金融业
11. 文化贸易业

而且，根据澳门的具体情况，我们进一步提出，还应该再进而把这 11 类文化产业划分为龙头产业、优势产业和配套产业——

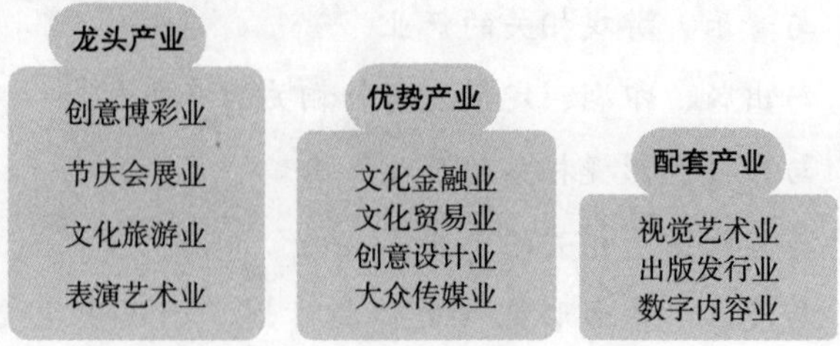

图 2－5　澳门文化产业划分

在澳门的文化产业发展过程中，由于龙头产业、优势产业和配套产业的不同，澳门文化产业发展的总攻略又可以分为三大战略，这就是：超强战略、跟进战略与空隙战略。

首先：超强战略

就澳门的文化产业的龙头产业而言，澳门应该实行“超强战略”。这就是坚持“你有，我也要有”，“你有，我强”原则。在这方面，澳门必须争当名角，争当第一。

其次：跟进战略

就澳门的文化产业的优势产业而言，澳门应该实行“跟进战略”。在这方面，澳门没有必要处处“示强”，而是应该主动“示弱”，亦即：主动融入全球文化产业的发展链条中，汲取营养，甘当配角，甘当二传手，并以此去赢得自己的市场份额。

再次：空隙战略

就澳门的文化产业的配套产业而言，则应该实行“空隙战略”，要主动有所不为，你打你的，我打我的，实行文化产业的交叉错位发展。

显而易见，我们所做的澳门文化产业发展战略的思考，就正是围绕着澳门文化产业的龙头产业、优势产业和配套产业的一次价值预设与价值定位。

以下各篇，无疑也正是这一价值预设与价值定位的具体展开。

第三篇

一岛蓝图

第一节　蓝图：澳门国际未来岛

一、对于澳门的关注，必须从未来开始

人无远虑，必有近忧。关于澳门文化产业发展战略的思考，必须从关于澳门之为澳门的根本定位开始。

而要回答关于澳门之为澳门的根本定位这一问题，则必须从对澳门自身的思考起步。

新世纪以来，伴随着2008年北京奥运会与全球金融危机，人们对于中国的观察已经从"世界发现中国"转向"中国在世界崛起"，从"中国做错了什么"转向"中国做对了什么"，关于"中国模式"的讨论开始甚嚣尘上。

然而，抚今追昔，我们不难发现，讨论"中国模式"时，关于"澳门模式"的讨论，理当也在其中占据一个重要的位置。

遗憾的是，长期以来，"澳门模式"的问题，往往并没有引起足够的重视。

确实，东望香港，北倚广州，蕞尔小城澳门难免有些尴尬。尽管人称"港穗澳"金三角，但是，"广州（省）城，香港地，澳门街"，却道尽了澳门的辛酸。面对直线距离只有105公里的广州，过去尚且可以把去那里叫成"返乡下"，现在，却不得不把去那里称为"返上面"。面对直线距离仅仅61公里的香港，澳门一直生活在它的阴影之中。20世纪70年代，"吨位"是澳门的40倍的香港就已经成为亚洲之都，可是，直到那个时候，澳门却仍像一个刚刚步入现代世界的边陲小镇。整个澳门只有一栋13层的楼房，澳门人说，那时约会时只

要说在“13 楼”，彼此就已经心照不宣了。而全年最吸引眼球的事情，也唯有每年 11 月举行的澳门大赛车，难怪，1999 年的澳门回归，比起两年前香港的盛大典礼，要低调得多。

澳门永利及葡京娱乐城

因此，人们往往会因为急于为澳门找到一个定位而饥不择食地把目光投向“赌城”。以“赌城”名世，带给蕞尔小城澳门的，仍旧是难免尴尬。一方面，澳门确实是“赌城”，人们喜欢说，走在澳门街头，如果一块招牌掉下来砸死了十个人，那么，其中七个一定是“荷官”（赌场发牌员的俗称）。而且，借助赌场的收入，澳门的人均 GDP 收入也早就超过了香港；另一方面，澳门又并不全是“赌城”。澳门尽管赌场林立，她还有更重要的内涵。一项调查表明，所有接受调查的专家中，83% 认为澳门必须多元化发展，但是，却没有专家认为澳门可以单靠博彩来发展。而在另外一项调查中，也有 46% 的市民认为澳门应该是一座适宜居住、工作及玩乐的城市，认为澳门应该是世界级博彩旅游城市的市民，只有 14% 。认为澳门是“东方拉斯维加斯”、“东方蒙地卡罗”，其实是外地人的一种欲望投射。由于距离的间隔，澳门也就成了大部分的来澳门旅游的欲望投射的想象空间。因为游客是为赌博而来或者是慕赌博名而来，他们所看到的，当然也就只是澳门能够满足自己欲望的那个方面，至于真实的澳门，作为游客则是不屑一顾的。可是，作为澳门的研究者却不能如此轻率而且任意。

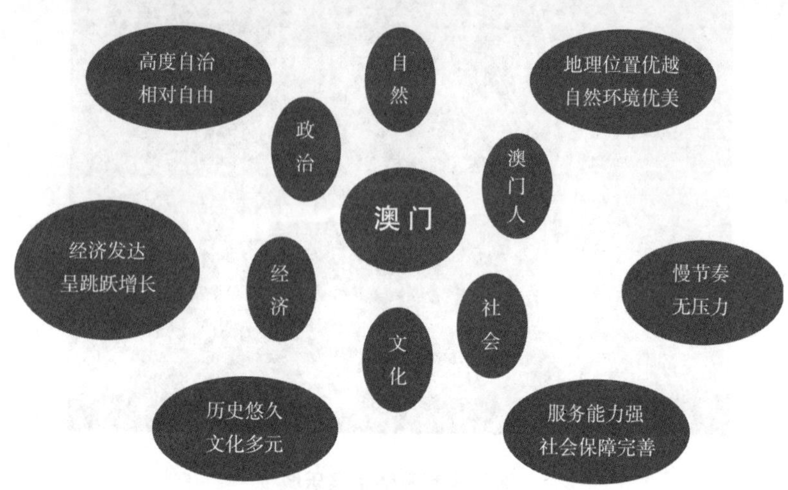

图 3－1　澳门自身优势

于是，又有人将目光转向了遥远的过去。

四百多年前，澳门并不以“赌城”名世，而是海上丝绸之路的中转站，海洋中国的出发点。绵延 18000 公里的海岸线和 300 多万平方公里的广阔海洋国土面积，为澳门提供了一个全新的舞台，我们在前面已经介绍过，由此起航，“大陆中国”转向“海洋中国”，“耕地”转向“牧海”。那时，作为“农耕文明”的代表，作为“大陆族群”，中国人也确实曾经一改“精卫填海”的传统，脱离原先内陆帝国的运行轨道，“头枕东南，面向海洋”，跻身世界上最早探索海洋的族群之一。尽管后来我们人为地终止了这一伟大的历史行程，蓝色终成往事，不过，毕竟要承认，在长达数百年的时间里，中国确曾拥有东西方交通枢纽——海上丝绸之路的命脉，作为东方的“海上马车夫”，中国也曾在帆船时代写下了一篇又一篇走向世界的蓝色传奇。为此，越来越多的历史学家相信：人类的现代世界不是开创于欧洲，而是开创于大明帝国，人类的第一次世界经济也不是开创于欧洲，而是开创于大明帝国。而澳门之为澳门，重大的意义也就在这里。它毫无悬念地成为“海洋中国”的历史见证。

不过，这一切毕竟已成过去。“帆船时代”之后，“轮船时代”之后，一海之隔的“大香港”早已迅速崛起，成为远东日益繁荣的贸易转口港，这意味着：尽管葡萄牙人入据澳门是自 1553 年始的，香港则是在 1843 年才“割让”给英国，其中存在着将近 300 年的时差，然而，缺乏深水港的澳门逐渐退出“海洋世界”，却是无可改变的历史事实。何况，四百多年来，在澳门频繁交流的，不仅仅是白银，而是文化。因此，与其把澳门界定为“海上丝绸之路的中转站”、“海洋中国的出发点”，不如把她界定为“中西文化第一次交流的视窗”、“中国文化宝库的又一个敦煌”、“世界文化的重要遗址”。可惜，类似的看法却仍旧很少。这是因为，当澳门一旦成为“窗口”、“敦煌”、“遗址”的时候，她也就不再是澳门了。因为她已经“死去”，已经进入“博物馆”，已经成为了“历史文物”。

对于澳门的关注，必须从未来开始。

澳门之为澳门，其中最最重要的，并不在于它是否是“窗口”、“遗址”，而在于：它是否还存在着、是否还活着、是否还能够满足未来的时代需要。

二、关于“澳门经验”

还有必要回到前面提到的“中国模式”问题。

首先需要表明态度的是，我们完全不赞成“中国模式”的提法。因为“模式”就意味着“基本定型”，意味着可以作为后世之师，显而易见，这一切还不成熟。因此，关于“中国模式”的讨论是理想的成分居多。不过，在“中国模式”之外，“中国特色”、“中国经验”或者“中国道路”，却是一个非常可取的话题。因为中国毕竟不能老是充当西方国家的学生，不能总是躲在别人的模式后面去谋求发展，而且，中国作为一个古老的东方国家，也完全有能力、有责任通过自己的成功实践，去丰富和发展世界发展模式，并且为人类文明的不断走向繁荣与发展作出自己的贡献；甚至也完全有能力、有责任通过自己的成功实践，成为世界发展新思路、新范式的领跑者，从而拓宽后发国家走向现代化的途径，丰富人类对现代化发展道路的认识，同时，也促进全球化时代人类文明的多样性发展。

不过，在“中国模式”之外，“中国特色”、“中国经验”或者“中国道路”，却是一个非常可取的话题。因为中国毕竟不能老是充当西方国家的学生的角色，不能总是躲在别人的模式后面去谋求发展，而且，中国作为一个古老的东方国家，也完全有能力、有责任通过自己的成功实践，去丰富和发展世界发展模式，并且为人类文明的不断走向繁荣与发展作出自己的贡献；甚至，也完全有能力、有责任通过自己的成功实践，去成为世界发展新思路、新范式的领跑者，从而，拓宽后发国家走向现代化的途径，丰富人类对现代化发展道路的认识，同时，也促进全球化时代人类文明的多样性发展。

而且，即便是“中国特色”、“中国经验”或者“中国道路”，也还主要是一种经济探索。中国的古老文化决定了她必定是一个禀赋着“文化欲望”的大国，也必定是一个有其自身的“文化追求”的大国，也因此，能否在文化特色、文化经验、文化道路上有建树，能否向世界提供一种具有普遍价值的文化理念，事实上也正是对我们中华民族的伟大复兴的严峻考验。只要中国能在文化上为21世纪的世界注入全新的价值理念，或者在文化上为21世纪的世界提供全新的文化经验，中华民族的伟大复兴就不可能梦想成空，我们的“中国特色”、“中国经验”或者“中国道路”也就会最终被提升为中国模式。

例如，1993年，美国《外交事务》杂志刊登了哈佛教授亨廷顿的警世之作——《文明的冲突》，在《文明的冲突》中，作者突出地强调文化因素在塑造全球政治格局中的核心作用，认为一些作为“文化实体”的文明正在取代冷战集团而成为全球政治的主要活动者和行为者，他预言全球政治的未来是：不同文明的族群之间的文明间的冲突，尤其是三大文明即西方文明、中华文明、伊斯兰文明之间的冲突。这无疑为世界提供了一个文化间交流与对话的模式——冲突模式。而且，1999 年的科索沃危机、2001 年发生的“9・11”事件，以及之后阿富汗战争和伊拉克战争，也都是这一冲突模式的注脚和印证。

可是，更多的学者却认为，当今世界还应该存在一个截然不同的文化发展的模式——和谐模式，不同文化之间，必须平等、双向、互惠、互补。否则，世界的现代化就不能说是成功的。

于是，我们就立刻想到了澳门。澳门四百多年的发展模式，就完全可以被称为和谐模式。在澳门，不同的民族、宗教、文化始终是和谐互动、交融相生，在多元中求和谐，从差异中求大同。多元共生，整合会通，多元融合，多元并存，多种文化并置，互相阐释，互相融合。赌场与教堂并存，教堂与寺庙并存，而且你中有我，我中有你……例如，佛教、道教、伊斯兰教、天主教、基督教、琐罗亚斯德教、巴哈伊教、摩门教，等等，就始终和谐有序地在这块土地上和平共处。在这个意义上，澳门的和谐模式就犹如英国当代诗人西格夫里・萨松的那句警言：“In me the tiger sniffs the rose。”台湾当代诗人余光中先生曾精彩地译为：“我心里有猛虎在细嗅蔷薇。”

著名历史学家汤因比曾经预言说，“西方观察者不应低估这样一种可能性：中国有可能自觉地把西方更灵活、也更激烈的火力与自身保守的、稳定的传统文化融为一炉”，“如果中国能够在社会和经济的战略选择方面开辟出一条新路，那么它也会证明自己有能力给全世界提供中国和世界都需要的礼物。这个礼物应该是现代西方的活力和传统中国的稳定二者恰当的结合体”。

令人欣慰的是，澳门在过去的历程中，竟然真的做到了。

遗憾的是，即便是澳门人自己也对于澳门的这一历史贡献估计不够。现在看来，这才是澳门为当代中国、当今世界所作出的真正贡献。

澳门之为澳门，真正的意义就在于：它是中国有史以来的第一个、也是唯一一个文化特区，一个已经存在了四百多年的文化特区。这个文化特区，有着自己的特别之为的“特”，也有着自己的特别之位的“特”，更有着自己的特殊特色的“特”。放眼世界，倘若要寻找一个中西文化每天都在异彩纷呈地上演精彩的交流与对话的一幕所在，那么，除了澳门，别无他属。

而且，不同于曾经的“视窗”、“敦煌”、“遗址”，澳门至今还鲜活地存在着、发展着，至今还充盈着属于未来的无限启迪以及可以发扬光大的文化经验。澳门过去、现在、将来，都始终在先行、先试，进行着中西文化的交流、对话的实验。而澳门为世界所提供的另一种文明发展的模式，则既可以为不同民族、不同宗教、不同文化之间化解冲突提供历史智慧，又可以为不同民族、不同宗教、不同文化之间和谐交往提供有益借鉴。

显而易见，这也正是澳门的定位与意义。

三、澳门，因未来而改变

天将降大任于斯城!

也因此，在谋略澳门的文化产业发展的未来的时候，我们特别期望澳门能够认清自己的历史使命，能够意识到自己本来就是一座未来之城。

澳门，这个曾经是中国走向世界的地方，今天，又一次处在了走向世界的新起点。今天的澳门，正在为中国（也许是为世界）从事着一项最为伟大的试验。这个试验，将与浦东经验、深圳经验……有机组合在一起，共同实践、深化、丰富“中国特色”、“中国经验”、“中国道路”。并且，作为中华民族具有真正的精神生命力的内在要求，在中国文化复兴的道路上，留下璀璨的一页。

未来，始终在照耀着、也引领着澳门。

甚至可以说，不是澳门选择了未来，而是未来选择了澳门。

历史，把澳门推到了一个命运的制高点上。

世界因未来而改变，澳门也因未来而改变。作为未来之城，对于澳门，这实在是一次历史的契机！

未来，截然区别于现在，它代表了方向，代表了希望。

事实上，所谓现在，其实正是未来的一个重要组成部分。没有未来，城市就没有方向，发展就没有支撑，崛起也会失去依托。

澳门，置身于未来的晨曦，属于美好的未来，无疑应该先行、先试，率先进入人类未来的生活方式，以人类未来的追求为追求，以人类未来的目标为目标，以人类未来的生活为生活，成为人类未来日不落产业的孵化器，日不落美好生活的孵化器。

而从城市定位的角度，澳门之为澳门的“未来之城”这一取向，也是一个非常重要的选择。

澳门建城四百多年，曾经创造了辉煌，那么，下一个四百多年如何再造辉煌？澳门回归也已经十多年，也曾经杀出一条血路，那么，未来的岁月如何闯出一条新路？

立足未来，恰恰是澳门城市定位的最佳角度。

放眼全球的很多城市，毋庸讳言，其中的大多数城市都陷入了疲于应对现实问题的困境，它们的城市定位也往往是从横向对比入手，仅仅站在现在去谋划现在，而不是从纵向对比入手，力求站在未来去谋划城市的现在。

令人遗憾的是，眼睛只盯着现在的结果，是这些城市最终都沦入了问题导向型的城市。目光如豆，鼠目寸光，全部身心都被眼前的一切所左右，犹豫彷徨、顾此失彼，永远走不出现实，更遑论跳出“三界外”了。这样一来，由于短视症的一叶障目，资源被提前透支，机会被预先错过，现在的一切努力都因为舍本逐末而成为今后发展的障碍。顺利之时，未能把握机遇，困难来临，则比困难还要困难。

德鲁克说过：“我们宁愿在正确的基础上作出错误的决策，也不愿在错误的基础上作出正确的决策。”

我们在长期从事战略咨询策划的工作中也经常强调：要做正确的事，而不要仅仅计较于正确地做事。

澳门之为澳门，无疑绝对不能再去重蹈上述城市的覆辙，而应该也必须去从未来导向型城市的角度去为自己定位。

对于澳门的定位应该从未来出发。

在澳门之为澳门的根本定位中，最为璀璨夺目的关键字就是：未来。

“未来”——让人充满着憧憬和激情召唤！

它承载着人们的梦想、渴望和期盼，它是人类词汇中最为美妙和最具魔力的缩影。

澳门，应该是一个被未来的阳光照亮的岛屿。

澳门，应该把自己定义为：澳门国际未来岛。

不难看出，倘若从“国际未来岛”的角度去为澳门定位，那么，它将绝对不是一个响亮空洞的口号，也绝对不是一个凭空捏造出来的幻梦，而是一个从澳门历史趋势出发、立足于澳门未来而制定出来的“澳门文化复兴”战略。

而且，如果把过去那些关于澳门文化发展的思路、计划、战略等等都统称为“澳门文化复兴的1.0版本”的话，那么，“澳门国际未来岛”，这个全新的蓝图，就应当被称为：“澳门文化复兴的2.0版本”。

四百多年前，澳门曾经领跑中国，也曾经领跑世界。

没有理由怀疑，今天，澳门必将再次领跑中国，也必将再次领跑世界！

第二节　天堂岛：瞩目文化澳门

一、灵魂的家园

澳门国际未来岛是天堂岛。

所谓天堂岛，简单而言，就是：灵魂的乐园、灵魂的家园。

人，最需要的是灵魂，城市亦是如此。

拜伦说："这些日子已经过去，只有美丽常存。"

"美丽"，是人的灵魂，也是城市的灵魂。

灵魂的塑造，说到底就是一种精神的塑造。对于城市而言，它书写的，是城市的底蕴、城市的韵味、城市的品位。

世界之大，历史之久，城市之多，不计其数，不过，真正令人难以忘怀的，必然是具有独特精神的城市。

国有国魄，城有城魂。城市精神，是一个城市区别于其他城市之所在，是城市崛起的"精神高地"，是城市自身的"发动机"。

一座城市所呈现的，不仅仅是靓丽的"外貌"，更是内在的"灵魂"；不仅仅是耀眼的"成就"，更是诱人的"魅力"。不是"物质"，而是"精神"，才是真正能使城市硬件"硬"起来、也能让城市形象"靓"起来的"发动机"。

环境美，只是城市的外在美；精神美，才是城市的内在美。外在的环境美，只能吸引人们的目光；内在的精神美，才能真正留住人心。它是城市发展的动力之源、方向之舵、品位之衡，离开了它，繁华就会成为浮华，甚至，浮华就会成为浮尘。

斯宾格勒说："将一个城市和一座乡村区别开来的不是它的范围和尺度，而是它与生俱来的城市精神"①；列宁说：城市是人类精神文化活动的中心。

毫无疑问，这也应该就是澳门所孜孜以求去追求与践行的！

二、文化立城

而在城市精神的建设中，文化的建设无疑起着决定性的作用。

在城市发展中文化的作用日益凸显，已经是当今的共同趋势。回

① 苏刚：《城市精神：长三角经济发展的软实力》，《江南论坛》2004 年第 12 期。

首千年，城市的发展呈现的是截然不同的特色。在农业时代，城市是神和君主的栖身之地，在这个意义上，所谓城市，其实就是放大了的寺庙和宫殿；在工业时代，城市是为机器而存在的，此时此刻，所谓城市，实际上成为放大了的厂房；在当今时代，城市开始为人而存在，所谓城市，也才开始真正成为人们的家园，也因此，文化的作用日益引起高度的重视。

事实证明，国家与国家之间的竞争正在转化为城市与城市之间的竞争，而城市与城市之间的竞争也正在转化为文化与文化之间的竞争。

澳门南湾湖景

城市，作为人类社会空间结构的一种基本形式，在一定意义上，已经被提升为人类文化得以大显身手的舞台，也已经被提升为人类文明进步的视窗。以文化品位来塑造城市形象，以文化氛围来凝聚市民人心，以文化引领公民素质提升，以文化促进环境保护再造，以文化构建和谐社会，以文化发展来推动城市的可持续发展，则可以说是当今城市建设与发展中的最新的成功经验。

在此意义上，城市的物质发展与城市的文化发展可以以弓与弦来比喻：城市的物质发展为弓，城市的文化发展为弦，城市的发展为箭，而它们的相互作用就构成了城市的核心竞争力。在这里，弓和弦的质量越好，彼此所形成的力量就越大，那么，城市发展之箭射得就越远，因此，城市的核心竞争力也就越大。众所周知，这一理论框架，被称为城市竞争力的弓弦模型。

因此，经济决定地位，文化决定品位。

文化多么发达，城市就多么发达。

文化走多远，城市就走多远。

文化，已经而且仍将深刻影响一个城市发展的进程，已经而且仍将改变一个城市的命运。

而这就意味着，澳门，必须走文化立城的道路。

“文化”，必须成为澳门建设中的新资源要素，成为统筹经济、社会的各项发展的灵魂，成为可持续发展、科学发展的强大支撑。

同时，深刻领会文化建设的战略意义，创造性地在城市建设中加以实践，也正是当前澳门城市建设中亟待回答的全新课题。

澳门——

应该是以历史文化为特色的历史文化名城；

应该是以现代文化为引领的现代文明之城；

应该是以文化产业为支撑的文化增长之城；

应该是以文化创造为追求的现代化世界名城。

经济，曾经让澳门变得强大；文化，也必将让澳门变得伟大。

三、有氧文化

而要“文化立城”，关键还在于以什么样的文化去立城。

当今之世，言必谈文化的大有人在，可是，如何真正去道出其中的奥秘与真谛，如何清晰地去回答以什么样的文化去立城的困惑，却还是一个令人困惑的难题。

幸而，在这方面，我们有了西方学者西托夫斯基的研究。西托夫斯基发现：那些所谓的国民收入指标，根本就无关涉人类的福利。因为，人类的福利只来自内心的感受。这种内心的感受，一般在两个关键维度被体现：其一，对舒适的追求；其二，寻求合适的激励。因为人们如果没有得到合适的激励，那么，即便是生活有了保障，也仍旧获得福利。同样，如果实现了对于舒适的追求，消费也就并不快乐，那么，消费品的获得也还是无法使人们获得福利。

具体来说，西托夫斯基的发现源于一个心理学的基础概念：唤起。所谓唤起，指的是一个人的心理兴奋程度。一般而言，人类需要的是一种中性的心理兴奋程度。太高了，不行；太低了，同样不行。与此相应，人类的商品和服务也为两类，一类是起着降低心理兴奋程度作用的，所谓舒适的商品和服务；另一类是起着刺激心理兴奋程度作用的，所谓刺激的商品和服务。前者，西托夫斯基称为“防御性产品”；后者，西托夫斯基称为“创造性产品”。

遗憾的是，人类迄今为止所取得的最大成功，就是“防御性产品”的极大丰富。在这方面，过分衣食无忧的人类已经出现了普遍的唤起水平低下，也就是：普遍的无所事事、普遍的无聊。

“无快乐的经济”，就是西托夫斯基对当下（美国）经济所作出的判断。与此相应，我们是否也可以意识到：无快乐的城市，也应该是我们对于当下许多城市的判断？

那么，怎样才能走出这种无快乐的状态？怎样才能成功地摆脱无聊的唤起水平低下状态？

最好的方式当然就是提供“创造性产品”。这也就是以文化立城中所期待的“文化”。而这也就恰恰给了澳门之为澳门一个重大的发展契机。

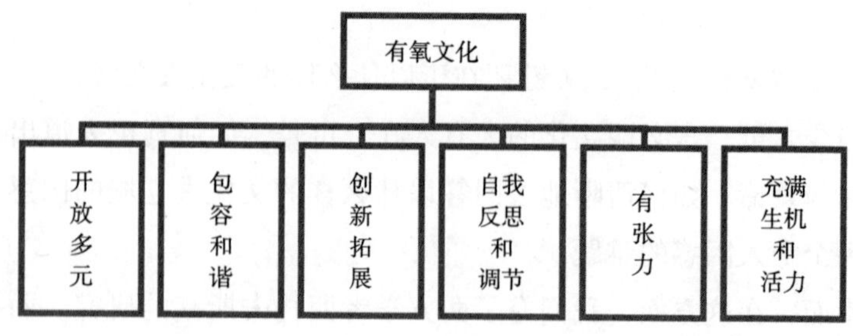

图 3 – 2　有氧文化内涵

澳门也应该以“创造性产品”作为以文化立城中所期待的“文化”，而且可结合澳门的实际情况，我们认为，这种“创造性产品”应该是“有氧文化”。

“有氧文化”，也就是开放多元、包容和谐、创新拓展、能够自我反思和调解、有张力并且充满生机和活力的文化。

在我们看来，“有氧文化”就是澳门文化与精神的精髓所在，它充分体现和反映了澳门的文化特色，既能适应和保证澳门经济的快速发展，又能保住城市文脉；既有国际化又有本土化；既有集中化又有多样化。

“有氧文化”，结晶于澳门四百多年的奋斗历程，同时又注定会带领澳门开辟出新的未来天地；同时，“有氧文化”虽深深根植于澳门本土，但在四百多年的外来文明的冲击下，早已形成一种最为开放的形态，就像是一棵大树，虽然扎根于深深的地下，然而枝枝叶叶却努力的向周围的世界不断伸展，汲取着天地日月的精华。

而澳门在未来发展的最具魅力之处，就是能够借助这样一种“有氧文化”在中西文化交流与对话中，创造一幅美好蓝图，在经济发展中迅猛地“有氧奔跑”！

也因此，从“经济 GDP”——“绿色 GDP”——“文化 GDP”，以“文化 GDP”开发快乐、以“文化 GDP”挖掘幸福，全力培育“有氧文化”，就应该成为澳门之为澳门的不二选择。

第三节　幸福岛：打造幸福澳门

一、让一部分人在澳门先幸福起来

澳门国际未来岛还是幸福岛。

有人曾说："人们是为了活着而聚集到城市，但却是为了生活得更美好而居留于城市。"[①] 无疑，作为国际未来岛，澳门当然也不是为了让人"活着"，而是为了让人"生活得更美好"，换言之，澳门之为澳门，能够给人以惊艳之感的当然是它的五彩缤纷，但是，能让人们放慢脚步甚至停下脚步的，却是这座城市带给人们的幸福感。

幸福，对于一个城市来说，实在是非常重要。

有专家统计，从1958年开始直到1987年，30年时间，日本的人均实际收入出现了5倍多的增长，但是，幸福指数不但没有增加反而有所下降。[②] 这种情况在当今世界也并非偶然，在美国、加拿大、亚洲四小龙的发展过程中，也都出现过这种情形。人们把它概括为"收入—幸福之谜"。

当代世界，人们普遍遭遇到的难题是：有发展，无幸福；不差钱，差幸福。有学者统计发现，近半个世纪来美国人和日本人的经济大大提高，但是，美国人和日本人的幸福指数却并没有提高。而中国人最近十年中快乐指数也是下降的，1990年中国的快乐指数为6.64，1995年提升了一点，是7.08，到了2001年，却下降为6.6。[③] 十年中，中国经济增长有目共睹，可是，快乐指数却并没有相应提高。

人们常说，我们有了"房屋"，但是却没有了"家"；我们有了"娱乐"，但是却没有了"愉快"；我们有了"伙伴"，但是却没有了"朋友"；收入增加了，快乐减少了；家庭富裕了，离婚率却在攀升。

这也就是快乐经济学中特别关注的"幸福悖论"问题。

当然，这也是任何一座城市在发展中都必须特别关注的"幸福悖论"问题。无数的名家大师在这个"幸福悖论"问题面前一筹莫展。然而，其实要破解这个"幸福悖论"问题也并非毫无可能。

"有闲有钱阶层"的出现就是一个破解途径。

新古典经济学告诉我们，劳动者的收入计值与边际生产价值相

---

① 王军：《保持住记者的姿势——谈怎样报道城市建设》，《中国记者》2004年第12期。

② 魏翔：《快乐经济增长：有闲而有钱》，《中国教育报》2010年9月13日。

③ 国民幸福指数，见百度百科：http://baike.baidu.com/view/635704.htm。

关，亦即与生产、劳动的多寡成正比。可是，“有闲有钱阶层”的出现却打破了这一定律，显然，在这里存在着一个“勤劳悖论”。

原来，幸福的获得，其实并不像人们直接观察的那样，仅仅与物质消费有关，事实上，还与闲暇时间相关。准确地说，具有边际报酬递增的特征。在脱贫的阶段，幸福的获得确实与收入提高有关系，但是，在收入提高之后，情况就有所不同了。有学者提出，总体幸福度由工作满意度、健康满意度、生活满意度、闲暇满意度、环境满意度和财务满意度等6个领域幸福度决定，而且，在这6个“度”之间还存在互补功能。其中，幸福和生活满意度之间的关系呈现完全的正相关，这意味着，闲暇满意度的提高与幸福的提高是完全正相关的。

这个闲暇满意度的提高与幸福的提高完全正相关，同样可以在日本的经济发展中得到印证。据统计资料，1987年后，日本在15年的时间里，不再在经济发展速度方面快马扬鞭，而是着眼于增加闲暇时间，15年中，每年平均增加约0.7%，累积的增幅超过了10%。其结果是，幸福指数明显得到了提升。[①]

因此，闲暇时间足以增进幸福感，并且通过增进幸福感来提高工作效率和引发全部城市的创新。

由此我们发现，闲暇也是生产力。据统计，1987年至2003年间，我国休闲时间与城镇居民消费之间的积极影响是：休闲时间每增加1%，可刺激消费增长0.93%，这意味着，休闲的消费弹性已经趋于1。[②] 可见，在城市有了相当发展之后，闲暇时间、休闲活动的重要性就变得异常重要。闲暇，开始异军突起，在微观上影响着个体的幸福和效率，也影响着个体的生活质量，而且通过这种影响，成为创新的个体基础和策动之源，最终对整个经济系统产生影响。

也由此，我们认为，最为适合澳门的发展道路，正是这样一条通过增加闲暇时间去增进幸福感，并且通过增进幸福感来提高工作效率和引发全部城市的创新道路。

---

① 魏翔：《快乐经济增长：有闲而有钱》，《中国教育报》2010年9月13日。

② 魏翔：《快乐经济增长：有闲而有钱》，《中国教育报》2010年9月13日。

澳门，应建设成为世界上唯一一个把让每一个人生活得更幸福作为城市的奋斗目标的城市。

在澳门，每一个人都可以领到通往幸福的签证！

在澳门，幸福会被作为珍贵的礼物，交给每一个懂得珍惜的人！

在澳门，我的幸福我做主！

我们的目标是——

把澳门打造为幸福天堂，让一部分人在澳门先幸福起来！

二、质量生活

要把澳门打造为幸福天堂，必须从“质量生活”开始。

质量生活，与生活质量不同，一般指对于日常生活状态的一种质性描述，是人们对于生活质量的一种预设的努力目标。

对于质量生活的强调，意味着从市民幸福生活的需求角度审视城市，是以人为本、以民为先的体现，是把每一个市民的当下愿望与城市发展的长远目标结合起来的需要，也是从终极意义对于城市的一种把握。质量生活是城市的价值追求，是城市发展的气质与标杆，追求质量生活也是城市的根本动力。我们知道，生活方式和生活内涵的创新密切关联着经济社会的发展，因此，抓住了生活质量这一关键，也就抓住了经济社会发展的关键。可见，它是应对经济社会发展新趋势的一个重大的战略抉择。

对于质量生活的强调，也意味着城市经营的重大转型。能否真正跨入发达城市“门槛”，人均 GDP 是否超过 10000 美元当然非常关键，但市民是否真正享受到了发达城市的质量生活，则是另一关键。罗斯托的发展阶段理论提出，到了人们追求质量生活的阶段，共建质量生活，共享质量生活，就成为人们新的追求。质量生活，成为城市竞争中的“制高点”。城市的发展是为了市民的生活，政府的努力要围绕市民的生活，质量生活，也使得市民对于自己的城市产生认同感、归属感和自豪感，同舟共济、荣辱与共，进而以主人翁姿态投身自己的城市建设。

也因此，作为幸福之城，澳门也必须将自己打造成“质量生活”之城。

叩问未来，澳门的定位应该是，“让市民生活得更美好”，而让市民过上更有质量的生活，让每一个市民都享受到高质量的生活，都能在澳门收获幸福，则应当作为澳门城市发展的最高目标。

把澳门定位为“质量生活之城”，反映了澳门之为澳门的现实特点和整体优势，更符合现代城市发展的趋势和时代发展的要求，同时，也源于对澳门深厚历史文化积淀与特色的洞察。

澳门是一座适合生活的城市，也是一座讲究质量生活的城市。澳门人懂生活，求精致、讲素质、讲品位，生活内涵丰富，生活方式新颖，善于将创业与生活互相融合，善于在发展中创新生活，也善于生活。其中，休闲，是澳门质量生活中最为独特的一大特色。

在澳门，博彩是休闲，赛马是休闲，驾驶游艇是休闲，品美食是休闲，五光十色的夜生活是休闲，游教堂观古刹也是休闲，这座小城就依靠着这些“休闲”一跃成为亚洲人均 GDP 第一的城市。

澳门中西结合，四百多年欧洲文明与东方文明的碰撞融合，造就了一个风貌独特的城市。所以澳门共存着东西方文化的休闲生活习惯：

同时，澳门特殊的文化环境和地理环境，恰恰彰显着澳门独有的未来休闲生活模式。而且，澳门属季风区及夏季多雨暖温带气候，阳光充沛之余，但又不会太炎热，长年海风吹拂极为舒适。慢节奏的生活，能够为寻找休闲的人群提供极其高质量的生活体验。

所以，澳门国际未来岛的打造计划中，休闲生活就顺理成章的作为展现未来岛幸福社会质量生活的一扇视窗。

当然，要建设质量生活，澳门还亟待付出极大的努力。

具体来说，澳门要建设自己城市的质量生活，必须从“软”、“硬”两个方面着手。在“软”的方面，要坚持贴近生活、创新生活、融入生活、提升生活、立足生活、引导生活、围绕生活、保障生活、服务生活、展示生活，建设五大质量生活：经济质量生活、文化质量生活、政治质量生活、社会品生活质量、环境质量生活。在“硬”的方面，应该创造生活空间、工作空间、教育空间、医疗空间、娱乐空间与购物空间等“六个空间”。而且，还可尝试将这六种空间同时承担生活空间与功能空间两种角色。这种双角色互动的转换能让市民一边享受慢生活，一边去高效的工作。

这，便是天堂岛居民最理想的质量生活追求。

这，就是澳门——惠及全体市民的幸福天堂！

第四节　快乐岛：建设快乐澳门

一、让一部分人在澳门先快乐起来

澳门国际未来岛也是快乐岛。

快乐，自古以来就为人们所关注。在古希腊哲学家那里，快乐被看作与痛苦共同的人类生活的两大最高体验。快乐，是对于乐于接受、乐于接近、乐于欣赏、乐于对话的世界的接受，同时，快乐也是乐于接受、乐于接近、乐于欣赏、乐于对话的世界满足快乐主体的积极后果，因此，快乐又是创造的。

而在当代世界，人们所普遍遭遇到的难题就是：有发展，无快乐。经济最发达的城市往往并不与最快乐的城市同步，现代化程度最高的城市也往往并不与最快乐的城市同步。四大直辖市，北京、上海、天津、重庆，都没有成为人们心目中的快乐城市。

然而，快乐又确实与城市密不可分。快乐，应该被理解为一座城市为人而存在并且日益“成为人”的标志，也应被理解为衡量人类进步的标准和人类生存的真正目标。

幸而，建设快乐城市，已经成为国内外众多城市的追求，也为我们提供了有益的借鉴。无疑，建设一个幸福指数较高的快乐型城市，无论基础还是条件，都已经成熟。推进快乐型城市的建设，是提升城市质量的必然选择；顺应市民追求幸福生活的必然选择，也是发展为了人民、发展依靠人民、发展成果由人民共享的必然选择。

在这方面，著名的旅游胜地迪拜的成功值得借鉴。

迪拜是阿拉伯联合酋长国中最为出名的一个酋长国。阿联酋一共有七个酋长国，为何只有迪拜最为人所知呢？这完全得益于迪拜的旅游开发政策。众所周知，阿联酋的经济主要依托于石油业，然而作为阿联酋中经济实力最强的迪拜却“剑走偏锋”，拥有阿联酋70%左右的非石油贸易产业。[①] 聪明的迪拜率先发展旅游业，将自己建设成一个全球最奢华的时尚都市，并打造了被誉为“世界第八大奇迹”的人工岛：世界岛。迪拜的旅游发展政策，充分迎合了现代人的“享乐主义”和对于快乐文化的追求，吸引了大批的游客前来游玩消费。

迪拜，一个原本除了石油再无其他的贫瘠的城市，终于也把根深深的扎在了快乐文化的土壤里。

在这方面，澳门的快乐之路要比迪拜简单易行得多。迪拜的发展尚需要被赋予快乐文化的内涵，而澳门，本身就处处禀赋着快乐文化的内涵。因此，澳门亟待进行全城总动员，把这座迅速成长的城市建设为一座快乐的城市，让澳门“全城快乐”起来，让人们在澳门忘却现实的烦恼，在每一处都可找寻到快乐的印记。感受快乐，消费快乐。

---

① 见百度百科：http：//baike. baidu. com/view/17176. htm。

澳门，应该是一个到处都能够生产快乐的城市，也应该是一个到处都能够享受快乐的城市。

快乐，让澳门更加美好！

著名诗人海子在诗歌中说：从明天起，做一个快乐的人。

从明天起，澳门也要做一个快乐的城市。

让一部分人在澳门先快乐起来。

这应该成为澳门之为澳门的前提，也应该成为澳门最为振奋人心的口号。

二、快乐也是生产力

因此，在澳门，大力发展快乐产业，应该成为当务之急。

快乐产业，是提供快乐产品的产业，也是满足人们快乐需求的产业。

当今之世，所有的消费活动已经越来越多地在考虑如何让消费者在消费中得到更多的快乐。众多的消费者也开始不再把“你能为我做什么”放在第一位，而是把“你怎样让我开心”放在第一位。在这方面，制造快乐、经营快乐的快乐产业已经一跃而成为朝阳产业。同样，成功的城市也转向了制造快乐、经营快乐的城市。

快乐产业的产品丰富多彩、美不胜收，是对于人们各种需要的满足。就求知需求的满足来说，是旅游、博物馆、展览馆、会展等；就审美需求的满足来说，是选美比赛、歌唱比赛、影视节目、时装表演等；就竞技需求的满足来说，是各项体育比赛等；就健康需求的满足来说，是武术健身、美食餐饮、养生等；就娱乐需求的满足来说，是各项娱乐活动、游戏活动等。

快乐产业的业态更是多种多样，它纵跨二、三产业，而且与其他相关产业横向连接，堪称全方位、立体化、综合性。更为重要的是，快乐产业在经济发展的产业链延伸转化提升为价值链方面，有着特殊的意义。在传统的产业结构中，存在着一种“骨牌效应”，因为传统的产业结构往往会导致单向生产链，它们往往依据研发、生产、销售的一般流程而形成，因为这个原因，产业结构的各环节之间缺少横向联系，结果在应对危机的时候，就会出现环节的断裂。快乐产业不同，它的产业结构因为是全方位、立体化、综合性的产业链结构，因而在业态融合上可以在第一产业、第二产业、第三产业之间纵横勾连，而且，因为是通过价值链的分配来重组生产流程，因而它也就堪称一种更具竞争力的发展方式。

快乐产业为澳门提供了无限的商机。澳门应该抓住这个机遇，精心打造“快乐澳门”的品牌，也精心打造自己的核心竞争力，未来的澳门应该让快乐无孔不入，不论消费者消费什么，都能够在其中享受到快乐，每时每刻都可以邂逅快乐。并且，借此以促进澳门经济社会加快发展、科学发展、又好又快发展，造福澳门人民。

澳门，应该是一座快乐之城！

结论：“我最大的贡献是留下了一个大理石的永恒之城。”

澳门未来岛战略的最高境界，要依赖文化来实现。

文化，是追求幸福的最好方式；

文化，也是追求快乐的最好方式。

借助快乐，澳门打造的是城市功能；

借助休闲，澳门打造的是城市质量；

借助文化，澳门要打造的，则是城市本身。

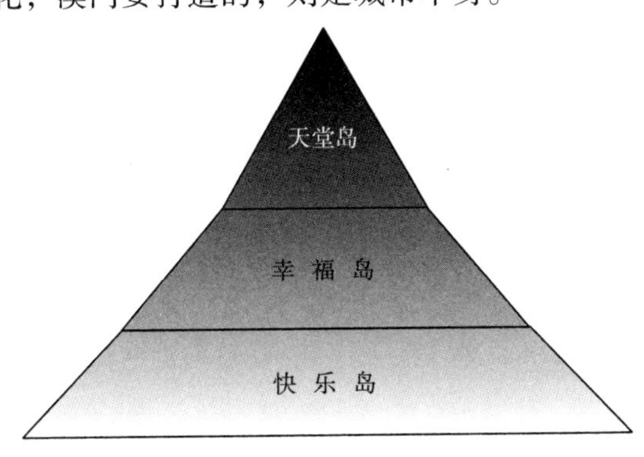

罗马帝国的创始者奥古斯都曾经自豪地对后人说："我最大的贡献是留下了一个大理石的永恒之城。"

在未来的世纪，澳门也一定要自豪地对后人说：我们最大的贡献是留下了一个大理石的国际未来岛——天堂之岛、幸福之岛、快乐之岛。

倘能如此，应该是澳门之幸！

第四篇

两极驱动

第一节 破界：由单极到两极

长久以来，只要谈起澳门，必定先想到博彩。说到澳门经济发展，必定是博彩经济；说到澳门旅游娱乐，必定是博彩旅游业；说到澳门的产业，也必定是博彩业。在前面几章中，我们也提到澳门的“一业独大”。“一业独大”这个词不仅仅概括出澳门经济发展的现状，也更深刻地揭示出澳门经济发展的症结所在。这个词就像是一句“魔咒”，给澳门圈上一个“结界”，将澳门牢牢地禁锢在原地。澳门如果想发展，就必须突破这个“结界”，打破“一业独大”这个“魔咒”，为澳门开辟出一条新的发展路径。

早在2008年，在《珠江三角洲地区改革发展规划纲要（2008—2020年）》中就首次把澳门定位为世界旅游休闲中心。在2010年11月，时任总理温家宝访问澳门期间，也提出“支持澳门建设成为世界旅游休闲中心”。2011年颁布的国家“十二五”规划和《粤澳合作框架协议》，都再次提出支持澳门建设世界旅游休闲中心。[①] 可见，把澳门建设成为世界旅游休闲中心，是国家在战略层面上的全新思考。而且，将澳门建设成为世界旅游休闲中心，在今天也已经引起越来越多的人的关注、探讨和研究。

确实，“世界旅游休闲中心”这个定位对澳门来说无疑是明智之举，但在澳门未来的发展之路上却不能仅仅只着眼于“旅游休闲业”这一个方面，因为“世界旅游休闲中心”并不等同于“旅游休闲业”，如果仅仅着眼于旅游休闲业的发展，那么澳门就又会走上另一条“单极”之路。

---

① 竹子俊：《澳门：倾力打造“世界旅游休闲中心”》，《中国对外贸易》2012年第9期。

因此，我们认为澳门未来的发展路径应当是：将旅游休闲业作为与博彩业同等重要的平行的一极产业来发展，利用博彩业和旅游休闲业的相互交叉、相互融合和相互推动的作用力来驱动澳门世界级旅游休闲中心的建设。

在这条发展路径下，既可以打破博彩业"单极"独大的困局，又可以充分利用博彩业的已有优势去带动旅游休闲业的发展，反过来旅游休闲业的发展也为博彩业的发展提供新的契机。同时，由原来的"单极（博彩业）"转变为现在的"两极（博彩业＋旅游休闲业）"，两极也并不是独立，更不是孤立发展的，而是紧密联系的交互式发展，因此两极发展模式下能同时带动相关交叉领域和行业的发展，这所有一切都为"澳门世界旅游休闲中心"的建设提供了源源不断的助推力和驱动力，因此，我们将这一发展路径定名为"两极驱动"式发展路径。

"两极驱动"式发展路径，是目前最适合澳门的发展途径，是综合考虑澳门各种因素与条件后的最优选择。"两极"所服务的主题和所要达成的目标是完全一致的，博彩业和旅游休闲业这两极就是推动澳门经济发展的两只手，同时，这两极的发展可以增加旅客人数和滞留时间这两条澳门发展的双腿。"双手"和"双腿"得以发展才能使澳门走得更远走得更稳健，并能始终屹立于世界名城之林。

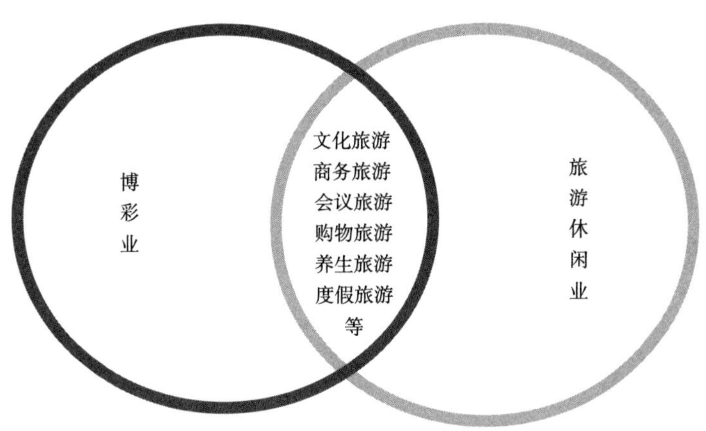

图 4－1　两极驱动模式

图4－1所示，我们可以看到作为经济发展的两极产业：博彩业和旅游休闲业。它们可形成一种良性互动的发展方式，在它们相互覆盖的中间地带更可以衍生出形式众多的休闲旅游项目，这些项目无疑是建设世界级旅游休闲中心不可或缺的因素。

因此，要发展澳门成为世界旅游休闲中心，必须一手抓博彩业，一手抓旅游休闲业，由单极模式转变为双极发展模式。

无疑，这两极发展的好与坏，直接关系到澳门世界旅游休闲中心建设的成功与失败。

第二节　博彩业：唯我独尊

关于澳门博彩业未来的发展方向，我们在第一篇中已经作出过回答：澳门的博彩业要“做大做强”！“做大做强”的意思就是指澳门的博彩业要做到极致，做到无以复加，做到任谁也无法替代的地步，成为全球博彩业之最，不但在规模上全球最大，在形式和花样上也要全球最强，要超过拉斯维加斯、超过蒙地卡罗，成为当之无愧的世界第一！这样一来，澳门的博彩业就在全球占有别人无法企及的优势和地位，澳门就成为了全球博彩业的霸主，类似于一种“垄断地位”，澳门——就是博彩的代名词！

有一个词，能很好的描述澳门博彩业未来所要达到和实现的目标，那就是：唯我独尊！

一、澳门博彩业外部环境分析

1. 博彩业现状分析

首先，要站在全球的高度、以国际视角来分析博彩业的现状。

博彩业是一种特殊的行业，它具有很多负面的影响和作用，会为社会带来诸多问题和不良影响，因而，世界上大多数国家对以赌博为代表的博彩业都采取严厉的限制和打击甚至完全禁止。但是，时代在改变，经济在发展，人们的思想观念和消费观念也随之发生改变。加之，博彩业表现出了对经济增长的强有力的拉动作用，能够为当地带来高额的经济回报额，并能缓解就业压力，吸引外来游客，增加当地的税收和财政，因此世界上越来越多的国家和地区开始转变观念，一改往日对博彩业避之不及的态度，逐步放松甚至完全放开对博彩业的限制，出台了许多政策以扶持当地博彩业的成长和发展。

尤其是东南亚各国，如：菲律宾、新加坡、马来西亚等国都先后加大加快了本国博彩业的发展，为的就是能在博彩业中分得一块蛋糕。博彩业中的后起之秀不断涌出，而那些有历史有资质的老牌博彩业中心地区也不会放慢脚步。像拉斯维加斯、蒙地卡罗等都走上了博彩业转型之路，以确保自己能在全球开赌浪潮中立于不败之地。

由此可见，对于澳门来说，所面临的竞争对手不仅仅是那些后起之秀，还有那些同样具有资历的老牌赌城，可谓是竞争加剧、对手林立——这就是在世界博彩业发展现状下的澳门博彩业所面临的现状。

2. 澳门博彩业的外部宏观环境

一个产业的存在与发展并不是孤立的，要受到外界诸多因素的影响，这些因素对产业的发展有可能起到制约和阻碍的不利作用，也有可能起到帮助和促进的作用。因此，谈到一个产业的发展，首先要对这些外部因素进行分析，从而找出有利于产业发展的机会和不利于产业发展的威胁。

对于澳门的博彩业来说，影响其发展的外部环境因素包括以下几方面：

（1）政治因素。由于博彩业属于特殊性质的行业，虽然我们国家禁止博彩业的存在，但在澳门地区则是不受任何限制的，国家开放了“自由行”，无疑为澳门的博彩业锦上添花；并且特区政府还出台了例如开放赌权、发放赌牌的相关政策，制定和颁布了《娱乐场幸运博彩经营法律制度》法案，以保障和促进澳门博彩业的长久发展。

（2）经济因素。经济因素对于博彩业发展的影响非常大。首先，赴澳门赌博的游客主要是以内地游客为主体，由于我国经济的快速发展，国民生活水平不断提高，能够有时间有闲钱到澳门“玩一把”的人也随之增多，使澳门的博彩业得到了巨大的发展。其次，国内经济的发展和经济政策的开放，使越来越多的人从事起商业活动，民营企业、私人企业、个体经营者的数量都在增加，这些先富起来的私企的老板和“当家人”，是赴澳门赌博的豪赌客的主要构成者。他们的赌博消费和非赌博消费都是赌场高额利润的来源之一。最后，世界经济的发展使得“富人”的数量得到增加，越来越多的人们可以选择外出旅行，澳门作为世界名城之一也吸引了大量的游客，这对博彩业的发展来说是有利无弊的。

（3）社会因素。博彩业与社会环境的关系密不可分，社会环境对于澳门博彩业的发展，包含了正反两个方面。从整个社会的价值观来说，其影响逐渐表现为正面：由于社会进步、人们的思想观念得到更多的解放，对赌博的态度逐渐软化，开始接受赌博作为一种娱乐方式的存在。从社会问题的角度来说，博彩业确实仍然存在着诸多的负面影响，一个病态赌徒会使家庭破裂，造成社会不稳定因素和增加社会负担，而且博彩业总是牵扯着高利贷、黑社会、黄色产业等社会问题。因此，还会有许多人反对博彩业的过度发展。在这种情况下，博彩业必须做好自身监管工作，并树立起博彩业的新形象，将博彩带来的负面社会影响尽可能的降低，以争取社会和民众的认可。

（4）技术因素。目前对于博彩业影响最大的，就是信息技术的发展。将信息技术运用于博彩业，发展出网上虚拟博彩这种形式，但是由于各国对网络博彩的监管和信息技术的局限性使得网上虚拟赌博并没有很好地发展起来。但是随着信息技术的不断发展和完善，网络虚拟博彩的安全性和便捷性会大大提升，因此，网络虚拟赌博是澳门博彩业发展的一大机会。此外，技术的发展还可以创新和丰富博彩的内容与形式，例如，现有的老虎机、角子机的玩法都可以进行创新。

（5）法律因素。之前我们提到过，博彩业属于特殊性质的行业，各国都通过法律的形式对博彩业加以监管、限制甚至是禁止。然而随着经济的发展，许多国家面对博彩业带来的巨大经济增长作用的诱惑逐渐放松了对博彩业的控制，逐步发展起博彩业以带动当地经济增长。这种情况对澳门博彩业来说是极为不利的，如果各国开赌成为一种趋势，那么势必会增加博彩业的竞争压力。试问，如果家门口都能赌博了又何必千里迢迢跑到别的地方赌呢？从这一点上来看，法律因素给澳门博彩业带来了负面的影响。

3. 澳门博彩业的产业环境

一个产业的外部宏观环境十分重要，它左右着该产业的未来发展趋势和将要面临的问题，然而，更重要的则是这个产业的外部微观环境因素，也就是其“产业环境”因素。因为产业环境因素往往对该产业的影响更为直接也更为巨大。

对于澳门博彩业的产业环境，我们可以从以下几个方面来分析：

（1）潜在进入者的威胁。潜在进入者是指那些有意图或有实力进入该产业的竞争者。对于澳门博彩业来说，目前潜在进入者的威胁并不是很大，因为澳门的赌权赌牌有限，持有赌牌的企业基本稳定，在一段时期内不会有其他潜在竞争者进入澳门的博彩产业。

（2）替代品的威胁。博彩业是一个特殊的行业，它特殊的“产品”和“消费方式”决定了它很难有其他的替代品。因此，博彩业几乎没有替代品威胁的影响。

（3）来自消费方的压力。博彩业的消费方主要是赌客，而博彩又是一种特殊消费方式的产业。现在的赌客并不完全都是为了“赢钱”而参与赌博活动的，很大一部分进赌场的游客是将“赌”作为一种娱乐的方式来尝试一下，他们更注重的是娱乐性、新鲜感、刺激性和趣味性，况且进入赌场酒店的游客也并不都会去参与赌博，因此，随着人们的观念的转变，博彩业所面临的问题就是要注重博彩的娱乐性和

趣味性，才能吸引更多的游客参与进来。

（4）同行的竞争。前面我们提到过随着世界各国开赌的浪潮，澳门博彩业面临着越来越剧烈的竞争环境，然而抛开这些外部竞争来说，澳门博彩业在内部也存在着同行的竞争。澳门回归十多年来，澳门赌场的数量在不断增加，由原来回归前的葡京“一枝独秀”，到现在已经有十多家大型豪华赌场酒店，2012 年 4 月 11 日，总投资 80 亿美元的全球最大旅游项目——澳门金沙城中心也已盛装开业。澳门的博彩业可以说已经具有一定的规模优势了，从全球竞争的角度来说，这种规模优势对澳门的博彩业来说是极为有利的，然而它也不可避免地增加了同一地区内同行业之间的竞争，这也是澳门博彩业未来要解决的一个问题。

4. 澳门博彩业所面临的机会与威胁

图 4－2 所示为澳门博彩业所有外部环境相关因素的示意图，通过对这些因素进行分析，我们可以清楚地得出那些影响澳门博彩业发展的有利因素和不利因素。

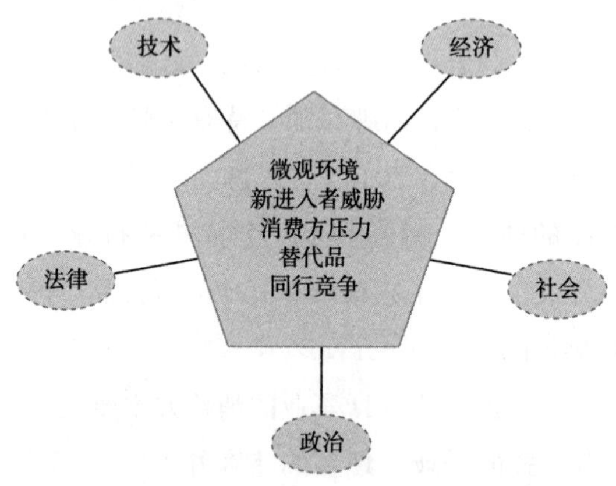

图 4－2　澳门博彩业外部环境示意图

通过上述从外部宏观环境和外部微观环境对澳门博彩业进行分析后，我们可以很容易地总结出澳门博彩业目前面临的威胁是什么，又存在着哪些发展机会。

对于澳门的博彩业来说，其拥有的发展机会有以下几点：

（1）政府政策的支持；

（2）经济发展带动了人们的消费需求；

（3）思想观念的转变使得博彩作为一种娱乐形式被越来越多的人接受；

（4）以资讯技术为代表的科技发展给博彩形式提供了创新空间；

（5）澳门博彩业在全球博彩业中具有一定规模优势。

对于澳门博彩业未来的发展来说，存在着以下几点威胁：

（1）博彩业仍然在社会上具有一定的负面影响；

（2）全球开赌趋势造成外部竞争加剧；

（3）游客观念的转变提高了对博彩娱乐性的要求；

（4）本地区内同行之间的竞争加剧。

二、澳门博彩业内部环境分析

在对澳门博彩业的外部因素进行分析后，应当对影响其发展的内部因素也进行全面的分析。内部因素对产业发展的影响是极其关键的，对内部因素进行分析，就是要辨明澳门博彩业自身所具有的发展优势和劣势。

对产业内部环境因素的分析可以从以下几个方面进行：

1. 人力资源

澳门博彩业的从业人员中处于第一线的，也是至关重要的工作人员就是那些站在赌台后的荷官，对于他们的要求来自于服务技术和服务态度两个方面。目前，在澳门博彩业从事荷官这一职业的工作人员普遍学历偏低，因此对于荷官来说应当加强和注重其专业技能的培训，除了荷官以外的非管理职位，例如账房、巡场、保洁人员等都是对劳动力有大量需求的职位。这些一线服务人员，他们从事的都是服务性的工作，应当加强他们在服务技能上的培训，增强其服务意识。

此外，最为关键的是澳门博彩业的高级管理人才极度缺乏，目前澳门博彩业中的管理人员大量都是外聘人员，这也是由于澳门本地人普遍学历水平偏低的原因造成的。随着博彩业的发展，澳门的赌场越开越多，其所需要的劳动力需求也将会越来越多，单靠本地人力资源并不能解决未来发展中劳动力紧缺的问题，况且本地的劳动力资源的素质水平无法适应将来博彩业发展的需要。因此，澳门博彩业在人力资源上既要注重提升本地从业人员的素质，又要合理使用外聘人员，完善用人制度，做好人才的培养和管理。

2. 品牌声誉资源

澳门作为“世界四大赌城”之一的身份和地位自不必多加渲染，澳门从很早就成了博彩业里的“名牌”之一，作为世界知名“赌城”也由来已久，这无疑为澳门博彩业的发展提供了很好的品牌资源，这是澳门比其他刚刚兴起的博彩地区所具有的一大优势。但随着人们消费观念的改变，博彩业也应当树立起新的形象，降低其在人们固有观念中那种“纯赌博”的性质和形象，大力提升其作为一种充满了刺激性、趣味性、智能性的新型娱乐方式的形象，这样可以使更多的人接受博彩业。做到这一点，就需要博彩业能够有一个全局性的思维，在对外宣传时不再正面宣传“赌博”内容，而要用更为含蓄和委婉的手法去体现博彩的娱乐性，逐步在人们脑海中树立起一种观念：参与博彩并不是赌博，而只是一种特殊的娱乐消费方式。

3. 硬件与软件资源

澳门的博彩业都是以赌场、住宿、购物、娱乐、饮食为一体的综合酒店或度假村的形式来经营的。博彩业的硬件，是指那些看得见摸得着的实物资源，例如酒店的外观、内部的装潢配置、赌场的赌博设施、非赌博娱乐的设施以及所有客人可以使用和接触到的设施，等等。而博彩业的软件资源是指由其所提供的各种项目，如住宿、饮食、表演、娱乐活动等能够带给人的心理享受度，软件资源直接体验当下服务质量的高低和游客对所提供项目内容的满意程度，以及由此带来的评价。

通观澳门博彩业的硬件设施资源，不难发现，澳门的博彩业可谓做到了极致。澳门博彩业资金雄厚，新建的酒店度假村一个比一个极尽奢侈、一个比一个富丽堂皇、一个比一个规模宏大、造型独特，内部设施也十分齐全、颇具特色，给人一种皇宫天堂般的感受。

在软件资源上，澳门博彩业也在不断发展和创新，每一家酒店都尽力为游客提供更为丰富的项目，提供高质量的服务，但是总的看来，在娱乐项目中不外乎饮食、购物、看表演、酒吧、SPA 等内容。显然，澳门的博彩业在软件资源上仍有极大的提升和改进空间，而且澳门博彩业未来的发展关键更是要在软件资源上大做文章。

4. 对外延伸能力

这里所说的对外延伸能力是指博彩业能够向外扩展与其他领域和行业相交叉和相结合的能力。能够有能力与其他产业相结合，就能够使本产业的覆盖面扩展，使本产业的产业链条得以延伸，提高本产业的竞争能力，增加本产业的经济收益。

澳门的博彩业采用的是以赌场、住宿、购物、娱乐、饮食为一体的综合酒店或度假村的经营形式，这种形式使博彩业具有极强的对外延伸能力，它能够和多种行业、领域相结合，并能利用多种行业和领域的资源。能够向外延伸就表明澳门的博彩业具有非常大的发展空间和多种发展项目，这是澳门博彩业的一大优势。

5. 澳门博彩业所具有的优势和劣势

经过上述四个方面，我们对澳门博彩业的主要内部资源进行了分析，透过这些分析我们就可以概括出澳门博彩业在发展道路上自身具备的优势和劣势。

这些优势概括为以下几点：

(1) 在世界上的知名度颇高；

(2) 硬件资源具有优势；

(3) 整体资金实力雄厚；

(4) 具有与其他领域和行业相结合的能力。

劣势也可以概括为以下几点：

(1) 对劳动力的需求量上升，现有劳动力素质偏低；

(2) 极度缺乏管理层人才；

(3) 需要提升博彩业声誉，修正形象；

(4) 在软件资源方面人才存在发展的空间。

将这些优势与劣势结合分析，就可以得出对于澳门博彩业发展的SWOT分析结果，并且，通过SWOT的分析，我们可以更清楚和直观地看出澳门博彩业未来发展的关键点。

表4－1　澳门博彩业SWOT分析

<table>
<tr><th colspan="2">内部环境
外部环境</th><th>优势（S）</th><th>劣势（W）</th></tr>
<tr><td>机会（O）</td><td>(1) 政府政策的支持；
(2) 经济发展带动了人们的消费需求；
(3) 思想观念的转变使得博彩作为一种娱乐形式被越来越多的人接受；
(4) 以资讯技术为代表的科技发展给博彩形式提供了创新空间；
(5) 澳门博彩业在全球博彩业中具有一定规模优势。</td><td rowspan="2">(1) 澳门博彩业在世界上的知名度颇高；
(2) 澳门博彩业的硬件资源具有优势；
(3) 澳门博彩业发展的整体资金实力雄厚；
(4) 澳门博彩业具有与其他领域和行业相结合的能力。</td><td rowspan="2">(1) 对劳动力的需求量上升，现有劳动力素质偏低；
(2) 极度缺乏管理层人才；
(3) 需要提升博彩业声誉，修正形象；
(4) 在软件资源方面人才存在发展的空间。</td></tr>
<tr><td>威胁（T）</td><td>(1) 博彩业仍然在社会上具有一定的负面影响；
(2) 全球开赌趋势造成外部竞争加剧；
(3) 游客观念的转变提高了对博彩娱乐性的要求；
(4) 本地区内同行之间的竞争加剧。</td></tr>
</table>

三、澳门博彩：全球之最

经过上述分析，我们可以依据澳门博彩业所具有的机会与威胁、优势与劣势制定出具有针对性的、切实可行的发展策略。而这一发展策略的终极目标，就是要让澳门的博彩业超越拉斯维加斯、超越所有博彩同类地区和城市，要把澳门博彩业打造成为全世界的博彩之最，做到其他博彩业地区无法替代的地步。

做到全世界博彩之最要从以下三个方面入手：博彩规模世界最大、博彩项目世界最全、博彩实力世界最强；做到了全世界“最大、最全、最强”，澳门博彩业就能成为全世界的 NO. 1。

下面我们就从“最大、最全、最强”这三个方面，依据 SWOT 分析的结果，制定澳门博彩业的发展策略。

1. 规模最大

在经济学中有一个词叫做“规模效应”，众所周知，它是指随着生产和经营规模的扩大而出现的产品成本下降、收益递增的现象。

规模效应具有以下优势，首先，该产业的竞争力将大大增强；其次，产业规模能够降低成本；再次，产业形成规模后能够促进整体产业和产业内各企业的增长；最后，产业形成规模后能够使其扩张能力增强。

经济学的研究表明，产业集群可以发挥团体作战的力量，扩张优势远胜于单个企业，是地区经济的增长极，可以在较短的时间内积聚力量，带动区域经济快速增长和地区影响力的大幅度提升。因此，产业的规模效应对产业的发展是极为有利的。

澳门的博彩业做到“最大”的核心，就是要使博彩业的规模大到足以形成和发挥出“规模效应”，这样，就能在全球竞争中获得巨大的优势。

在前面的分析中，我们已经发现澳门的博彩业在全球范围内来说已经具有一定的规模，并且在国际上具有相当大的知名度，可以说，除了拉斯维加斯以外难逢对手。未来，澳门应当借着政府政策的支持和雄厚的资金支撑加紧发展步伐，赶超拉斯维加斯，将世界“第一”赌城的位子夺到手中。

为此，不仅要注重博彩实体如赌场、酒店、度假村的硬件建设，还要在对外竞争时增强产业内部各企业各要素间的沟通、联系和协作，这样才能发挥出规模效应，产生规模经济，才能抵抗全球开赌趋势所带来的竞争压力。

必须注意的是，在发展博彩业整体规模时，要把握住“度”，否则就会造成产业饱和，产生“过犹不及”的效果。

2. 项目最全

这里说的种类最全，是指博彩种类、博彩形式和赌博玩法上要做到全球最全，在澳门博彩业的发展中这是最为关键的一个方面。澳门的博彩目前分为三大类：第一类是最常见的赌场赌博，也被称为幸运博彩；第二类是包括赛马、赛狗、回力球在内的相互博彩；第三类就是彩票，有白鸽票，包括足球、篮球在内的体育彩票。这三类中最具发展潜力和空间的就是幸运博彩，即在赌场内的赌博形式。

目前，赌场的玩法有百家乐、二十一点、花旗骰、骰宝、十二号码、番摊、掷牛、鱼虾蟹骰宝、十三张扑克、麻雀、麻雀百家乐、麻雀牌九、弹子机、牌九、小牌九、富贵三公、五张牌扑克、轮盘、十一支或十二张牌博彩、九家乐、台湾牌九、三公百家乐以及各种角子机、老虎机。

显然，澳门博彩业除了要将这些固有的主要的玩法囊括在内之外，还应当发展创新新的博彩形式。

在前面的 SWOT 分析中我们指出，澳门博彩业应当注重软件资源的提升，而开发创新新型的博彩形式和玩法就是在提升其软件资源和实力。而且由于游客观念的转变和博彩业处于修正自身形象声誉的需要，博彩业更应当开发出更能彰显“娱乐性”、“趣味性”的博彩项目，以提高参与度和扩大消费群体。

例如，可以借助新的技术手段进行扩展：发展网上虚拟赌博，建立网上博彩网站，并和已有的其他博彩网站结合起来，组建一个大的博彩游戏网络，凡是进入澳门的游客在澳门期间都会获得一个免费的“博彩网络账号”，游客可以利用该账号在澳门随时随地登入这个博彩游戏网络，选择这个网络上的任意一家博彩网站进行娱乐。

又例如，前面提到过，澳门还可以发展游船博彩，将博彩由陆地发展到海洋去，让游客体会到不同环境下的博彩乐趣。

总之，将澳门博彩业“做全”，就是要做到“别的地方有的，澳门也有；别的地方没有的，澳门照样有”！如此一来，便可增强澳门博彩业的吸引力和竞争力。

3. 实力最强

何谓实力？在此就是指以核心竞争力为中心的澳门博彩业的综合能力。

前面的 SWOT 分析已经明确告诉我们，澳门博彩业所面临的竞争程度将愈加激烈，在这种情形面前，唯有提高博彩业的整体实力，做到全球最强，才能在面临激烈的竞争时仍然能够拥有一份“笑看风云”的淡定。怎么样提升实力呢？前面关于做到全球“最大、最全”的两点，其实就是增强实力的两个方面，不过，还有一个方面也非常重要，那就是：“品牌”的力量。

品牌能够带来巨大的经济价值和影响力，这是人所共识的观点。在如今这个品牌社会里，品牌已在左右着人们的消费选择，拥有品牌就能在市场中立于不败之地，品牌已成为最为重要的实力要素了。对于澳门博彩业来说，品牌尤其重要。前面的分析中提到，博彩业仍然存在一些社会负面影响，在相当一部分人的认知里，博彩就等于赌博，赌博就等于“坏事”。博彩业需要做的就是修正自身形象，改变人们的观念，树立起良好的品牌声誉。要做到这一点，就要从转变博彩业的“性质”做起，增强博彩的娱乐性，从娱乐性上做宣传，在宣传中避免带有“赌”这一类的字眼，要提高博彩业的社会责任感，发展负责任的博彩，在大众脑海中形成对博彩的新认识，即博彩就像唱卡拉OK、跳舞、酒吧、保龄球一样的休闲娱乐活动。消除了博彩的负面影响，博彩业就能以新的形象焕发出新的光辉，为品牌声誉增添力量。

图4－3　澳门博彩业发展示意图

关于增强博彩业实力这一点，还有一个方面也必须改进，那就是前面提到的人力资源问题。澳门博彩业的人力资源存在着员工素质（学历）普遍低下，且极其缺乏管理人才的问题，这个问题不解决，澳门博彩业就难以适应未来的激烈竞争。关于这一点，要从教育和培养入手，开设博彩业相关专业课程，培养高级管理人才，在行业内部开设经常性的培训机构，建立和完善外聘人员机制，注重对博彩从业人员的考核和管理。优秀的高质量的人力资源也是增强澳门博彩业整体实力的重要环节。

第三节　旅游休闲业：后来居上

博彩业本来就是澳门经济的重要支柱，作为澳门经济发展中的重要一极，其地位非同一般。对于博彩业来说，我们不但不能抑制、控制、减缓其发展态势，反而要继续大力发展博彩业，将博彩业发展到“称霸全球、唯我独尊”的地步。

不过，博彩业还具有极强的与其他领域和行业相结合的能力，利用这一能力，还可带动另外一极——旅游休闲业的快速发展。

博彩业的发展为旅游休闲业打下了良好的客源、市场、品牌、基础设施、娱乐项目以及资金基础，为澳门发展旅游休闲业提供了必不可少的助推作用。而且，澳门整体经济的未来发展模式必须是突破单极的桎梏，在第一节中我们分析过，突破的路径就是借目前博彩业一极来发展另外一极，这一极，就是旅游休闲业。

一、命运的选择——旅游休闲业

目前，旅游休闲业已经成为世界各地城市发展中的一大热门话题。有人说，现今整个人类社会已经进入了“休闲时代”。这句话不无道理，随着科学技术的进步，一定程度上简化和缩短了人们的工作程序和时间，人类逐渐从繁重的工作中解脱出来，节假日天数增多，获得了比以往更多的休闲时间；再加上人类社会的进步，经济收入的提高，人们越来越注重自身的价值，重视对生命和生活的体验与享受，因此，越来越多的人们开始选择将空闲时间用于外出旅游度假，去领略异域风情，享受生活的乐趣。正是基于人们这种生活方式和生活理念的转变，旅游休闲业走上了城市经济发展的前沿，变得炙手可热。

专家预测，21 世纪是全球性旅游的时代，20 年后，国际旅游收入将增加五倍以上。作为一个最终消费行业，旅游休闲业被称为“无烟工业”、“不出口的换汇产品”。再看看全世界，大凡经济文化发达的城市，大多也一定是旅游休闲业发达的城市，新的理念、新的思维、新的意识，带来了信息流、资金流、物资流和人才流。高速度、高增值、高就业、高创汇、高效应，也已经是旅游休闲业的必然结果。

有关资料表明，旅游休闲业每增加1元收入，相关产业的收入就能增加4.3元，旅游休闲业可以直接带动数十个关联产业。旅游休闲业每增加1个就业人员，其他行业就会增加5个就业人员。[①] 而且，发展旅游休闲业非常符合生态文明的要求，旅游休闲业物质消耗少，有利于可持续发展；劳动力需求大，有利于经济结构调整和社会稳定；就业成本很低，经济效益比兴建一般工厂好得多。同时，旅游业投资回收快，有利于形成经济的良性循环。

世界范围内，在旅游休闲业上先行一步的如迪拜、摩纳哥、拉斯维加斯、夏威夷、新加坡等地，都取得较好的成绩；而在国内，上海、成都、海南、杭州等城市都提出了打造“世界旅游休闲中心”的口号和目标。而且，政府和国家也把“旅游休闲业”放在发展战略的高度纳入了经济发展的规划。

对于澳门，从2008年的《珠江三角洲地区改革发展规划纲要(2008—2020年)》到2010年时任总理温家宝访问澳门期间，都提出“支持澳门建设成为世界旅游休闲中心”，再到2011年国家“十二五”规划和《粤澳合作框架协议》，也都提出支持澳门建设世界旅游休闲中心。可见，从国家政策上来讲，澳门发展旅游休闲业具有坚强的后盾和支持。

国家在政策上支持澳门建设世界级旅游休闲中心，也是从澳门的实际情况出发所作出的决策。

澳门作为世界著名的城市，已经名声在外，而且依靠博彩业的带动，其旅游业的发展也已经具有了一定的基础。从澳门自身所具有的资源优势上来看，澳门也的确适合发展旅游休闲业。旅游休闲业可以借博彩业、旅游业、文化产业的“东风”来获得较高的起步和较快的发展速度。发展旅游休闲产业，既可以保持和促进现有产业（博彩业）的发展，又可以将澳门的资源优势充分利用起来，更可以突破

---

① 边晓舟：《旅游继续当好杭州的摇钱树》，见 http://hzdaily.hangzhou.com.cn/hzrb/html/2009-01/20/content_592898.htm。

“单极产业”的经济结构。可见，澳门发展旅游休闲业不仅是历史和社会发展的趋势所向，还是国家经济发展战略的一个重要组成部分，更是澳门最为现实和最为有利的选择。可以说，不是澳门选择了旅游休闲业，而是旅游休闲业选择了澳门！

二、澳门发展旅游休闲业的资源优势

澳门发展旅游休闲业具有不可比拟的优势条件，由于澳门特殊的历史背景、特殊的地理位置、特殊的人文环境、特殊的国际地位和特殊的经济发展模式，给澳门提供了许多独特的资源，这些资源对旅游休闲业来说，无疑极为有利。

1. 世界历史文化遗产

澳门曾经是葡萄牙殖民地，四百多年来受到以葡萄牙为代表的南欧文化的熏陶，再结合本民族的文化，相互融合、相互共存，已经在这片小小的土地上衍生出并保留了众多世界历史文化遗产。2005 年 7 月 15 日，“澳门历史城区”被成功列入《世界遗产名录》，表明澳门保留下的这些历史文化遗产的价值得到了世界的认可！

澳门历史城区位于澳门半岛中南部，是葡萄牙人入居澳门后在澳门最早的居留区域，是中西方文化经过四百多年的交流碰撞后的结晶。澳门城区各式建筑林立，古老的街道蜿蜒延伸，教堂寺庙众多。“历史城区”被列入《世界遗产名录》的共有 25 幢建筑和 8 个广场。身居澳门你就可以沿着古老蜿蜒的街道一处一处的领略、欣赏和感受这些沉静了近五个世纪的建筑所带给你的厚重的历史感，这对于来澳门休闲度假的人来说，是最绝妙最有意义的享受。

2. 人文自然景观

在澳门值得驻足留念的景观有很多，步行走在狭窄悠长的小道上，不经意间你就会被突然跳入眼帘的景色所吸引。澳门的景观不巍峨、不绚丽、不突兀、不张扬，它们静静地站立在那里，等待人们的探寻与发掘。

澳门最为有名的要数“澳门八景”，它是于1995年由澳门8个社团从当地40多个景点中选出的最能代表澳门特色的8个景点。这8个景点分别是：

（1）妈阁紫烟。妈阁庙背山面海，景色清幽，从古至今香火鼎盛，凡是来澳门的游客必会到妈阁祈福求愿。每年“天后”诞辰之日和农历除夕，香火更旺，这里终年烟雾缭绕，来到这里仿佛进入被紫气环绕的仙界，让人顿觉心旷神怡。

（2）三巴圣迹。大三巴牌坊是澳门具有标志性的景点。大三巴原是一座教堂，在1835年被火焚毁后只留下石砌的前壁。该壁形似内地的牌坊因此被称为大三巴牌坊。因其历经近200年的风雨侵蚀而屹立不倒，被人们视为“奇迹”，成为澳门著名的景点。

（3）普济寻幽。“普济”是指普济禅院，又被称为观音堂，是澳门三大古刹之一，建于明朝末年，距今约有370多年的历史。普济禅院规模宏大、历史悠久、占地广阔、建筑雄伟。平日，普济禅院香火不断，当地和外地游客络绎不绝，尤其是观音诞期，更是香火鼎盛。禅院最后是花木幽深的花园，将寺庙与东方园林合二为一，确有“普济寻幽”之意境。普济寺院还有一个特别之处，1844年7月3日《中美望厦条约》就是在这里签订的，禅院于1994年立下一亭一碑，记载这一沉痛的历史。

（4）灯塔松涛。松山灯塔建于1865年，是中国沿海地区最古老的灯塔，灯塔所在的松山原名琴山，东望洋山，海拔93米，是澳门半岛的最高山冈，为澳门地区地理坐标的标志点。因清代时山上广种青松，数年后满山皆是松林，从此被称为万松岭，简称“松山”。松山之上除了灯塔外还保存有炮台和教堂等古迹，站在松山上远望，澳门全景和珠江口的景色可尽收眼底。①

---

① 《东望洋灯塔》，见 http://baike. baidu. com/link? url = YSYKHJtPHRuMTWqkud-dfYMkU8NGvkgTsOj6FZdhiHT_S-tbdBDbM l。

（5）卢园探胜。卢廉若公园靠近东望洋山的北麓，地处罗利老马路与荷兰园马路的交界处，面积不大，是港澳地区唯一具有苏州园林风韵的公园。园内景色秀丽、环境幽雅，充满着江南一般的诗情画意之美。园内著名的春草堂，在建筑风格上既有葡式建筑的特色又结合了中国传统建筑的特色，是典型的中西合璧之物。[①]

（6）镜海长虹。“镜海”是澳门古时的名称之一，也泛指澳门岛与凼仔岛之间的海面。1974 年和 1994 年先后在澳门半岛和凼仔岛之间建成了两座澳凼大桥，这两座大桥横跨在海面之上，犹如长虹般悬挂在天际之上，尤其是到了夜晚，桥灯璀璨，在海面上投射出连绵的光影，远远望去异常美丽。

（7）龙环葡韵。“龙环”是凼仔岛的旧称，“葡韵”是指澳门极富代表性的景点之一，5 幢葡式小型别墅（从东到西分别是“土生葡人之家”、“海岛之家”、“葡萄牙地区之家”、“展览馆”与“迎宾馆”），嘉模教堂、图书馆和两个小公园与葡式建筑群交相辉映，是凼仔重要的文物建筑与文化遗存。这些住宅博物馆中陈列了许多中葡古旧家具及富有艺术价值的美术作品，从中可以领略葡萄牙人的家庭风貌。

（8）黑沙踏浪。黑沙海滩位于路环岛沿岸，因为细腻的沙呈黑色，所以被称为黑沙海滩，黑，是由于海洋特定环境形成的黑色次生矿海绿石所致。[②] 整个黑沙海滩宽约 1 公里，可以容纳上万人踏浪和游泳，是澳门地区最大的天然海滨浴场。黑沙海滩旁还建有黑沙综合活动中心，各种康乐设施一一具备，供海边嬉戏、游玩，黑沙海滩边还有专门的烧烤场地，供应各种烧烤用具和食品，让游客享受烧烤的欢乐。

3. 博物馆之都

博物馆，也是一个地区重要的旅游元素。博物馆旅游总是被那些

---

① 《卢廉若公园》，见 http://www.lvmama.com/guide/2010/1217-108402.html。

② 《黑沙海滩——澳门著名的天然海滨浴场》，见 http://tuan.cctcct.com/article/Travel-Scenery/13376.html。

有一定学识文化、一定学历水平，素质较高，或某方面的专业人士所青睐的旅游目的地，此外博物馆旅游最适合家庭式的旅游，父母往往会带孩子去参观各种博物馆，因此博物馆旅游是家庭休闲度假的好项目！

澳门林则徐纪念馆

澳门虽小，只有 30 平方公里，但却拥有大大小小 20 多座博物馆：澳门博物馆、海事博物馆、葡萄酒博物馆、大赛车博物馆、澳门艺术博物馆、玫瑰堂圣物宝库、天主教艺术博物馆与墓室、澳门国父纪念馆、澳门林则徐纪念馆、消防博物馆、仁慈堂博物馆、龙环葡韵住宅式博物馆、土地及自然博物馆、通讯博物馆、澳门科学馆、澳门回归贺礼陈列馆、澳门茶文化馆、路凼历史馆、“留声岁月”音响博物馆、典当业展示馆、澳门保安部队博物馆，等等。这些博物馆都各具特色，涵盖了文化、艺术、科技、社会生活等众多方面。

除了博物馆，一年中你任何时间来到澳门几乎都会碰上各种内容的文化艺术展、书画展、音乐会、书展等等。这座小城并不仅仅只有灯红酒绿的娱乐场，它的文化内涵最适合来此度假的人们慢慢发掘、细细品味。

4. 美食天堂

在澳门中西南北的美食样样具备，林林总总的餐馆遍布大街小巷。澳门的美食汇集世界各地烹调技术之长，使用的食材新鲜卫生，做出的东西更是色香味俱全。

澳门的美食样式多、种类多，但概括起来可以分为四大类：

（1）第一类是传统澳门菜。澳门菜并非单纯的粤菜，而是从传统的葡国菜再糅合中国菜发展演变过来的。传统葡国菜不论在材料、烹饪技巧以及菜式设计上都受到中国菜的影响，再加上运用东南亚及印度的香料，传统葡菜的口味渐渐就演变成今天风味独特的澳门菜。

（2）第二类是葡国菜。并不是只有去葡萄牙才能品尝正宗的葡国菜，在澳门照样可以在传统的葡国餐厅里品尝到地道的葡国菜。传统葡国菜的主要烹调方法可以概括为：焗、烩、烤、炒，菜式最大的特点是味道十分浓郁，飘香四溢，令人闻起来就禁不住垂涎三尺。著名的菜有：葡国鸡、红豆猪手、烩牛尾、马介休，等等。

（3）第三类是中国菜。澳门有众多中国菜馆，北京、上海、东北、福建、重庆、广东等大江南北的菜系齐全，任君选择，恐怕吃上一个月也尝不完所有风味的菜式。而且一些看似不起眼的餐馆其实都有半个多世纪的历史了，在当地非常出名，值得一试。

（4）第四类是国际美食。要品尝各国美食何必奔波？在澳门就能保证你品尝到著名的国际菜式，欧美的、韩国的、日本的、泰国的、印度的、缅甸的餐厅，全都有！如果比较懒，只需在凼仔的官也街和半岛的议事厅前地转上一转，就能找到各国风味的美食了。除了这些美食外，你还可以品尝到地道的风味小吃，澳门手信店和小食摊很多，大街小巷中不经意间就会发现那些你从未吃过的特色小食。

独乐乐不如众乐乐，你还可以在手信店把美味的小吃带回家馈赠给亲朋好友。有这么多的美食等着你，在澳门度假还会寂寞吗？

5. 港珠澳大桥和澳门轻轨

交通对澳门旅游的影响是非常重要的，没有便捷快速的交通运输线，就会直接影响当地的旅游休闲业的发展。港珠澳大桥是一座连接香港、珠海和澳门的巨大桥梁，大桥的起点是香港大屿山，经大澳，跨越珠江口，最后分成Y字形，一端连接珠海，一端连接澳门，大桥还将建设景观工程，拟设白海豚观赏区和海上观景平台。港珠澳大桥的建设对澳门旅游休闲业的发展可谓是影响重大，大桥建成后可联通澳门、香港和周边临近的内地城市，形成一个结构紧密的发展区域，在这一区域内可以达到经济发展一体化，相互协同、相互促进的作用，对澳门来说，港珠澳大桥绝对是不可多得的契机。

澳门轻轨建设又是一项对澳门意义重大的大型交通建设工程，目前正在建设中。根据规划，“澳门轻轨设两条路线：第一期路线往来关闸和北安码头，第二期路线往来于关闸和妈阁间，澳门轻轨建成后，可实现与广珠城际轨道无缝对接，并接通全国的城际及高速轨道网，缩短了澳门到其他城市的时间”。近些年来由于赴澳旅游的人数不断上涨，这对澳门的交通运输系统造成了越来越大的压力，为此，澳门政府决定修建澳门轻轨以此来缓解澳门渐趋不好的交通状况。港珠澳大桥和澳门轻轨的建设对旅游休闲业的发展，对建设澳门世界旅游休闲中心的构想都无疑是锦上添花。这两项工程建成后，对外，使澳门和内地城市交通更便捷，方便游客的往来；对内，方便游客在本地区内部的交通与出行，这在感觉上扩大了澳门的空间范围。有了这项交通工程，相信澳门的旅游休闲业必定能蓬勃发展起来。

6. 博彩业的带动

澳门的旅游休闲业，因为有了博彩业而具有较高较快的起步优势。首先，旅游休闲业可以借澳门作为世界知名“赌城”的称号来造自己的“声势”，把旅游休闲业传播出去；其次，可以借博彩业带来的每年近3千万的游客来发展自己的“人势”；再次，可以且应该与博彩业融合，利用文化产业、会展业、信息产业、零售业、中医药产业、教育培训业、交通运输业、金融业等相关产业，以及商贸服务平台、城市综合环境等衍生出文化旅游、商务旅游、会议旅游、购物旅游、养生旅游、度假旅游，以及旅游信息服务、旅游培训和修学旅游、旅游运输、旅游金融等旅游行业，从而促进旅游休闲业的多元丰富发展。

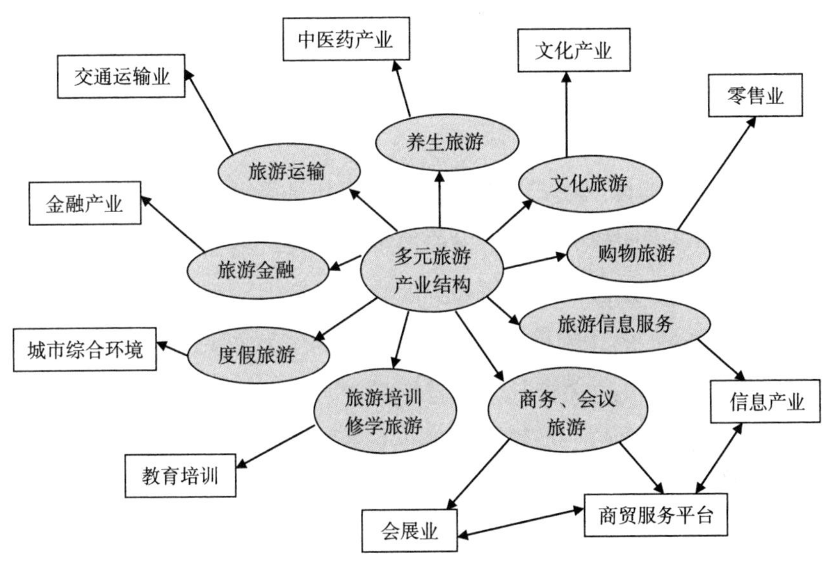

图4－4　多元旅游休闲业示意图

三、旅游休闲重在“休闲”

当下，旅游休闲业被炒得热火朝天，但是，很多人其实并不完全明白它与传统旅游业的区别到底在哪里。因此，有些地方大张旗鼓要搞“旅游休闲业”，其实不过是“休闲”给“旅游业”做了嫁衣。

旅游休闲业与旅游业最大的不同就是，它是一种新的思想新的观念，它不再是传统旅游业那种“到别的地方观光购物”的概念，而是重在度假和享乐，蕴含的是“到别的地方享受生活享受轻松”的新观念。

因此，旅游休闲业的重点是做好“休闲”二字。“休闲”是一种更高层次、更高水平、更高内涵的生活态度和生活方式，因而它应当与“文化”相结合。在我们看来，澳门应该发展的，是三种类别的文化休闲模式：“静”、“居”、“动”。

“静”的休闲模式，就是以调养内心为主，寻求平淡宁静、乐观豁达、凝神自娱的心境的文化休闲旅游。澳门面向海洋，古时就是以阿妈港来命名，海洋资源、海洋文化风情浓郁，因此可以大力发展海洋休闲产业。让人们在领略大海的深沉壮阔的同时，修身养性，得到内心的修炼。

而“居”的休闲模式，就是以度假居住享受型为主的文化休闲旅游。澳门可以度假村为载体，发展图书、影视、幽默艺术、绘画、音乐会、观看赛事、表演等居住型的度假休闲产业。

至于“动”的休闲模式，就是以健康养生为主题的文化旅游，可以综合利用世界文化遗产、人文自然景观、美食等各种旅游资源，引导人们深刻融入澳门，把澳门当作一个养生基地。

澳门渔人码头

澳门的休闲业可以从陆地休闲到海洋休闲，开发包括海洋休闲度假游、海洋历史文化游、海洋民俗风情游、海洋休闲渔业游、海洋节庆旅游、游艇旅游、海钓和海洋休闲体育旅游、海洋科普旅游等多元化、系列化、边沿化和深度化的海洋旅游新产品，形成特色产品链。①

例如，可选择澳门渔人码头成为推广海洋休闲的重镇；而且澳门西湾湖一带，应该率先打造成为海洋休闲中心，而不是目前有关部门计划建设的美食餐饮中心；黑沙海滩一带，可以大胆尝试“阳光海滩浴场（天体浴场）”，还可以引入游艇娱乐项目，开发家庭式游艇、商务宴会式游艇以及为海钓、冲浪爱好者提供游艇服务等。

海洋绝对是发展旅游休闲业可以大做文章的地方，赴澳旅客中有53%都是来自内地的内陆城市，他们很少有机会去体验海洋娱乐，更没有机会体验海洋文化的魅力，大海对他们来说是神秘和充满向往的，发展海洋休闲文化就能抓住这部分旅客的需求，为旅游休闲业增添特殊的吸引力。

总之，在发展旅游休闲业的时候，千万不能脱离了“休闲”这个关键点，忽视了这一点，澳门就仍然是一个游客来去匆匆的旅游地。而唯有“休闲”可以把游客留住，唯有“休闲”可以把澳门打造成一个度假胜地。而做到“休闲”的关键，就是要与文化产业融合，提高旅游内容、旅游项目、旅游环境等的档次，只有这样，才能带给游客高质量的生活，让游客真正的享受生命，这才是旅游休闲业的实质所在。

四、博彩业＋旅游休闲业＝动力源泉

博彩业在澳门经济中一贯扮演者“英雄”的角色，救澳门经济于危难之时，又凭一己之力将澳门经济推上新的高度。然而，在经济发展瞬息万变，市场竞争程度只增不减的今天，博彩业这个“英雄”也

---

① 马丽卿、胡卫伟：《产业转型期的长三角区域海洋旅游特色产品链构建》，《人文地理》2009年第6期。

开始有了力不从心的担忧了。

英雄迟暮，所以，必须寻找另一个帮手，一个能够和博彩业相互结合、互相扶持的“完美搭档”，这就是旅游休闲业。

显然，由原来的单极发展的博彩业，变成现在两极驱动发展的博彩业加旅游休闲业的模式，一方面可以继续发挥博彩业的巨大优势和作用；另一方面可借旅游休闲业将澳门的资源充分整合利用起来，从而带动更多的行业和领域的发展，更重要的是，打破了单极发展的困局，完善了澳门经济的发展模式。

澳门以前一直是一条腿走路，而旅游休闲业作为澳门经济发展的新的增长极，就像是澳门经济的另一条腿，有了它与博彩业这条腿相配合，澳门这个原来的单腿巨人才能变成双腿齐全，才能健步如飞，跑得更快、更远、更稳。

老子曾说过：“……一生二、二生三、三生万物……”《易经》也有云：“一物生两极，两极生四象，四象生八卦，八卦生万物……”以此来隐喻和比照澳门经济的发展，是再合适不过了。澳门经济必须由“一”化为“二”，由“单极”化为“两极”，才能发展和创造出无限的可能与希望。

博彩业和旅游休闲业，就像是太极图中的阴阳两极相互催生出万物那样，为澳门经济后续发展的各个方面提供着不竭的动力与源泉！

第五篇

三翼展开

转型是一个痛苦的话题，也是一个充满了机遇的话题。

当前，转型已经是世界各大小城市发展的共同话题。

澳门该如何转型？也是一个值得深度思考的问题。

放眼世界大小赌城，都在谋求变局——

大西洋城大小赌场充分汲取拉斯维加斯不只从赌桌上赚钱的经验，而是从非博彩类项目赚钱，加入了购物、度假村等娱乐元素，意图再造第二个拉斯维加斯的传奇。

马来西亚云顶赌场不甘示弱，在新加坡发展综合度假胜地的环球影城主题公园的“另类博彩旅游”来招揽人气之后，也决心重点发展主题乐园和新酒店以王者归来。

澳门城市经济转型究竟该走向何方？

目前，芝加哥、伦敦、新加坡、香港等许多世界先进城市的转型经验，根据《世界先进城市经济转型的三种主要模式》一文概括，基本形成了三种较为成熟的，得到世界认可的转型模式：①

模式一：产业多元化转型模式，以芝加哥为代表，不只依赖单一的资源，而以制造业、高新技术产业、现代服务业、新兴产业等构成多元产业、多条腿走路的产业格局。

模式二：产业更新转型模式，以伦敦为代表，摈弃传统的低附加值的工业产业，通过全力发展新兴的创意产业经济实现了城市的转型发展。

模式三：产业升级转型模式，以新加坡、香港为代表，利用经济辐射、地理位置优势和优惠的配套政策，通过实施将低端的生产制造产业环节转移出去，将研发、营销等高端产业环节引进来的战略，发展“总部经济”，吸引跨国公司前来设立地区总部，带来了大量的资

---

① 《世界先进城市经济转型的三种主要模式》，见中国城市发展网：http://www.chinacity.org.cn/csfz/csjj/67907.html。

金、科技、人才和先进管理经验，新加坡和香港也由“制造基地”一跃而为“总部基地”。

澳门经济转型究竟应该学拉斯维加斯，还是学伦敦或新加坡呢？许多人给出了不同的答案。我们认为，澳门的转型之路必须要回到澳门本身的问题来回答。

回首世界四大赌城的发迹史，拉斯维加斯、大西洋城、蒙地卡罗和澳门，都是在一个非常独立的地理空间崛起的，城市相对偏僻，不是地处沙漠，就在偏远的海滩，澳门，也是相对偏离中国内地。

这四大城市选择了博彩业作为支柱，正是应用了“天高皇帝远”的优势，政治约束和经济政策上比较宽松而使四大城市得以剑走偏锋，赢取了在世界立足的机遇。

今天，澳门选择文化创意产业作为转型方向，无疑是正确而明智的。不过，文化创意产业的发展并不是赌博式“一夜暴富”就能够达到的。

英国从老牌工商城市到全球文化创意之都，用了近 20 年；中国台湾地区转型发展创意产业，花了近 20 年；新加坡则花了近 15 年。

再从文化创意产业竞争力两大评估指标——文化产业产值占 GDP、就业人口比重来看，2007 年的官方和媒体公开资料显示，美国、英国、中国台湾地区文化创意产值分别占 GDP 的 5.98%、5.00%、2.85%，在就业人口比例上，美国、英国、中国台湾地区分别为 4.02%、4.43%、1.75%，[①] 显然，澳门还差之甚远，要跻身于世界创意产业的舞台，用文化创意产业支撑城市发展，澳门的经济和社会都需要一次深刻的变革。

澳门发展文化创意产业要像发展博彩业一样“不走寻常路”，要将政治和经济的优势发挥彻底。

澳门的特点在“特”！这是一座特色鲜明的“特区”，也是一座依赖特色而生存的城市，文化创意产业的发展也必须立足“特色”来

① 刘润生、佟贺丰、李薇：《台湾文化创意产业》，见创意在线：http://www.52design.com/html/200707/design200771893614.shtml。

做文章。

澳门要以业态融合立特区、以娱乐经济立特区、以品牌产业立特区，发展新业态、新娱乐、新品牌，走一条澳门特色的发展之路。

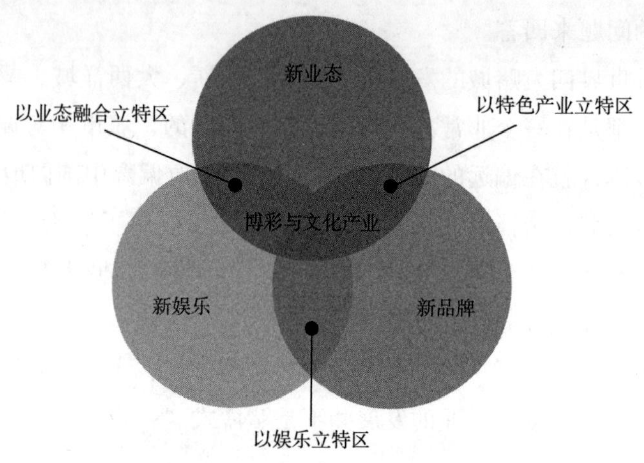

图 5－1　澳门特色发展之路

第一节　新业态

——新生的博彩产业成长模式

一、业态融合：旧土壤中诞生的“城市更新运动”

过去 30 年，拉斯维加斯由完全的博彩经济成功转型为集娱乐、休闲、度假为一体的家庭旅游胜地，而拉斯维加斯之所以提前转型发展，则是因为它敏锐地捕捉到了在体验经济的时代博彩城市的致命危机：单一的博彩业无法支撑城市的可持续发展。

即便蒙地卡罗，它的城市收入也不止来自于博彩业，还有海岸观光旅游业。

澳门在20年后才意识到这一问题，虽然“姗姗来迟”，但“亡羊补牢，时犹未晚”。很明显，要打破这种博彩业单一独大的怪圈，仅仅靠博彩业自身的力量是不够的，必须借助外力。

由此，“业态融合”的概念应运而生。

所谓业态融合，就是将博彩业与会展、休闲、娱乐、影视、动漫等其他业态相融合，融合对方的资源优势，实现 1 + 1 > 2 的经营效果。

举个例子来说，台湾一家咖啡店，在竞争中打败了星巴克，其取胜的方式很有意思：提供质量相当、价格更低的咖啡，但提供的蛋糕比星巴克的好吃。[①] 这样，通过产品的延伸就重构了竞争。从原来咖啡间的竞争，转为咖啡与蛋糕组合式竞争。

从博彩业角度来说，则是充分利用博彩业中已经诞生的文化创意资源的优势，通过业态融合，增加博彩业的旅游附加值，提升游客体验，改变城市的经济结构和城市面貌。

一句话，澳门要从“旧土壤”中诞生新业态，再造博彩之城的活力。

如何从“旧土壤”中诞生新业态？我们回头看英国伦敦城市的更新运动，或许能得到启发。

戴锦辉在《城市建筑》刊登的《伦敦旧城更新浅议》一文介绍：[②]

> 英国战后的新城市运动，使本来因城市工业化而成为雾都的伦敦变得冷清，人们纷纷迁出中心城区，有些城区甚至可以用死寂来形容。

---

① 沈志勇：《85℃：打败星巴克的商业模式》，见 http://www.marketingman.net/Blog/shenzhiyong/7504.html。

② 戴锦辉：《伦敦旧城更新浅议》，《城市建筑》2009 年第 2 期。

到20世纪70年代，英国人民意识到把原来繁华的城市在入夜时完全抛弃是一种浪费和不合理，英国政府调整了疏散大城市及建设卫星城市的有关政策，新的城市计划开始实施，人们重新回到城市，开始旧城改造。

例如，伦敦的旧街区SOHO街区，17世纪之前曾经是猎场，居住着各种流浪人群，伦敦政府对原有建筑进行改造和再利用，使整个街区拥有了开放的创意交流氛围，藏着很多酒吧、餐馆、店铺、书局、剧院的SOHO街区因而成为伦敦最有活力的地方，吸引了大量作家、音乐家、艺术家和思想家，也为伦敦增添了城市新名片。

英国政府选择以创意作为城市发展的驱动力，使伦敦发生了巨大的变化。临近剑桥大学伦敦东区的霍克斯顿，成为世界著名的创意产业园区。英国的独立制作公司有60%都选择了伦敦，大部分知名时尚设计师和优秀的出版业从业人员也选择了伦敦，全球的广告公司，有2/3的欧洲总部也选择了伦敦，伦敦成为全球三大广告业中心城市之一。①

伦敦的城市更新的成功在于，不再以生产制造为中心来做思考，而将工业化生产中诞生的创意理念应用于城市的经济结构上，改造原有商业模式，更强调创意、营销等概念在商业中的应用，使创意从随处可见的分散资源，一闪而过的火花，转变为一种可供持续开发的商业资产。

二、从跨界到破界，让1+1>“∞”

反观澳门，博彩在澳门已有160多年的发展历史，不过澳门真正作为博彩之都却是近几十年的事情，在2003年赌权放开以前，澳门博彩业规模小，经营品种单一、垄断。澳门政府认识到“独苗”是养不活澳门的，想要持续保持在亚洲赌林中地位，最好选择走拉斯维加

---

① 《世界先进城市经济转型的三种主要模式》，见中国城市发展网：http://www.chinacity.org.cn/csfz/csjj/67907.html。

斯的道路，“小市场大产业，小需求大供应”。换句话说，澳门选择了用“全球的智慧+业态融合”的模式来发展城市，这一转折性的改变，为澳门的城市发展融入了大量的创意资源。然而，这些在“旧土壤”中产生的新创意能否转成新业态呢?

这一切还决定于要做好三件事：

第一，首先要转变观念，实现从“资源观”到“资产观”的转变。

“资源≠资产”，资源是无根之水，资产是有根之树。伦敦的成功，在于能够将生产的创意资源转变为一种可供持续开发的商业资产。我们很欣喜地看到澳门每年2千多万的游客，而且还在持续增长。没错，超大规模的人气是澳门最大的资源，澳门就是依靠这种特殊的优势，完成了城市化的发展，成为亚洲GDP第一的城市。

但是，人气是资源，不是资产。人气，难免出现过气；资源，难免出现枯竭。

澳门政府一直在提高游客在澳门的平均逗留时间，不过却不甚理想，旅客在澳门平均逗留时间一般不到1天，而且，即使是留宿的旅客，他们的平均逗留时间，最高的也不超两晚。还有官方统计资料介绍，澳门的酒店还未达到饱和，截至2008年底，星级酒店55家（五星17家、四星12家、三星14家、二星12家），还有31家公寓，加起来有17490间客房与48890个床位，然而，平均客房出租率只有74.5%，最多的是四星级，也只达到79.2%。[①] 显然，还不够饱和。这说明，澳门在游客的心目中还更多地表现为“空中走廊”，观光一下就出境而去，而没有当成是自己的“客厅”甚至是“卧室”。

这种“走马观花”的人气资源是充满风险的，受政策、灾害、疾病竞争等外部因素影响剧烈。2003年的“非典”曾让这个城市成为死水一潭。加之博彩资源属于虚拟资源，博彩经济也是虚拟经济，这

① 数据来源：澳门特区政府统计暨普查局网站：http://www.dsec.gov.mo/default.aspx。

样的虚拟经济，这样的“博彩资源观”能在短期内使城市获得高速发展，却很难将更广泛的社会资源嵌入到产业结构中去，引导产业结构的纵深发展，[①] 一旦两头出现问题，就会造成毁灭性的影响。

公开统计资料显示，截止到2008年，全世界共有4730家赌场，[②] 随着韩国、新加坡开赌，这一数字还在增长。澳门必须转变观念，把吸引博彩人气资源的创意资源转变成文化资产，让博彩依托创意生出根来，成长为可以与博彩业比肩并立的大树。

第二，澳门必须意识到在博彩业中正在绽放的创意花朵。

近几年，澳门学习拉斯维加斯的转型经验，尝试重新定位博彩业，混业竞争已成为澳门博彩竞争的独家秘籍。混业经营的商业模式，主打的是“组合拳”。简单来说是指在风险控制的原则下实现资源分享，又称为多元化发展。比如，香港首富李嘉诚，就是从混业经营起家的，掌控地产、生命科技、电信等起码九种以上不同种类的企业。

混业经营给澳门博彩业的产业链带来了文化的生机，让文化创意产业更深入地融入博彩业的产业链经营中。如图5－2所示：

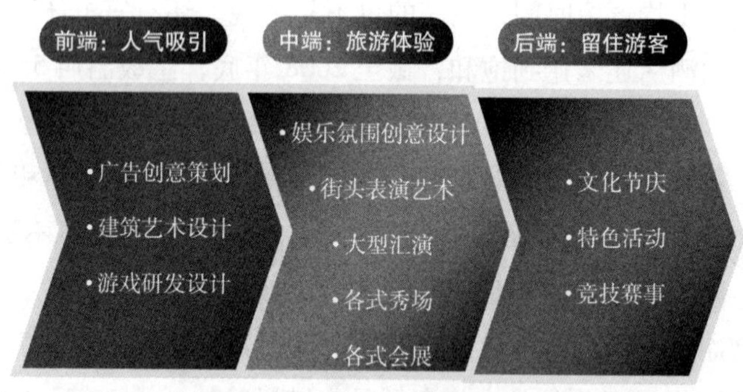

图5－2

① 戴学锋：《从国际经验看资源枯竭型城市如何转型》，《今日中国论坛》2009年第3期。

② 张雷：《基于虚拟经济视角的博彩业研究——以澳门博彩业为例》，《开放导报》2009年第3期。

从前端来看，为了吸引人气，博企重在广告创意策划、建筑艺术设计、游戏研发设计上下功夫。

而在中端旅游体验上则采取更为集中的文化娱乐形式，如街头表演艺术、大型汇演、各式秀场、会展，通过丰富的文化接触体验让游客得到“组合体验”。

在后端留住游客方面，则主要应用一些大型的文化节庆活动，如澳门国际音乐节、澳门国际艺术节和自身举办的一些特色活动，如米高梅的“啤酒节”，还有竞技赛事活动，如威尼斯人的超重量级职业拳击赛、新濠天地 MMA 综合格斗大赛。

可以说，澳门政府所推荐发展的八种文化产业项目除了出版、动漫外，视觉艺术、设计、电影录像、流行音乐、表演艺术、服装及动漫在澳门的博彩企业中都有所体现。与博彩业的混业组合，使澳门博彩业融入了更多的文化元素，文化产业也从中汲取了力量，得到了提升。

第三，混业经营促进了文化产业专业的分工出现。

在博彩业的混业经营中，文化产业单元成为组合竞争中最关键的“杀手锏”，多业共生、混业发展的模式，互相依托，产生了许多新的发展机遇，文化产业作为较为专业的产业分工开始出现。

比如银河、威尼斯人、新濠天地已经开始提供会展、家庭度假项目和休闲、演艺等定位差别化的旅游服务，一些相对专业的运作团队介入博彩业发展中，新型的博彩旅游复合型业态开始出现。（如图 5 - 3）如威尼斯人和新濠天地的演艺业，威尼斯人的会展业，银河的影视业，十六浦迈克尔·杰克逊主题公园。这些高水平、专业化的文化项目背后依托的是大量的创意人才和创意资本，间接提升了澳门创意产业的知名度。

比如，新濠天地的天幕剧院上演的《龙腾》每年都要对多媒体体验进行新的创意研发。据媒体对《水舞间》的报道，《水舞间》作为大型汇演项目，演员来自全球 18 个国家，约有 77 个国际汇演演员以

一个从到达拉斯维加斯的第一分钟起，就可以一路赌博到离开拉斯维加斯上飞机的前一分钟的地方。澳门，要把世界上所有的博彩创意都打捞一空，彻底释放博彩城市的创意基因。

澳门可以做到的事情很多：

比如，将博彩项目主题化。通过不同文化主题的博彩项目使参与者在博彩同时了解到相关知识。

又比如，塑造多元不同的博彩文化创意。现在澳门博彩以塑造多元文化为博彩主要形象；永利度假村以塑造生活型、休闲型博彩形象为主；而银河则突出商务会议型的特色，但这些还远远不够。

澳门还可以将博彩主题公园化。澳门现在也有一些主题公园，如渔人码头的希腊式广场，人造火山和非洲土著城堡等，不过这些主题公园，目前还是以参观、餐饮为主，与博彩业融合的程度不足。

澳门的赌场设计也可以考虑主题公园化，如魔幻式、宫廷式、浪漫式、动漫式等，来适合不同年龄，不同风格爱好的游客。甚至也可以考虑采用较为知名的影视剧、动漫场景等来营造一个博彩的主题公园。

除此之外，澳门还要用创意把博彩业“高贵化”、“历史化”、“人文化”，把博彩资源变成资产。

澳门可以设置独特的博彩文化创意园区，世界博彩博物馆、博彩衍生产品设计区、博彩创意课程、博彩节庆活动、博彩创意研发中心、博彩创意运营中心等将博彩创意产业链化发展、集聚式发展，培养博彩创意转化人才。

第二，让创意与博彩共舞，走出一个“幸运”的博彩世界。

用“幸运”二字来形容澳门一点也不过，这里“幸运博彩”最流行，“幸运”是人们到澳门来最大的动力，也是最强的商业动力，澳门要用创意博出个“幸运”的世界，给游客产生一种时时刻刻可能被幸运之神眷顾的感觉。

比如说，将商业与博彩结合，使每一处的商业消费都独具一点博彩的特点，尤其是赌场内，不仅是纯博彩，而且还要使游客所能接触到的，与吃、住、行、购、娱相关的旅游体验都能够与博彩业相关。

澳门的酒店还可以采取抽奖、闯关等方式来赢取，澳门的商店还可以设置一些抽奖、游戏、闯关等博彩类促销方式，甚至可以在度假村内设计一些和幸运之神有关的人物形象，创造幸运博彩的商业氛围，让游客时刻与自己的幸运之神相遇。

澳门还可以专门开辟博彩主题公园，在这里，所有的一切都是需要博彩才能得到的，给游客营造一个彻底的幸运世界。

澳门的节庆丰富多彩，几乎每月都有。“格兰披治”赛车、国际音乐节、艺术节和民间节庆活动在海内外也颇具影响。澳门还可以将这些节庆活动博彩化，如将门票与博彩结合，将演艺表演机会博彩化，将一系列博彩常用的手法运用于节庆活动中，挖掘节庆中的博彩商机，使节庆变得更加趣味化、游戏化。

再延伸一点，澳门还可以发展带有博彩性质的节庆活动。如博彩嘉年华、博彩狂欢节等，选秀活动、选美活动、赛车、拳击比赛、武术比赛、赌王比赛、篮球赛事、足球赛事等都可以纳入博彩的范围内，只要是合法操作，都能够成为具有丰富文化内涵，并能够带动旅游业的博彩项目。比如，在美国的大西洋城经常向全世界直播的拳王争霸赛，就吸引了全球富豪和众多庄家的投注。

此外，澳门还可以挖掘历史博彩、海洋博彩等资源，如将历史资源变成带有博彩性质的游戏项目，如周游澳门、奇遇澳门等游戏。发展海上观光博彩，海底博彩旅行，将海洋的自然风光与博彩体验相结合，营造欢乐刺激、活力迸发，以体验为导向的海洋博彩旅游。

第二节　新娱乐

——新生的城市精神

购物，是香港的事；商贸，是广东的事；娱乐的事，交给澳门。

娱乐，一个撬动澳门经济的支点。

一、娱乐：澳门的立城之本

历史的选择是偶然的，又有必然性。

众所周知，城市都有鲜明的特色，如巴黎是“时尚之都”，维也纳是“音乐之都”，今天，澳门博彩业的发达，与其说是澳门自身选择的必然结果，还不如说是娱乐业选择了澳门的必然结果。

这是因为澳门在历史上的三次转型，每一次都是娱乐业选择了澳门，并指向了最刺激的娱乐形式——博彩。

第一次，澳门作为葡萄牙通往亚洲的重要商业港口城市，汇集了世界上各种冒险家和资本，寻欢作乐的需求促使澳门博彩业的出现。

第二次，澳门不仅作为贩卖鸦片和劳工的中转站，还在周遭国家和地区遭受战争的情况下，凭借独特的政治优势成为商人、艺术家、革命家等的避难所，这些革命家带有命运赌博式的娱乐促使他们选择了最具命运戏剧色彩的娱乐形式——博彩，博彩业得到了大规模的发展。

第三次，香港和周边地区经济和娱乐业的日渐发达，迫使澳门不得不选择博彩作为最具竞争力的娱乐项目发展，以作为生存之本。

其实，“博彩之都”只是片面反映了澳门城市的经济形态，并没有涵盖整个城市的精神特质，而这一精神实质就是：文化娱乐。

澳门的特色，主要有三个，第一，澳门是全国幸福感指数最高的城市之一，是人们快乐地体验健康生活的首善之区；第二，澳门的博彩业，世界闻名；第三，澳门是中西文化荟萃之地。

这三个都指向了一个鲜明的主题：文化娱乐。

许多人只是看到了博彩业黑色的一面，而忘记了博彩业的诞生和发达与高度的城市自由、城市文明、文化繁荣密不可分。比如骰子，是大多数现代人都熟悉的游戏道具，它来源于古罗马，实际上是小骨块做成的娱乐工具供古罗马士兵行军闲暇娱乐，它也是古罗马文明发展高峰的见证。据传说，屋大维就热衷于掷骰子的游戏。除了骰子，古罗马人也热衷各种各样的筹码，在公元前1世纪和公元1世纪颇为流行，而在这一时期，古罗马扩张成为横跨欧洲、亚洲、非洲的庞大罗马帝国。①

而同一时代的秦汉人，也在玩着相似的博彩游戏——投壶。“投壶者，主人与客燕饮讲论才艺之礼也”。主要在东汉流行，秦汉以后，“雅歌投壶”的节目更是在士大夫阶层的宴饮成为必有助兴节目。②

可见博彩业并不是所谓的黑色产业，从诞生起就与社会的文化娱乐业密切相关，它不仅是人们行乐的方式，还包含着礼数规则、文化教养。一个城市越是开放自由、文明，越是经济发达、创意人才汇聚，这个城市的博彩业也就越发达。到我国唐代以后，掷骰子等博彩游戏更演变成中国酒文化和休闲娱乐中的一部分，是盛行的饮酒行令的工具之一，今天在酒吧里也随处可见以骰子为道具的游戏。

由此可见，澳门在四百多年的发展历史中，都是以娱乐来立城的，博彩只是娱乐的一种形式而已，博彩就是“特殊的娱乐”。澳门发展博彩经济，绝不能丢掉娱乐这个根本。

二、新娱乐：全新的城市娱乐思维

澳门不仅不能离开娱乐业，还要大力发展博彩之外的娱乐经济，因为世界正在娱乐化。

苹果计算机为了彻底抹去PC印记，干脆去掉公司名称中的“计算机”二字，改为“苹果公司”，在iPod大获成功后，全面转型成为消费电子、家庭与个人娱乐企业。

麦当劳的知名企业口号：“麦当劳不是餐饮业，而是娱乐业”，早

---

① 陶梦清：《中西娱乐差异影响世界体育格局》，见http://blog.sina.com.cn/s/blog_6aba45a70100n7ls.html。

② 投壶游戏，见http：//baike.baidu.com/view/174207.htm。

已深入人心。

世界顶级传媒与娱乐公司的首席顾问——米切尔·J. 沃尔夫在《娱乐经济》中大声宣告“21 世纪将是娱乐经济推动的新世纪”、“21 世纪的货币不是欧元，而是娱乐”。[①]

全球专业审计与咨询的公司普华永道预测，娱乐和媒体行业将以全球年均 5% 的速度增长，2014 年全球娱乐和媒体业市场将达 1.7 万亿美元。在美国，娱乐业的出口额占到美国出口贸易产业的第三位，娱乐业正在逐渐成长为一个产值高达 4800 亿美元的庞大产业。在亚洲，娱乐的发展呈崛起之势。公开资料显示，2009 年日本娱乐和媒体业的收入达 1640 亿美元，仅次于美国的 4280 亿美元位居第二，中国位居第四。[②]

娱乐经济，不但是世纪的印钞机，而且还不怕经济危机。据美国影业联合会统计，美国 7 次经济不景气，却都并没有影响电影经济，其中有 5 次票房反而大幅上升，派拉蒙、20 世纪福克斯、米高梅、华纳兄弟、环球、哥伦比亚这些大电影公司都是在经济大萧条时期出现的。[③]

澳门不能坐视世界娱乐业滚滚袭来而无所作为，相反，澳门要抓住世界娱乐化的趋势，将“博彩经济”提升为“娱乐经济”，澳门要重新布局娱乐的“方向、空间、热点”，用新思维发展新娱乐。

那么澳门究竟有哪些娱乐资源呢?

烟花柳巷、赌场烟馆已成过往，环顾澳门，除了博彩之外，似乎只有金碧辉煌的娱乐场、精彩纷呈的各国顶级演艺秀、霓虹璀璨流光溢彩混杂多国特色的酒吧、夜总会，以及惊险刺激的拳击比赛、赛马赛狗和数不清的世界美食，可以算得上澳门的娱乐资源。

梳理来看，大致可以分为三大类型：

---

① 沃尔夫（Wolf. M. J）、汪睿祥：《无所不在：娱乐经济大未来》，中国生产力中心 2000 年硕士学位论文。

② 黄建祥：《广西好时公司发展战略研究》，广西大学 2006 年硕士论文。

③ 郎咸平：《萧条时期的“娱乐经济学”》，见光明网：http://www.gmw.cn/02sz/2010-03/01/content_1181200.htm。

（1）自娱型娱乐产业，以KTV、迪厅、舞厅、酒吧和夜总会为主的休闲型娱乐；

（2）演艺产业；

（3）赛狗赛马、彩票等。

与兼有世界娱乐之都、博彩之都、结婚之都的拉斯维加斯来说，澳门的娱乐资源实在是“小巫见大巫”。仅从演艺产业来说，澳门的演艺业刚刚起步，根据2009年资料，游客在拉斯维加斯看表演的消费已经占到总消费的4.1%，而在澳门仅为0.42%。[①]

在拉斯维加斯演艺（show秀）已经形成了独特的产业特征，“秀”可分为三大类：大型舞台表演（showroom）、酒吧表演和视觉艺术。

大型舞台表演主要走情色综合演艺模式，有些类似纽约百老汇的表演，但增添了大量的情色艺术，针对男女观众的表演皆有。这些大型舞台表演常常花费过亿美元建设一个独特的表演场馆或准备一个表演节目，由于表演具有感官刺激性，游客也愿意花大钱来体验。

酒吧表演包括脱口秀、情景喜剧、魔术秀、催眠秀、老牌歌星模仿秀和各式各样的另类秀。大多数酒吧走明星模式，都有明星大腕，不少艺人长期驻唱，例如歌坛天后席琳·狄翁、钢琴家歌手艾尔顿·约翰等来自好莱坞和世界各地的歌星艺人，包括港台的歌星成龙等都定期或不定期作专场表演。许多中产美国人都把拉斯维加斯同酒吧和酒吧歌手联系起来。

视觉艺术主要以赌场的建筑景观、视觉景观为主，如百乐宫赌场的音乐喷泉、幻景赌场的火山喷发，以体现赌场的艺术性。

据2008年调查，到拉斯维加斯的游客，一般第一是赌博，第二则是看“秀”，观光的游客中72%在逗留期间看过“秀”，其中74%是观看酒吧表演，18%是看大型表演。在拉斯维加斯，这三种艺术都发展到登峰造极的地步，能全方位满足顾客的所有感官需求。[②]

---

① 曾忠禄：《澳门与拉斯维加斯博彩产业比较研究》，《澳门研究》2010年第4期。

② 曾忠禄：《澳门与拉斯维加斯博彩产业比较研究》，《澳门研究》2010年第4期。

这些艺术资源澳门当然并非没有，但是，却太少，而且水平也参差不齐。

澳门，必须要呼吁一个全新的娱乐思维的进入。这就是：创意经济。

三、没有激情，城市是不会成长的！

美神阿芙洛狄忒询问忒弥斯，为何爱神伊洛斯总是长不大，忒弥斯给了一个谜一样的回答："没有激情，爱是不能成长的。"同样，没有激情，城市是不能成长的！

创意需要激情，娱乐需要激情，城市未来更需要激情！

有研究表明，哪里的消费娱乐业发达，哪里的文学艺术就发达，反之亦然。这是因为，娱乐业发达的地方，社会越开放，经济越发达，商业、娱乐与文学艺术的碰撞就越容易擦出火花，产生的创意就越多。

唐宋时期的诗词歌赋、滑稽戏表演，大都诞生于扬州、南京、杭州等长三角经济和娱乐业繁华的都市中，因为这里汇集了全国的社会名流、文人、明星、商贾、艺妓。近现代上海最知名的娱乐业都集中在虹口一带，在这里外国领馆、洋行、金融机构、外国侨民大量聚集，形成了新兴的城市娱乐消费市场。

澳门除中国人外，华洋杂处，葡语系人、菲律宾、泰国等东南亚人在澳门社会也占一定的比例。澳门作为中西方文化的交流平台、商贸平台还聚集了来自全世界100多个国家的商人、旅行者、学者、艺术家。这些不同的动力广泛的汇聚着社交合作、社会网络，在澳门形成了一个独特的创意阶层。

常言道，社会名流、文人、大亨、明星等社会精英活动集中的地方，备受社会关注，容易产生轰动事件。正如纽约充满了各色寻找机遇的艺术家、商人、政治家、冒险家，在各式夜店里，满怀激情与梦想的人们进行着创意的大碰撞，打造出了一个被昵称为"大苹果"（The Big Apple）的大都市，"好看、好吃，人人都想咬一口"。

澳门也要打造一个亚洲的“大苹果”，让娱乐成为跨领域创意的交汇点，利用城市潜藏的激情，塑造一个激情与快乐并存的未来澳门。为此，澳门必须要用创意来构建一个新的娱乐天堂。

首先，要以“玩乐”来引领娱乐业方向。

娱乐与创意密不可分，娱乐更与玩乐分不开，娱乐可以算是人类吃喝玩乐的最高境界，也是人们衡量人类生活质量的标尺之一。吃喝玩乐上了境界、出了花样，就是创意。

澳门城市空间有限，玩乐要在“玩深度”、“玩广度”、“玩乐趣”上下功夫，在内容、形式、质量上升级“玩乐”的档次，大力发展夜生活。

比如，纽约的夜生活是创意达人的非正式办公室，而在法国，夜晚的节日“白夜节”——“Loop Utopia”使人们通宵可以全程进入全城的音乐场和现代艺术场馆，教堂变成了剧院，商店 DJ 在打唱，衣服都是特卖，这一颠倒黑白的玩乐方式，大大刺激了法国的旅游业。[①]

第二，要找到澳门娱乐业的坐标。

何为娱乐?《楚辞·九歌·东君》中写道：“羌声色兮娱人”。又有《说文》有云：“娱，乐也。”可见娱与乐密不可分，从中不难看出，娱之根本在于乐。

演艺业是澳门要发展的一个方向，包含着娱乐的元素，视觉艺术、多媒体、动漫游戏、体育休闲，购物、美食，每一种艺术和商业形式无一不包含着欢乐的需求，因此，澳门的娱乐业要超越了传统娱乐产业的范畴，将每一种快乐而富有创意的商业都纳入娱乐业的版图中。

格雷厄姆·莫利托在《全球经济将出现五大浪潮》指出，娱乐经济的一个特点是，未来提供奇遇和冒险的行业将尤为繁荣兴盛。[②] 澳

---

① 《法国巴黎举办“白夜节”艺术节》，法国中文网 2010 年 10 月 4 日，见 http://www.cnfrance.com/info/xinwen/20101004/3419.html。

② 格雷厄姆·莫利托：《全球经济将出现五大浪潮》，操凤琴译，《中国改革》2000 年第 16 期。

门还要以“笑声”、“掌声”、“呼声”为中心满足游客的各种需求，以创造独特的“澳式娱乐体验”。

澳门要玩转“娱乐魔方”，成为世界级“快乐生产”的平台。

据统计资料，近两年来澳以旅游为度假目的的比重大约占到62%，可见每年约有1500万的人来澳门是来找乐子的。而澳门作为东方娱乐中心与世界上最著名的娱乐中心拉斯维加斯的区别何在呢？

首先，它们是相同的，都是集娱乐、消闲、演出、国际会议及博彩于一身的娱乐中心。

其次，它们又是不同的。因为世界上最著名的娱乐中心拉斯维加斯只是集娱乐、消闲、演出、国际会议及博彩于一身的娱乐中心，而澳门，则不但是集娱乐、消闲、演出、国际会议及博彩于一身的娱乐中心，而且还是幸福感指数最高的娱乐中心，是人们快乐地体验健康生活的娱乐中心。

可见，“生产快乐，体验快乐”，才是澳门的魅力所在。

莎士比亚说，“整个世界就是一个舞台”，玛丽·伊丽莎白·威廉姆斯说，“莎士比亚说的不对，整个世界不是一个舞台，而是一个主题公园”。

澳门就是一个巨大的娱乐主题公园，澳门不仅要成为世界创意人才汇聚的娱乐之都，更要成为世界级“快乐”生产的平台，真正的世界“快乐岛”！

四、停下来，诗意地栖居在澳门

一般来说，娱乐之都具有四个基本要素：丰富的休闲娱乐设施、发达的传媒行业、发达的艺术创意行业与繁荣的文化演出市场美食文化、特色旅游资源与当地民众的娱乐心态。

要成为娱乐之都，澳门当然需要大力发展娱乐设施、传媒、市场、特色的娱乐文化四大基础。不过，目前澳门的基础仍然不够强大。那么，如何拓展娱乐旅游业的生存空间，创造一个快乐的经济增长点呢?

澳门要试着让人们停下来，在澳门享受快乐生活，要发展“澳式”特色的快乐经济模式，在全城打响“快乐经济”的旗号，引领娱乐旅游业乃至各行各业朝该方向发展。

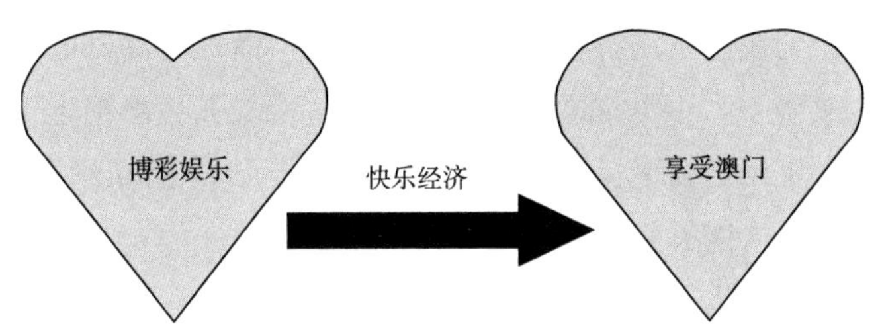

图 5－4　澳门特色的快乐经济模式

首先，澳门要首推“慢生活式”娱乐旅游，让游客慢下来享受快乐生活。

美国社会学家杰瑞米·里夫金指出，“我们正在进入一个历史的新阶段——一个以工作不断地和慢生活不可避免地减少为特点的新阶段。”[①] 忙碌让人们丧失了生活的许多乐趣，其实，如果把忙字拆开来看，是心和亡，忙就是心死。

林语堂先生在《生活的艺术》一书中写道：“让我和草木为友，和土壤相亲，我便已觉得心满意足。我的灵魂很舒服地在泥土里蠕动，觉得很快乐。当一个人悠闲陶醉于土地上时，他的心灵似乎那么轻松，好像是在天堂一般。事实上，他那六尺之躯，何尝离开土壤一寸一分呢?”[②]

林语堂先生如果来到澳门，也一样可以体会到澳门独特的慢生活节奏和带有海洋气息的慢休闲生活方式。

---

① 杨团:《社会政策研究范式的演化及其启示》,《中国社会科学》2002 年第 4 期。

② 林语堂:《越裔》，见《生活的艺术》，群言出版社 1994 年版。

如果分析游客来澳门的目的，2010 年有闲阶层（主妇、学生、失业或退休）、管理人员、专业人员和技术人员分别占到游客的 28%、26%、11%、10%。旅游目的为度假和商务的比重最大，大约占到 62% 和 14%。看来，人们到澳门来也是奔着澳门独特“慢生活”而来的。

其实，到澳门来的游客无不对澳门的慢生活产生深刻的印象，时间在这里放慢了，历史在这里变得清晰了，沿着大三巴街走下去，从板樟堂、水坑尾过荷兰园到达望德堂区疯堂区，一路布满葡式建筑，清新静谧，令人能够安静地赏阅这些百年古迹。

澳门的“慢”已经深入到城市的性格和历史中，就像英国的第一座慢城——勒德罗（Ludlow），慢城名声在外已经有几百年的历史了。澳门四百多年来也一直是一座慢城，澳门的慢生活既带有浓郁的欧洲休闲风情又带有浓厚的东方的闲情雅致，与同为特区的香港相比，澳门永远比香港慢一拍，却比香港更有生活的情趣，更有幸福感。

据公开资料显示，全球的慢城数量分布在 24 个国家，2010 年，据不完全统计，全球有 135 个城市获得此称号。日本、韩国都有慢城。[①] 不过以博彩为主题的，带有中西文化色彩的慢城却从来未有，澳门要努力使自己成为一座亚洲知名的“慢城”。

澳门还要探讨作为“慢城”应当坚持的独特的休闲娱乐特色。许多人知道，经典的扬州人的慢生活是：“早上皮包水，晚上水包皮”，经典的成都慢生活是：瓜子、麻将、龙门阵，澳门的慢应该在保留现代文明的特色上，带领游客体会中西合璧欧洲风情小镇的慢生活，让游客在澳门享受幸福的生活。

其次，澳门要大力发展合家欢式的娱乐。

“快乐岛”、“幸福岛”的目标对象是所有人，它的目的就是要让所有人都能到澳门找到幸福。拉斯维加斯、佛罗伦萨、三亚这些城市

---

① 刘静：《寻找慢城市》，见新华每日电讯：http://news.xinhuanet.com/mrdx/2011-06/17/c_13934440.htm。

都大力发展家庭度假旅游，不仅仅是因为阳光沙滩、自然风光、顶级娱乐，还因为家庭度假代表了一个城市的娱乐精神，家庭才是人们幸福的源泉。

澳门要发展适合所有人的合家欢式的娱乐，使澳门变成家庭欢聚的场所。在此方面，我们欣喜地看到澳门正在发生变化。

比如永利度假村（澳门）通过对来澳旅游的游客需求分析，针对家庭型旅游者开设了大量的活动项目，如专门针对女性旅游者的美容美体健身项目、针对合家欢的老少皆宜的游乐项目以及针对老年游客的养生文化休闲项目等，增加了家庭度假的氛围。

澳门要针对不同的游客类型开发娱乐项目。

比如，针对家庭旅游团体，发展“人文澳门”为主题的休闲娱乐项目，以动静结合、商艺结合、商购结合、休娱结合为主，重点打造创意街区、休闲街区、特色美食街区，以历史和文化为主线，让游客在闲适的文化节奏里体会澳门的特色风光。

针对中老年群体或商务旅游人群，发展以健康养生为主的娱乐项目。澳门具有良好的养生习俗，在全世界长寿榜上排第二，仅次于安道尔。澳门可以推出养生娱乐体验项目，建造养生概念酒店，引入各种养生的娱乐项目来打造视觉、触觉、感觉全新体验。

针对年轻一群，发展以“活力激情”为特征的娱乐项目。澳门可以将格兰披治赛车产业化运营，发展以赛车为主题的极速激情体验主题乐园。除此之外，利用各种节庆活动，发展城市街头文化。如在拉斯维加斯的夜晚，各种游戏都能看到，掷双骰儿游戏，耍调酒杯、舞台表演、明星演出、时尚派对、音乐颁奖礼令人流连忘返。

针对所有游客，开发以树立澳门形象为主的大型舞台剧，突出“风情澳门”，运用最新的多媒体艺术，融合东方独有的历史元素，打造优质的夜间演艺舞台，让来自世界各地的游客都能够重新认识澳门。

最后，澳门要“广结善缘”，纳入泛珠三角的“娱乐经济圈”中发展。

一般来说，从时间长短角度看，闲有三类。一类叫做大闲，时间较长，如带薪休假制度。一类叫做中闲，短期的旅游，如黄金周旅游。第三种是小闲，以节假日为主，大周末的概念。

澳门要发展娱乐产业，就要有一个对市场的基本判断。从客流量的来源来看，澳门的主要游客来源是内地，其次是香港，内地游客又以广东游客居大半，可见，澳门旅游最离不开的两个地方就是粤港。香港和广东形成了澳门娱乐经济发展的两个核心，是小闲娱乐，香港和广东外围的泛珠三角则形成了中闲娱乐，而更外围则形成了大闲娱乐。如图 5－5 所示：

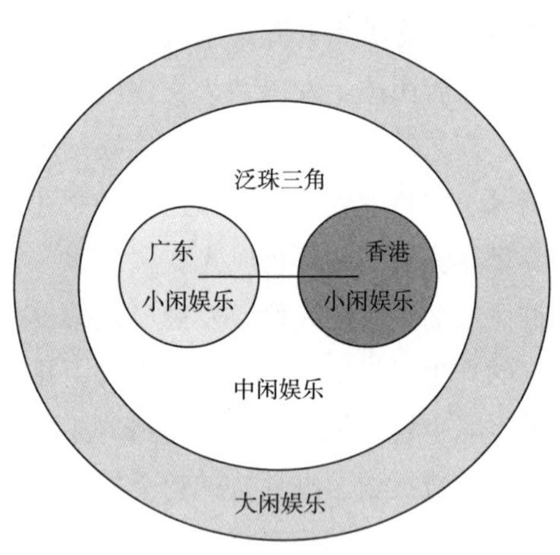

图 5－5

澳门要发展娱乐经济，就要广结善缘，重点发展以广东和香港为核心的泛珠三角的娱乐经济，360 度玩转娱乐魔方。

澳门可以尝试以下发展思路：

（1）以粤港为中心，打造小闲为主的“双色”娱乐产业链。香港人爱到澳门来，因为香港工作压力大，生活节奏快；广东人爱到澳门来，因为这里娱乐项目多，商贸机会多。从区域合作的角度来看，澳门就完全可以力求成为香港人休息娱乐的后花园，发展“绿色”休闲娱乐为主的娱乐项目，如养生娱乐、户外竞技、艺术表演等。对广东游客，则发展以商贸旅游为主的娱乐项目，如世界顶级的表演、酒吧、高尔夫、游艇等，引入世界高、精、尖的娱乐品牌打造“金色”娱乐项目。

（2）泛珠三角“中闲”娱乐联合营销。除港粤外，泛珠三角一带离澳门的距离不超过3个小时，澳门如果能纳入泛珠三角的娱乐经济圈，就可以发展以娱乐休闲为主的中闲娱乐。客观来看，澳门的短线旅游项目十分精彩，博彩足以。不过对超过3天以上旅游需求，景点的支撑明显不足。

另一方面，对泛珠三角城市来说，各边界的旅游景点很多，自然资源丰富，但是娱乐资源又相对贫乏，娱乐形式较为单一。如湖南娱乐业发达，但以K歌为主，而四川以打麻将为主。

澳门可以考虑与泛珠三角开展娱乐战略联盟，联合开发娱乐项目，进行娱乐营销，以澳门为中心，搭建“泛珠”娱乐旅游网络，构造亚洲最具魅力的泛娱乐休闲带。

澳门可以联合泛珠三角城市，联合开发一些不同体验的娱乐旅游路线，从自然风光的娱乐休闲、民族特色娱乐体验到世界顶级娱乐体验，在三小时的城市圈内打造一个跨边界的五光十色的娱乐组合，形成一个以集聚吸引力、竞争力的“泛珠娱乐圈”。

（3）寻找“大闲”度假的娱乐模式。大闲娱乐是以度假为主的休闲娱乐，旅游者重视的是旅行精神享受，强调的是身心的放松，世界度假经济发展规律表明，国民人均GDP超过3000美元时，度假需求进入高速增长阶段。[①] 澳门旅游经济的发展与周边国家和地区的经济发展分不开。

从传统上来看，发展“大闲”度假旅游的城市往往具有良好的自然生态资源，如《2007〈福布斯〉世界十大度假胜地》：多米尼加、埃塞俄比亚、洪都拉斯、老挝、纳米比亚、塞舌尔群岛、阿曼、巴拿马、阿根廷、斯里兰卡，这些地方不是滨海傍山，就是拥有独特的草

① 《中国旅游地产或迈入休闲时代》，见 http://blog. soufun. com/31381400/11210999/articledetail. htm。

原、沙漠风貌，让游客流连忘返。[①]

澳门在自然资源上很难留住大闲度假的游客，但是可以考虑从文化的角度以文化为核、娱乐为壳来开发度假娱乐。以博彩、娱乐表演、体育休闲、主题乐园、养生、美食等为吸引力，将各种文化，如历史、节庆、名人、宗教等融入旅游中，探索大闲度假的娱乐模式。

澳门还要尽可能与欧洲、拉丁美洲、葡语系国家建立度假旅游的战略联盟，将东方色彩的度假模式引入西方，开辟新的大闲娱乐度假市场。作为地区性的战略要地，澳门堪称联系欧洲、拉丁美洲的枢纽，30 多个国际组织的成员，与欧盟的密切关系，尤其是与拉丁语系国家的密切关系（葡语国家的人口加起来有 2 亿之多。据专家预测，本世纪最有希望的就是拉丁语系国家的崛起），都使得澳门完全可以在博彩爱好者之外开辟自己的游客市场。

第三节　新品牌
——新生的城市发动机

一、品牌，城市的脸孔

品牌，国家的形象！品牌，城市的脸孔！

日本前首相中曾根康弘曾说，在国际交往中，索尼是我左脸，松下是我右脸。提到日本，人们会想到索尼、松下，提到西雅图就想到波音飞机，提到巴黎人们就会想到 LV 和香奈儿等奢侈品。

提到澳门，人们会想到什么呢？赌博，葡京酒店，大三巴，除此

① 《2007〈福布斯〉世界十大度假胜地》，见 http://www.kvov.com/5173/fdhudongh/24.html。

之外，似乎难以想到其他。

美国当代最负盛名的信息文化经济学家曼妮尔豪斯特在其著名的《信息时代一部曲》之一的《认同力量》当中得到一个结论：形象就是权力。

试想，没有索尼和松下的日本，国家形象一定是寂寞暗淡的，没有波音飞机的西雅图，也是难以走向世界的。

品牌是城市的形象，改变着城市的未来，从古希腊时代以来，城市品牌就与城市的未来密切相连。

威尼斯的水、鹿特丹的船、罗马的建筑、佛罗伦萨的绘画与雕塑、夏威夷的波利尼亚文化、维也纳的音乐，身份就是这样建立的……

澳门要以什么来打动世界，以什么品牌来立城呢？

中国内地也有品牌立城的成功案例，如海尔与青岛；阿里巴巴与杭州；华为与深圳，这些都是品牌立城的典范。

有人说，博彩业就是澳门的品牌。这种说法看似正确其实存在谬误。品牌对城市而言不仅是象征，还是商业经济的动力源泉。巴黎的经济靠香水、化妆品、服饰，瑞士离不开钟表，皮具为米兰创造GDP。这些城市与商品品牌相得益彰，那么，这些城市的品牌又来自哪里呢？巴黎有香奈儿、路易·威登、爱马仕，瑞士有劳力士、欧米伽、雷达，米兰有普拉达，正是这些杰出的商业品牌支撑了城市的形象，带动了城市经济发展。

澳门的博彩业世界闻名，这是事实，不过博彩业是虚拟经济，历史和现实雄辩地证明，离开实体经济作依托，虚拟经济迟早要崩塌，2008 年以来席卷世界的全球金融危机就是典型的例证。

澳门与其他城市的不同，在于它是由“外来市场”主导的经济，是“流动的世界资本”和“流动的世界市场”组成的经济形态，找不到实体做支撑，澳门的未来是没有出路的。

拉斯维加斯，一个众所周知的赌城，经过重新定位后，一扫经济不景气的影响，成了适合全家游玩的大型度假城，这座差点消失在沙漠中的销金窟，又因成为世界知名的“结婚之都”而蒙上了浪漫温馨亲和的色彩。

如果澳门不想被淘汰，营销城市就是重点。

澳门必须学会为城市去塑造一张鲜亮的脸孔！

二、品牌产业：澳门城市品牌的逻辑起点

现代城市竞争是“名牌城市战略时代”，城市品牌与企业品牌、产业品牌紧密相关。如瑞士日内瓦，因为有近200个国际组织云集，如联合国驻欧办事处、国际劳工组织、世界卫生组织、国际红十字会总部，作为国际会议中心的地位无可撼动；比利时的布鲁塞尔，有“欧洲首都”的美誉，欧洲联盟、北大西洋公约组织等数百个国际机构设置在这里安扎驻营；美国底特律是世界著名的汽车工业城，瑞士苏黎世是世界悠久的国际金融市场；而亚特兰大则是可口可乐总部所在地。①

澳门要塑造鲜亮的城市品牌形象，首先要问的问题是澳门的逻辑起点是什么？

让我们先看看世界不同城市的经验。

正如人们总结的，花旗、摩根斯坦利为纽约带来了财富；惠普及IT帝国为硅谷披上了高科技羽翼；欧莱雅与香奈尔的芬芳弥漫在巴黎，带来了时尚与浪漫；奔驰选择了法兰克福顶尖的机械制造技术。②

表5－2　城市品牌类型的划分以及典型案例

类型（4大类17小类）		典型的城市案例
地理型城市品牌	区位型城市品牌	“中国的芝加哥”武汉、“祖国的南大门”广州、德国的法兰克福，等
	地貌型城市品牌	“浪漫水都”威尼斯、“东方威尼斯”苏州，等

① 李斌：《关于繁荣黑河边贸旅游明星城的思考》，见 http://news.china.com.cn/txt/2012-07/19/content_25955559.htm。

② 陈柳钦：《论城市品牌建设》，《中国市场》2011年第7期。

续表

类型（4大类17小类）		典型的城市案例
地理型城市品牌	矿藏型城市品牌	“煤都”淮南、“石油城”玉门、“钢城”鞍山，等
	气候型城市品牌	“冰城”哈尔滨、“春城”昆明、“花城（气候主导，历史文化传承）”广州、“雨城”雅安、“太阳城”攀枝花，等
空间型城市品牌	商务区型城市品牌	加拿大埃德蒙顿市的商业街，“国际金融中心”纽约、“北方商贸中心”郑州，等
	居住区型城市品牌	世界休闲之都“住在杭州”、“住在威海”，等
	科教区型城市品牌	美国的硅谷、日本的筑波、中国的中关村、武汉的“中国光谷”、北京海淀区、西安的大雁塔小雁塔地区，等（空间聚集、历史文化和经济体共同驱动）
	公共设施型城市品牌	巴黎的埃菲尔铁塔、纽约的自由女神像、悉尼的歌剧院、三亚的鹿回头、广州的五羊雕塑，等（对城市品牌起象征和支撑作用）
历史文化型城市品牌	政治型城市品牌	“欧洲首都”布鲁塞尔、“国际会议中心”日内瓦、各国首都，等
	文化型城市品牌	“时尚之都”巴黎、“动感之都”香港、“浪漫之都”大连、“创业之都”深圳、“世界时装之都”米兰、“音乐之都”维也纳，等
	宗教型城市品牌	“宗教圣地”耶路撒冷、“伊斯兰教第一圣城”麦加，等
	遗址型城市品牌	“九朝古都”洛阳、“六朝古都”南京、古都西安、“三国圣地”成都，等
	人物型城市品牌	“将军之乡”平江、“小平的故乡”广安、“孔子故乡”曲阜，等
经济型城市品牌	服务型城市品牌	“世界经济论坛”达沃斯、“东方明珠”上海、“博鳌亚洲论坛”博鳌，等
	企业型城市品牌	底特律的著名汽车制造公司（通用、福特、克莱斯勒）、青岛“五朵金花（海尔、海信、澳柯玛、青啤、双星）”、绵阳的长虹，等（企业强大）
	旅游型城市品牌	“赌城”拉斯维加斯、夏威夷的火奴鲁鲁、印度尼西亚的巴利岛，桂林、北戴河、黄山市，等
	产业/产品型城市品牌	“汽车城”底特律、“国际影都”洛杉矶、“药都”石家庄、“电子城”绵阳、“中国瓷都”景德镇，等

数据来源：《城市品牌论》，《管理学报》2006年第3卷第4期。

是城市选择了品牌，还是品牌选择了城市？从中西城市品牌塑造的经验来看，有三种城市品牌塑造的方式：第一种以产品品牌为主，形成产业品牌，塑造城市品牌，如我国的青岛，美国的西雅图。第二种，以城市品牌来带动产业和产品的品牌发展，如果我国的大连，欧洲的巴黎，亚洲的新加坡。第三种以产业集群为主，有大量规模小的产品品牌逐渐形成产业品牌、城市品牌，如果我国的东莞、顺德、温州等。

再看看相邻的城市香港，香港选择了以城市品牌带动产业品牌的路线。香港城市定位为活力与创新的“亚洲国际都会”，以亚洲飞龙作为自己的标志。在支撑产业上，不仅重点突出亚洲国际金融中心、国际服务业及国际人才的“软”品牌，还重点打造未来“国际都会”品牌，包括国际水平的教育和培训制度、运输和电讯设施，对持续发展的承诺都涵盖在“硬品牌的建设中”。

那么，澳门塑造城市品牌的逻辑起点是什么？应该是品牌产业。当然，这不是随意选择的结果，而是澳门的资源禀赋和现有城市发展模式所决定的。

首先，澳门除博彩之外，城市品牌缺乏代言人。

人们常说，一方山水养一方人，名人对城市发展起着巨大的带动作用，尤其是世界知名历史文化名人决定着城市的世界品牌形象。

如雅典与阿西娜、帕台农主神庙、苏格拉底、柏拉图密不可分；威尼斯的“贡多拉”渡船、马可·波罗是当之无愧的城市品牌形象；佛罗伦萨名人云集，伽利略、但丁、达·芬奇、米开朗琪罗，彰显着艺术之城的权威。

除此之外，名人往往也能带动城市的特色产业，如中国古代名医华佗的家乡安徽亳州以医药产业盛名、德国的约翰·谷登堡带动了法兰克福的印刷出版业。

澳门名人辈出，郑观应、冼星海都出自澳门，利玛窦、罗明坚、汤若望、郎世宁、孙中山、叶挺、徐光启、吴渔山、魏源、林则徐、康有为、梁启超，都在澳门留下足迹，不过他们并没有留给澳门值得大力发展的特色产业，也没有给澳门留下百年的声誉，至今澳门还是一个默默无闻的文化小城。

其次，澳门的城市属性，决定了不能走城市带品牌产业的路线。

总结世界知名的城市大致可以分为以下几种类型：

（1）政治型品牌，如日内瓦、北京、华盛顿；

（2）经济型品牌，如上海、广州、纽约；

（3）交通型品牌，如新加坡，地处连接印度洋和太平洋的咽喉——马六甲海峡，而成为世界上最大的集装箱码头和最主要的海港之一；①

（4）文化型品牌，如罗马、威尼斯；

（5）旅游型品牌，如美国夏威夷的火奴鲁鲁、海南三亚；

（6）人居型品牌，如希腊、昆明、杭州等；

（7）产品型品牌，如美国底特律；②

澳门作为葡萄牙的殖民地，在四百多年的殖民地生涯中，一直作为葡萄牙通往亚洲的政治和经济交通要道，在香港崛起之后，澳门在亚洲的政治和经济地位被取代，澳门被迫转型发展博彩旅游业。澳门要发展成娱乐之都，建立一个鲜亮的城市形象，决不能顺着“世界赌城”的品牌来发展品牌产业。

第三，澳门除博彩外几乎没有在世界叫得响的知名品牌。

品牌是经济实力和竞争力的反映，品牌多寡，反映竞争实力的强弱。据美国《商业周刊》杂志公布的2004年全球最有价值的100个

---

① 李斌：《关于繁荣黑河边贸旅游明星城的思考》，见 http://news.china.com.cn/txt/2012-07/19/content_25955559.htm。

② 《2004年全球100个最具价值品牌出炉》，见搜狐新闻：http://news.sohu.com/20040725/n221181388.shtml。

品牌，亚洲国家只有日本和韩国跻身，香港和澳门的实力离国际还有距离。

澳门的创意产业、设计业、影视业近年来发展非常迅速，也在国际上获得过奖项，但是在世界的知名度仍然很低，对带动澳门城市旅游和经济发展意义不大。

第四，澳门缺乏一个统揽所有产业的城市品牌精髓。

澳门定位为“世界旅游休闲中心”，然而与同样为“世界旅游休闲中心”的新加坡相比，新加坡明显更具创意和活力。在一个以花园城市闻名的国家，却开了昂贵、豪华的金沙赌场，以环球影视为主题的圣淘沙赌场，这本身就体现着一个城市的开拓精神。新加坡是以成为“新亚洲创意中心”的城市品牌精神来发展产业的。而英国爱丁堡确认自己的城市品牌精髓是“激动人心的都市”，从多利羊到哈里·波特，爱丁堡逐渐充满了活力、创意和生命力。

相较之，澳门博彩业虽有各种娱乐项目，但却不是城市的品牌精髓，各种创意产业项目都有所发展，但却缺乏一种支撑旅游休闲的城市精神。这也决定了澳门不能走城市品牌带动产业品牌发展的路线。

由上可见，澳门的城市形象塑造的逻辑起点是品牌产业，找准了正确的起点，才可以拨云见日，按图索骥找到澳门城市品牌的未来方向。

三、发现澳门无限生长的可能性

如果澳门要走一条品牌产业带动品牌城市的发展道路，那么，澳门又有哪些资源能够发展成品牌产业？澳门又该如何发展品牌产业塑造城市品牌呢？

1. 从走马观花旅游中发现澳门新品牌

澳门要向达沃斯和济州岛学习经验。

达沃斯本是阿尔卑斯山系最高的小镇，人口数量也很少，它的成功就在于从一所大学教授组织下的企业论坛，发展成了“世界经济论坛”，成为一个可持续发展的产业链，每年吸引了世界各界精英以及首脑飞往达沃斯。它被称为“经济联合国”、“世界经济风向标、世界经济晴雨表、世界经济导航仪”。论坛仅每年的会员费就达几千万美元，还得到各国政要的赞助。①

而韩国济州岛通过不懈的努力，36 年间将三万多平方米的不毛之地改造成了“世界上最大最美的盆栽苑”，堪称一个人定胜天的景观。②

可见，城市品牌产业的打造不仅是靠自然土壤诞生，还要靠创意打造和培育，中国博鳌学习达沃斯的方法，也创造了博鳌论坛亚洲知名城市品牌。澳门也要善于从走马观花的旅游中寻找萌芽的特色产业。

浪漫婚礼

比如说，澳门的美食业就十分值得发展成特色品牌产业。饮食是澳门的一大特色，因有葡萄牙殖民的历史，澳门饮食融合了各式美食，葡式蛋挞、澳门葡国菜、木糠布甸以及广州地区的饮食特色，粥粉面饭样样俱全，实在是美食天堂。

又比如说，澳门的婚庆产业也可以大有发展空间。虽然并没有得到政府的大力推广，但是这场从民间行为发起的甜

① 《世界经济论坛介绍》，见世界经济论坛：http://chinese. weforum. org。

② 济州岛简介，见百度百科。

蜜行动，已经显示出它独特的吸引力。东望洋灯塔、主教山、渔人码头、威尼斯人每天排队拍婚纱照的新人，以及在各大金饰店购买结婚钻戒的年轻情侣都显示出澳门婚庆对游客的吸引力。2008 年，印度富豪在澳门美高梅金殿举办豪华婚礼的浪漫故事，更是为澳门蒙上了一层浪漫神秘的色彩。①

再比如说，澳门的澳门节庆是博彩之外吸引了大量游客的另一项重要来源，国际音乐节、艺穗节、国际烟花汇演、格兰披治大赛车等在国际上知名度渐显，如果能对这些节庆进行引导和深度开发，使它们与城市的旅游业融为一体，则能形成国际知名的品牌产业。

2. 让品牌产业在澳门结晶

澳门要向国外和国内学习品牌产业发展经验。

第一要学的是美国的产业集群式发展模式，加州的硅谷、底特律的汽车、亚特兰大的航天和可口可乐，好莱坞的娱乐产业等等形成了产品、企业、行业、区域四级品牌的模式。

第二要学的是欧洲品牌城市价值模式，世界上一些资源贫乏的地方如圣马力诺、摩纳哥还有瑞士等等，如今却是品牌价值最高的城市，是世界的财富、名流的最高集中地，是世界最有价值的城市。

第三要学的是我国的东南沿海模式。以传统产业和新兴产业为主，由众多规模较小的企业形成产业集群和产业品牌，最终形成具有影响力的品牌产业和品牌城市。代表是江浙一带、广东一带。

澳门不仅要学习三种模式，更要汲取三种模式的优势，从空间定位、产业定位与品类定位三个角度塑造发展。

（1）空间定位上，立足亚洲，顺着亚洲海洋经济黄金热线，实施跨国界大城市经济战略。

空间定位要解决的是城市是多大范围的中心，品牌产业的影响力范围。澳门虽然自身面积小，但不能低定位自己的影响力范围，要将

① 《印度富豪掷数千万在澳门办婚礼　租房九百晚》，见中新网 2008 年 7 月 14 日：http://www.china.com.cn/photo/txt/2008-07/14/content_16003008.htm。

自己纳入和香港、新加坡同等级别的影响力层级，实施大城市经济战略。

因此，正如李光斗在《世界标准信息》刊登的《提升城市品牌竞争力》一文指出的：目前大城市经济战略已经成为带动区域经济全局发展的一种普遍形式。在美国，从波士顿到华盛顿构成了纵贯四个州的城市群体，面积小到只有全国的1.5%，人口数量却达到全国人口的20%，工业总产值占全国的60%。

在欧、亚、北美等地跨国界的三角型区域性城市群落也在形成，如西班牙巴塞罗那与法国的卢兹、蒙彼利埃；荷兰的马斯特里赫特、比利时的列日和德国的亚琛；亚洲90年代后的新加坡、马来西亚南端同新加坡相邻的柔佛州和印度尼西亚的巴旦岛构成的新三角经济圈。[①]

澳门地处珠三角地带，但是珠三角整个地区以香港、广州为大城市中心，带动了整个区域的发展，澳门在中间的地位十分不明显。澳门要打响在亚洲的城市品牌，就必须要跨国界发展，沿着“亚洲海洋经济黄金热线”，把自身的旅游业、特色产业融入这一线上的国家并跟进式发展。

澳门可以探索城市间的合作品牌建设，如丹麦首都哥本哈根与瑞典城市乌普萨拉联合打造品牌。比如澳门可以考虑与中国香港、新加坡、中国台湾、日本合作，推进创意城市战略联盟，共同开发婚庆产业、美食产业、武术产业、节庆产业等，为澳门下一轮产业革命积蓄新的能量。澳门还可以与这些城市联合开发创意项目、旅游项目，拉动旅游创新品牌。

（2）产业定位上，凝聚澳门城市品牌精神价值，发挥“洼地效应”。

所谓的洼地效应是指城市品牌精神就像城市的磁场，磁场释放的“磁力线”能够把城市外部的各种人力、资金和物流资源吸入城市内

① 李光斗：《提升城市品牌竞争力》，《世界标准信息》2003年第6期。

部，形成“洼地效应”。

澳门欠缺城市品牌精神，澳门的未来发展不能离开城市的品牌精神发展。“触摸精神，感受热忱”是英国北爱尔兰城市的品牌定位，北爱尔兰的重点在各种立体的户外体验性体育活动对城市的核心价值塑造，如高尔夫、骑小型马旅行和远足。①

洛杉矶的主题是“艺术梦幻”，奥斯卡颁奖及其系列活动是城市的核心，引人瞩目的明星大道、明星蜡像馆等文化娱乐将企业、金融、城市规划有机地串联到一起，形成了特色文化产业链。

我们提出澳门要成为快乐岛、幸福岛、天堂岛，要成为“娱乐之都”，“快乐、幸福、天堂”就是澳门的城市品牌精神，澳门可以考虑围绕着这一品牌精神，对品牌产业进行定位，关联发展相关产业，体现城市形象。

在这方面，上海作为世界级大都市、国际化商业金融中心，就非常多元地体现在外滩丰富多彩的建筑、繁荣的金融业。澳门也可以从吃、住、行、游、玩、乐、居等角度来发展与“快乐幸福天堂”相关的产业，形成澳门独特的品牌产业。

（3）品类定位上，资源转化发现市场机遇，开发多样的产业品类。

谁也无法否认拉斯维加斯博彩业的高收益，不过，拉斯维加斯的旅游业却有了新变化，拉斯维加斯以及周边的米德湖度假区与大峡谷国家公园成为新的旅游目的地。2008 年《福布斯》旅游线上公布的资料显示了这一排名，美国最热门的 25 个旅游景点，拉斯维加斯大道以 3100 万的年游客数名列第二。② 毫无疑问，人们留恋的并不只是拉斯维加斯的赌场。

澳门也有许多历史文化景点和自然风光，但是人们留恋的似乎是

---

① 张亮：《天津开发区（泰达）城市品牌塑造与营销策略研究》，天津大学 2011 年硕士学位论文。

② 《美国最热门的 25 个旅游景点排名》，见 http://www. chineseinla. com/f/page_viewtopic/p_48951. html。

澳门的赌场而不是城市的文化，澳门要发展城市品牌，就需要转变资源观念，针对不同的顾客开发需求多样的品类。

英国威尔士地区的变化值得澳门学习，威尔士在潜在新游客的品味和度假形式发生变化后，为了重新塑造一个充满活力的、可信的和差异化的旅游形象，经过调查分析，将那些减轻工作压力出来短期放松、重振精神的游客作为目标对象，重点推广威尔士贴近大自然、没有污染的原始自然和传统的人文环境。[①]

澳门也要针对游客的不同需要或新的需要，开辟新的旅游市场，开发不同的产业品类。要改变博彩之都的灰暗形象，就要从转变或满足游客的多样化旅游需求入手，发现城市新的产业商机，如澳门的养生产业、武术产业等都蕴藏着巨大的市场潜力。

四、用灵感售卖一座城市

英国在“后工业时代”，几乎每一座主要都市或城镇，都用营销技术为自己重新定位，它们的目的主要在于，唤醒市民对城市的荣誉感，激发政府激情，让城市与众不同。

澳门不能坐等机遇的垂青，而要学会用灵感来售卖一座城市！

1. 首先，将品牌产业打造成银河系

事实表明，城市发展需要一系列品牌的带动，一两个品牌的力量不大，青岛依靠青啤、海尔、海信、澳柯玛、双星，成为全国知名的品牌城市。

澳门城市小、产业分散，除博彩外，单一的品牌产业难以支撑城市品牌，因此更要化零为整，打组合拳，不止要打造一个特色的产业品牌，而要打造一批特色品牌产业，让这些特色产业在澳门形成璀璨的银河系，形成规模效应，共同支撑澳门的城市品牌。

---

① 乔远生：《中国城市品牌化的道路》，见中国营销传播网 http://www.emkt.com.cn/article/55/5576.html。

我们欣喜地看到，澳门在创意设计、婚庆、养生、文化金融服务、武术等方面都颇有潜力，它们有望再造澳门文化产业，形成品牌产业的银河系。

2. 用营销为城市品牌增长制造“共鸣”

城市是商品，城市品牌要营销，而且需要大手笔、大营销。

通过新锐的地标性建筑赢取世界目光，带动经济发展，这种所谓的“古根海姆效应”或“毕尔巴鄂效应”已经屡见不鲜，新加坡、迪拜和巴塞罗那就是典范。

澳门要在国际上塑造一个新鲜的面孔，就要用标志性的建筑和活动营销来为城市品牌增长制造共鸣。

澳门正在填海，大力开发横琴，可以考虑在填海区或横琴通过世界级艺术标志性的建筑来为澳门增添声色。

除此之外，澳门还可以考虑打造标志性的大事件和大活动。

历史经验说明，大事件、知名活动营销，借大事件大活动往往能成就一批城市品牌。韩国和澳大利亚就是范例。韩国过去很落后，澳大利亚是犯人流放地，然而他们都通过奥运会的机遇，成功营销了一些国产大品牌，如韩国的三星、大宇、LG，日本的索尼、丰田。

东亚运动会、格兰披治赛车都算是大活动，但是东亚运动会已经过去，格兰披治赛车规模还不够大，澳门还要主动争取继续举办大型的活动或赛事，来吸引世界的目光，促进品牌增长。

3. 发挥品牌帝国的杠杆作用

品牌城市的打造需要品牌，澳门要充分利用澳门独特的政治经济和区位优势，发挥品牌帝国的杠杆作用来发展城市品牌产业。

在澳门，世界知名品牌都能见到踪影，但是城市却缺乏一个关键的品牌代言形象，以至于人们想到澳门是模糊不清的。澳门可以从品牌联想到杠杆的作用，将城市发展与著名人物、大型活动、大型事件或锚定某个固定的第三方资源共同发展。

在第三方资源上，澳门可以考虑邀请世界知名的创意公司入驻澳门，让它们的智慧与澳门本土形成碰撞，形成知名的创意社群，带动本土创意产业的发展

澳门还可以考虑复制世界知名企业的产业发展模式，如台湾的诚品书店，让这些在亚洲负有盛名的企业及发展模式落地在澳门，成为澳门游客旅游的另一个去处。

当然，澳门也可以与世界知名品牌形成战略合作关系，利用其品牌优势共同合作研发产业项目，如澳门就有联合国软件技术中心，但知名度不高，还需在品牌的营销和拓展上下功夫。

第六篇

十大澳门

第一节　婚庆澳门

相对于拉斯维加斯的博彩业，澳门博彩业2011年收入狂飙43%，是拉斯维加斯的5倍，[①] 不过拉斯维加斯还有“世界结婚之都”的美称，澳门却不是，结婚服务业已成为拉斯维加斯的第三大支柱产业。[②]

其实，澳门不仅在博彩业上与拉斯维加斯可以相媲美，在婚庆行业，澳门也大有发展前途。

一、澳门蕴藏着巨大的甜蜜“梦想婚礼”需求

从现代年轻人的视角来看，一个完整婚礼构成，最主要的有三个方面：婚礼仪式、婚纱摄影、婚宴。有资料显示，为了人生仅有一次的幸福瞬间，普通美国人的婚礼要花2.75万美元，[③] 香港人要花掉24.4万港币，中国内地城市人要花掉8万元人民币。[④] 而这并不是足够的，一项调查发现，香港人的梦想婚礼还要包括外地拍摄浪漫婚照、邮轮蜜月之旅或海外豪华婚礼，要实现一个“梦想婚礼”需花费100万元或以上，正是“梦想经济”带动了婚庆的产业发展。

婚庆产业链的四大龙头是婚礼服务、婚纱摄影、婚纱礼服生产、婚宴服务，婚庆产业集群则涵盖76个关联行业，如珠宝首饰、室内

---

① 龙金光、张晓华：《2011澳门赌业年收入狂飙43%　博彩收入达拉斯维加斯5倍》，见 http://finance.ifeng.com/money/lcsd/20111226/5329415.shtml。

② 朱幸福：《走进结婚之都：拉斯维加斯结婚方便离婚易》，《文汇报》2004年3月9日。

③ 闫帅南：《外国人结婚花多少钱　美国人平均花费2.2万美元》，见雅虎财经：http://biz.cn.yahoo.com/ypen/20110816/530329_2.html。

④ 谭静雯：《港人“梦想婚礼”开支107万》，《文汇报》（香港）2010年5月20日。

装修、家电家具、床上用品、房地产、汽车、银行保险等。①

澳门发展“梦想婚礼经济”有着内外两重需求。

第一，内需，结婚产业带动澳门经济发展。

2009年澳门特区政府统计局资料，有2778宗结婚登记，如果按照每年平均2500对新人结婚并举行婚礼，参照香港每对新人花费24.4万港币，每年产生的GDP将达到61亿港币以上。②

第二，外求，尽管澳门的结婚增长率不高，不过周边地区和国家不断增长的结婚需求，给澳门带来了机遇。

作为澳门最大的游客来源，根据公开的统计资料显示，中国内地每年约有1000万对新人走上蜜月之旅，仅北京市2011年就有17万对新人注册结婚。调查资料显示，在新婚消费方面：拍摄婚纱照88.40%、请婚庆公司策划婚礼49.14%、婚宴78.74%、购买婚纱36.83%、蜜月旅游67.66%。③

澳门婚庆产业

婚纱照、婚礼、婚纱、蜜月旅游已成为内地人结婚的“四大件”。澳门作为亚洲旅游休闲城市，已是许多内地游客

① 前瞻产业研究院：《2013—2017年中国婚庆市场研究与投资预测分析报告》，见前瞻网：http://www.qianzhan.com.cn/pages/default.aspx。

② 刘卫国：《澳门人口接近55万人　去年澳门人口年增长率为2%》，《人民日报·海外版》2009年3月19日。

③ 韩永先、孔俊彬、舒芳静：《婚庆业成朝阳产业》，《人民日报·海外版》2009年11月3日。

蜜月旅行的必到之地。

二、澳门拥有浑然天成的婚庆资源优势

澳门在婚庆资源上也有着自己独特的“四大件”。

第一大件，澳门的建筑景观。澳门街景即是天然的婚纱拍摄基地。

拍婚纱照追求的是浪漫，背景元素最关键。澳门的城市建筑景观颜色鲜艳、风格多样，中式、欧式等多种艺术风格融合，集巴罗克建筑与新古典主义风格于一体，以大三巴为代表的修道院及圣堂是中国最早巴罗克建筑的遗存；岗顶剧院、民政总署大楼又是新古典主义风格建筑的代表；妈祖庙、郑家大屋、卢家大院，带有浓厚的中国岭南特色。澳门的赌场建筑也各具特色，米高梅的葡国风情、巴比伦的古巴比伦式建筑、威尼斯人的意大利风格等在镜头中都别有一番风姿。

澳门的渔人码头、主教山、大三巴、南欧岗顶、星星公园、威尼斯人酒店外景、东望洋灯塔、婆仔屋等地早已成为香港、珠海等地婚纱摄影公司的海外拍摄基地。

第二大件，澳门的免税珠宝金饰店。

澳门珠宝店林立，在新马路、高士德大马路、赌场内聚集了来自香港、澳门和世界级的珠宝商，由于金饰是澳门的传统行业之一，加之免税，价格便宜很多，而且许多高档金饰镶嵌宝石饰物，多由欧洲进口，性价比很高。澳门国际珠宝展、中国翠玉文化节暨澳门国际珠宝展览会等相关珠宝展也办得有声有色。近年澳门地区珠宝销量非常理想，各大金行多年来也挖空心思设计出各种各样款式的宝石、钻石和玉石首饰，其款式之新之多，已有了很大的突破，物美价廉，款式多样，最适宜年轻人置办珠宝首饰等定情信物。

第三大件，澳门的教堂。

澳门教堂

澳门现存有18座教堂，风格迥异，大多经年历久，内饰色彩搭配和谐，幽静肃穆而环境优美。

而在西式教堂里举行一场西式教堂婚礼已经成为现代年轻人最浪漫的婚礼梦想之一。

澳门可以学习拉斯维加斯，在拉斯维加斯共有104家专业和半专业的结婚教堂，教堂可以为新人提供牧师、鲜花、音乐，甚至帮助提供照相服务。拉斯维加斯的教堂365天全年无休，周六、周日、节假日还全天候提供结婚服务。① 澳门的教堂虽不如拉斯维加斯多，但是澳门可以发挥服务上的软优势，使教堂成为婚庆产业的一个重要服务环节。

第四大件，澳门的旅游酒店，适合开展蜜月度假或婚宴。

澳门有海、有山，有各种风格的休闲度假村和娱乐设施，城市小但是温馨恬静、充满异国情调。永利、米高梅、威斯汀、银河、威尼斯人、十六浦酒店、莱斯酒店等都坐落在海边，拥有专门为奢华度假

---

① 顾嘉燕：《扫描拉斯维加斯街景　24小时浪漫无休》，《新华财经》2010年8月13日。

而设的套房、美景美食美酒和高端服务。澳门还有各种亚洲顶级的表演、赛事，都值得新婚燕尔体验。在澳门举办婚宴也并不鲜见，2008年印度富豪在米高梅上千万的婚礼说明了澳门在举办海外婚礼、国际婚礼上的高超水平和潜能。

三、澳门婚庆产业的发展模式

婚庆产业涉及76个相关行业，澳门地方小、资源有限，要全面发展显然不现实，澳门要“取其长，去其短”来发展婚庆产业。澳门的四大件就是澳门发展婚庆产业的最有利武器，应该成为澳门婚庆产业的龙头产业。

当前，澳门婚庆产业还如散乱的珍珠，急需要进行产业链的整合。

1. 澳门婚庆产业的目标物件：所有相爱的人

从内需外求角度来看，澳门不仅要抓内需，而且还要重点抓外求。

澳门是旅游型城市，游客资源主要是中国内地、香港、台湾、日本、韩国、东南亚等国，这些国家和地区既有传统的东方婚俗观，又有西式婚礼的需求，是澳门天然的优良目标消费群体。

澳门不仅要从地理统计上开发这些东方的游客资源，还要从心理需要角度来扩大婚庆目标消费群体，澳门要成为所有相爱的人最想要去结婚的地方，而不论国籍、性别、种族、宗教信仰，澳门可以为所有相爱的人提供结婚服务。

2. 澳门要发展“短线型”婚庆产业链

澳门要发展甜蜜产业、梦想经济，首先就要明确自身优劣势。从澳门的旅游资源来看，澳门旅游景点和制造业有限，不适合发展“长线型全产业链”的婚庆产业，而适合发展“短线型”的婚庆产业，也就是要重点发展：西式婚礼服务、珠宝定制、婚纱摄影、蜜月度假。

澳门的婚礼服务、珠宝定制、婚纱摄影尚未形成规模化，而旅游业最发达，澳门的婚庆产业要以蜜月度假为核心来整合婚庆产业上下游链，整合新婚度假、婚纱摄影、海外婚典等为一体的多重服务需求，发挥旅游业在带动婚庆消费领域的带动作用，涉及这一婚庆产业链上的其他环节采取外包的方式完成。

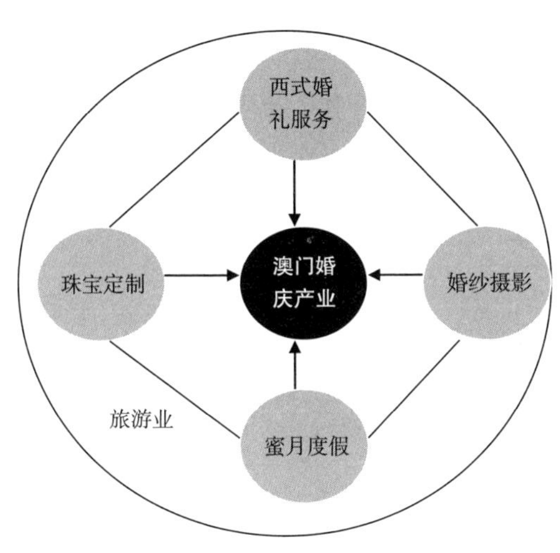

图 6－1　澳门婚庆产业示意图

澳门的婚庆产业要体现快速、便捷、包容的特点。拉斯维加斯结婚最短只需要十五分钟，便宜、快捷的服务吸引了来自世界各地的人前去结婚，澳门要发挥政策、区域的优势，成为最自由、最快速结婚的地方。

3. 澳门要发展“订单式”的婚庆产业，推动市场细分化、专业化发展。

澳门婚庆产业亟待市场化细分化、专业化发展，可以学习美国婚庆产业的经验。在美国，婚礼的很多细节是由各个不同的公司组合承办的，比如独立的婚礼策划师、婚礼乐队、花店、灯光师等，分工明确。新人结婚前，可以先请一个婚礼策划师，帮助选择各类供应商，也可以自己参与到婚礼的策划中，增添了许多乐趣。

澳门在教堂服务上，可以以酒店为主要力量，大力发展各种风格的半专业型教堂服务，如罗马风格、哥特式风格、巴罗克风格等，发展基督教、天主教、伊斯兰教等多种教会型的半专业教堂，形成以专业教堂+半专业教堂形成婚礼场所的规模化和细分化。

在婚礼服务上，依据客人需要推出多种类型、多种主题的婚礼，如：热气球婚礼、直升机婚礼、海底婚礼、日式婚礼、韩式婚礼、伊斯兰教婚礼、印度婚礼、万圣节主题式婚礼等。

全方位地为新婚游客提供个性化的订单式婚礼服务。

在蜜月度假上，尽可能与旅行社、酒店等合作推出多种组合式、主题式婚庆套房、套餐、旅游线路、游乐项目，满足新婚夫妇在精神层面的奢侈浪漫消费需求。如泰国旅游局就与中国“泰国蜜月婚纱婚典”组委会合作向中国人开发泰国婚礼项目，中国新人可以通过在泰国拍摄异域风情婚纱、举办特色海外婚礼、享受浪漫蜜月度假等方式来实现人生更多的幸福与甜蜜。

例如：蜜月·沙滩婚礼，可以和恋人一起去泰国旅游，然后举办一个浪漫的梦幻海滩婚礼，在烛光婚宴中，体会异国婚恋的浪漫和魅力。

在珠宝定制上，澳门不仅要发展专门为顾客提供珠宝设计的细分产业，而且要把珠宝设计、珠宝会展纳入婚庆产业，大力发展婚庆珠宝首饰业。澳门还可以借珠宝会展、亚洲世纪婚礼等已有的相关婚庆活动优势，持续发展与婚庆相关的会展和赛事，如婚纱艺术展、婚庆博览会、珠宝设计大赛等，利用澳门旅游业的优势，把婚庆珠宝业推广出去。

4. 澳门的婚庆产业要善于“嫁接整合”

一般来说，蜜月度假最短也为一周，而对澳门的旅游资源来说，很难达到一周的留人目的，澳门的婚庆产业不仅要在短线作战，而且还要擅长嫁接，借他人的嫁衣来做产业，以更好地留住新婚游客。

澳门婚庆产业要与电影业嫁接。

澳门要利用已有电影的名声来提供电影主题式婚礼、电影主题婚纱摄影、电影主题式蜜月。

在澳门拍摄的爱情电影如《游龙戏凤》、《伊莎贝拉》等都拥有非常好的口碑和市场，澳门要利用电影的优势来为婚庆产业注入浪漫元素。

澳门还要积极利用电影节的机遇，发展婚庆式或爱情式主题电影节。澳门还要善于将电影的艺术手法运用到婚礼服务、蜜月度假等领域，丰富婚庆产业。

澳门婚庆产业要与创意产业嫁接。

现代青年婚礼追求时尚化、个性化，创意婚礼已经影响着婚庆市场的走向。澳门婚庆产业要独树一帜，就要从婚庆产业的细节融入创意，在一些地方已经诞生了婚庆气球设计行业、婚庆花束设计行业，在婚礼现场布置、婚礼主题酒店设计、婚礼仪式、婚礼礼品等领域都可以融入创意。

澳门婚庆产业要与其他国家和地区的蜜月旅游线路合作。

澳门旅游资源有限，许多新人并不满足于在一个地方的婚纱摄影、蜜月旅行，混搭式蜜月旅行越来越普遍。澳门要与其他蜜月旅行线路共同合作，开发特色互补的旅游线路。

现在常见的旅游线路就是港澳游，除此之外，澳门可与葡语系国家、东南亚国家、日韩、中国内地等国展开特色蜜月婚庆旅行，如澳门—葡萄牙，澳门—泰国—新加坡等蜜月旅游线路，将澳门发展成中西新人蜜月旅行的必经之地，使澳门成为连接中西蜜月旅行的桥梁。

第二节　节庆澳门

近年来，节庆经济俨然成为追求经济发展和增长的一个新亮点。节庆，也不再是传统意义上的一种社会性活动了；它早已成为经济领域里的“骄子”，形成了一种被广泛认可和接受的新兴产业——节庆产业。由节庆产业催生的节庆经济给其所在地区带来的巨大的经济利益，使得越来越多的经济体开始进军这一产业。

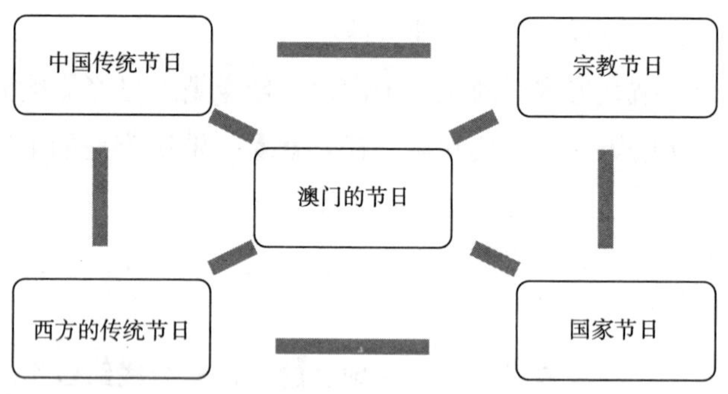

图 6－2　澳门法定公众节假日

当然，节庆产业中的节庆，并不仅仅指的是“节日”。按其性质，可以分为传统类节庆和商业类节庆。前者如春节、中秋节、圣诞节、情人节等；后者如电影节、艺术节、啤酒节、旅游节等。如果按照主题来分，可以分为：旅游类节庆、饮食类节庆、物产类节庆、经贸类节庆、民俗类节庆、运动赛事类节庆、花卉类节庆、文化艺术类节庆等。

可是，一个或者几个节庆的举办就能带动整个区域经济的发展吗？答案是毋庸置疑的！

第一，节庆活动可以强烈地刺激消费。以传统节庆来说，每到春节、圣诞节、情人节等节日到来的时候，都会有引爆人们的消费热潮，而那些商业节庆的开办则会吸引世界各地的旅客前来消费，就像前面提到的慕尼黑的啤酒节。

第二，节庆产业较容易与上下游之间形成一条完整的产业链。一个节庆活动的举办必定会带动其当地交通、通信、物流、餐饮、酒店、旅游、零售、购物、广告、娱乐等众多行业的经济增长，形成一条连接紧密、具有高经济附加值的产业链条。

第三，节庆产业可以形成当地的无形资源——品牌声誉资源。一项成功的节庆活动可以为当地起到良好的宣传作用，树立良好的形象，扩大其在社会上的知名度和影响力。

第四，节庆活动虽然是短期行为，但会为当地带来长期经济效应和利益。成功的节庆活动不仅在于举办期间为当地带来可观的经济收益，更重要的是通过它可以提高城市的知名度，树立正面形象，有利于长期的招商引资、吸引各类型消费群体。

而就澳门而言，发展节庆产业，有其得天独厚的条件：

第一，澳门传统节日众多，且兼具中西方特色。据澳门旅游局提供的资料表明，每年，澳门人可以享有 16 个公共假期，此外，还有其他节庆多达 50 多个。这些节庆活动都可以成为澳门大力开发的宝贵资源。

第二，澳门本身在国际上已经具有一定的知名度。这一身份有利于澳门打造国际性经典节庆盛世，反过来，这些国际性节庆活动的开办又可以帮助树立起澳门的新风貌和新形象。城市知名度和节庆活动之间可以达到相互促进、相互推动、共同发展的良性作用。

第三，旅客资源丰富。澳门每年能够迎来接近 3 千万的境外游客，他们的存在，构成了节庆经济庞大的消费群体和需求市场。

第四，澳门市场化程度高，经济开放自由。像其他产业一样，节庆产业的成功与否同样需要资本的支持和市场化的运作。澳门本身是一个经济发达的地区，经济政策宽松，有利于招商引资，有利于资本

·元旦 ·农历新年 ·苦难耶稣圣像出游2月16—17日 ·土地诞3月13日 ·复活节假期3月29—30日 ·清明节4月4日 ·北帝诞4月12日 ·劳动节5月1日 ·娘妈诞5月2日 ·第二十四届澳门艺术节 5月3日至6月2日 ·花地玛圣像巡游5月13日 ·佛诞节，醉龙节，谭公诞5月17日 ·国际博物馆日5月18日 ·第十三届澳门荷花节6月8—16日 ·2013澳门国际龙舟赛6月8、9、12日 ·端午节6月12日 ·哪吒诞6月25日 ·关帝诞7月31日 ·2013澳门世界女排大奖\赛8月2—4日 ·七姐诞8月13日 ·盂兰节8月20日 ·中秋节9月19日 ·中秋节翌日9月20日	·第二十届澳门国际烟花汇演9月14、19、21、28及10月1日 ·世界旅游日9月27日 ·中华人民共和国国庆节10月1日 ·中华人民共和国国庆翌日10月2日 ·第二十七届澳门国际音乐节 10月5日至11月3日 ·第十一届澳门妈祖文化旅游节 10月12—14日 ·重阳节10月13日 ·葡韵嘉年华10月25—27日 ·澳门国际格兰披治小型号赛车锦标赛10月 ·第十八届澳门国际贸易投资展览会10月 ·澳门高尔夫球公开赛10月 ·追思节11月2日 ·澳门城市艺穗节11月9—24日 ·第六十届澳门格兰披治大赛车 11月9—10、14—17日 ·澳门美食节11月 ·澳门国际马拉松 ·圣母无原罪瞻礼12月8日 ·澳门特别行政区成立纪念日12月20日 ·冬至12月22日 ·圣诞节假期12月24—25日

图6－3　澳门2013年公众假日及节庆

的有效分配和利用，这些优势条件为节庆产业的发展和节庆活动的开办提供了便利的融资管道和有力的资金支持。

当然，澳门在节庆产业的发展上也同样存在着一些不足和问题：

第一，节庆活动多而杂。过于分散，无重点、无层次、缺乏统一策划和管理，“各自为政”，可以说，目前在澳门只有节庆“活动”，而无节庆“产业”。这样的情况导致多数节庆活动只能是“小打小闹”、摆摆“花拳绣腿”而已，无法形成规模效应，带来应有的经济收益。

第二，没有形成具有代表性的品牌节庆活动。节庆产业最大的成功就在于能够树立一个国际性的品牌，使该品牌成为其举办城市的象征和代表，一提起这个节庆活动就能使人们想到这座城市。遗憾的是，澳门目前还没有这样的品牌节庆活动。

第三，传统类节庆在创造节庆经济中没有充分发挥应有的作用。

第四，宣传力度不足、民众参与度不高。

不管是何种类型、何种主题的节庆活动，其成功的一个关键因素就在于“人气”，有了“人气”才会有“声望”，才可能产生价值的增长，不然就无异于“街头卖艺”。

为此，我们建议：

澳门荷花节

第一，对于传统类节庆要“取其精华、弃其糟粕”。并不是所有的节日都可以拿来搞“节庆经济”的，也没有必要这样做，我们只要利用那些最有价值的节日来推动节庆经济即可。具体说来，在所有的传统类节庆中，我们认为具有发展价值的节日有：圣诞节、元旦、春节、端午节、中秋节、国庆节、五一节、情人节、苦难耶稣圣像出游日、花地玛圣像巡游日以及同一天举办的澳门三节（佛诞节、醉龙节、谭公节）。而且，这些具有发展价值的节日，根据其特点的不同，应该分为两类，且每一类采用的发展策略也不相同。

第一类节日有：圣诞节、元旦、春节、端午节、中秋节、国庆节、五一节、情人节等。

这一类节日的共同特点就是：都有公众假期（除情人节），并且同为“所有人”的节日，可谓是全民参与（参与度高、消费型节庆）。这一类节日主要以拉动消费为主，消费对象主要是以内地为主的入境旅客，方式主要是把节庆假期与吸引赴澳旅游消费结合起来。

第二类节日有：苦难耶稣圣像出游日、花地玛圣像巡游日以及同一天举办的澳门三节（佛诞节、醉龙节、谭公节）等。

这一类节日的共同特点就是：他们虽然没有公众假期，但它们是澳门特有的传统节日，民众会自发的举办庆祝活动（参与度低，但极富特色）。

其实在澳门像这样的特色节日还有很多，例如：土地诞、娘妈诞、关帝诞、七姐诞等。这些节日的价值就在于它富有澳门特色，并与人们的宗教风俗相关。这些节日应该由一个民间机构或政府部门进行统一策划、宣传和管理，将其与短期旅游相结合，推出“澳门民风民俗一日游”，还可以和澳门众多的教堂和寺庙相结合，推出“澳门教堂/寺庙一日游”吸引香客、摄影爱好者、自助游和以游览名胜古迹为目的的游客。

以寺庙为例，澳门有各路神仙，道佛相融、寺庙众多，尤其是三大古刹：妈祖阁、莲峰庙、观音堂（普济禅院）以及妈祖文化村，然而只有妈祖阁一处香火鼎盛、游客众多。这与赴澳旅游的线路安排有关，也与游客只知妈祖阁而不知其他有关，不如利用特色节日把这些寺庙整合起来，开辟一条特色旅游线路，以满足游客的需求。

第二，对于商业类节庆要“突出重点、造其声势”。

澳门每年举办的商业类节庆很多，这些节庆涉及文化艺术类节庆、饮食类节庆、民俗类节庆、运动赛事类节庆、花卉类节庆、旅游类节庆等几个不同的主题。这些节庆活动并不是越多越好，关键也还是要有几个或者一个“拔尖儿”的，也就是能够做成澳门品牌的节庆；然后再“以一带全”，利用这个品牌节庆带来的“声望”和“人气”去推动其他节庆活动的发展。

因此，根据这一策略，也可将目前的商业类节庆活动分为两类，采用不同策略来发展：

第一类有：澳门格兰披治大赛车、澳门艺术节、澳门国际烟花比赛汇演、澳门国际音乐节。

这几个节庆活动在澳门历时已久，在社会上甚至是国际上也已经具有一定的知名度了，我们认为它们具有发展成品牌节庆的“潜质”。尤其是澳门格兰披治大赛车已有58届的历史了，在今后的发展中要注重其赛事的新颖性、刺激性和权威性，把它打造成为世界级的赛车盛事。

第二类有：澳门国际马拉松比赛、澳门美食节、澳门国际龙舟赛、澳门葡韵嘉年华、澳门城市艺穗节、澳门荷花节。

这几个节庆活动目前稍微逊色，但并不表示它们不能够发展成品牌节庆，对于它们的对外宣传，我们有以下一些思考和建议：

澳门荷花节和澳门国际龙舟赛每年举办的日期与端午节相连，基本覆盖了六月的中下旬这段时间，这三个节庆可以整合为一个大的活动，对外宣传，“六月游澳门，观荷花、赛龙舟、过端午，节庆连连”。让游人感受到一个美丽欢快的澳门。

澳门美食节和格兰披治大赛车的举办时间也相近，最好是能有交叉，把美食与赛车结合起来宣传推广，让游客们“白天体验激情的速度，夜晚畅享味蕾的盛宴”。

澳门葡韵嘉年华也是非常有价值的节庆活动，它虽是针对葡语族群的节庆活动，但其参与物件不应仅限于澳门葡语族群，还是应当向外扩张，一是向海外邀请和吸引葡语国家和地区的旅客，将其办成全球葡语族群的一次顶级盛会；二是吸引非葡语族群的游客，让他们体验到葡韵十足的美食与风情。

澳门国际马拉松赛是澳门历史悠久的一项体育赛事，参赛国家和选手众多，因为它属于专业性强的体育赛事，因而其发展应朝着创办国际最权威的马拉松赛事这一目标发展——除了奥运金牌外，这便是马拉松选手最梦寐以求的奖项。

澳门城市艺穗节举办的时间涵盖了著名的格兰披治大赛车和澳门美食节，这一时间段游客众多，艺穗节应当以吸引这些游客参与其中为目标，游客和澳门市民一起亲身感受澳门特有的文化风貌，有助于重塑和宣传澳门城市形象。

第三，举办具有“澳门特色”的节庆活动。其中最重要的是借助“世界赌城”的特殊身份大做文章，创办与博彩相关的节庆活动。在这方面，澳门大有用武之地。

我认为利用“博彩”这个特色来搞节庆，最合适的形式就是做成竞技比赛类节庆。目前世界上最著名的“博彩节庆”当属拉斯维加斯自1970年就开始举办的“WSOP世界扑克系列赛”。澳门每年也会举办扑克比赛，如：MPC澳门杯扑克锦标赛、MPCC澳门杯扑克冠军赛等等，但创办时间较短。澳门需要思考的是如何超越，想要超越就要有所不同，有所创新。

我认为澳门举办“博彩节庆”可以不必局限于扑克比赛，我们是以“节庆”为主题，而比赛只是节庆的一项内容，澳门的“博彩节庆”要办得丰富多彩，要以娱乐性为主，广泛吸引参与者，并要让参与者感觉到他们玩儿的就是快乐。图6-4是对澳门开办“博彩节庆”构思的展示。

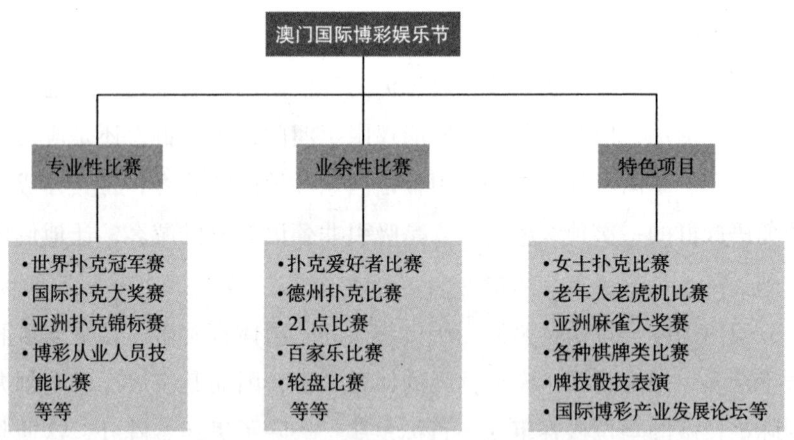

图6-4 澳门国际博彩娱乐节示意图

专业性比赛的特点是：为专业人士设计，奖金全球最高，增加刺激感；业余性比赛的特点是：为业余爱好者设计，赛事种类多，奖项多、奖额较低，赛程短，体现趣味性、娱乐性；特色项目的特点是：丰富博彩节庆的内容，增加娱乐性、开放性、提高参与度，举办论坛研究博彩业的问题与发展。

第四，把澳门所有的节庆活动都统一起来，形成一个“有机整体”，改变澳门只有节庆“活动”，而无节庆“产业”的现状。使每一个节庆活动都作为这一个“有机整体”的“一部分”而存在，并发挥出“1 +1 >2”的效用，把澳门打造成“节庆的世界、欢乐的海洋”。

节庆产业是一种“快乐产业”，它所带来的节庆经济更是一种“快乐经济”，有谁能抵挡得住“快乐”的魅力呢？对于这样一个炙手可热的产业来说，没有“做还是不做”的问题，我们需要认真思考的只有“如何做大做强”的问题。我们相信，一旦把节庆产业红红火火地做起来，它所带来的“看得见”的经济收益和“看不见”的无形价值是不可估量的，它将和其他文化产业一起，共同推动澳门经济的再一次腾飞！

第三节　养生澳门

养生是中国的传统，最早见于《庄子》内篇，养生，古称摄生、道生、保生等。生，还有对生命、生存、生长的保养、调养、补养之意。强调人类按照自然规律调理身心、养护生命、健康精神。在国外，养生（Wellness）一词产生于 1961 年，是由美国医师 Halberd Dunn 提出的，他将 wellbeing（幸福）和 fitness（健康）结合而成为 Wellness（养生）。[①] 可见，追寻个人幸福感，寻求健康的生活方式是

---

① Zimmer，Ben：Wellness，《纽约时报》2010 年 4 月 16 日。

养生的核心。

一、健康产业催生从 Face 到 Body 的养生经济

1. 养生经济兴起的大背景——健康产业的兴盛

很多迹象表明，健康产业将成为全球最大的新兴产业，21 世纪是注重养生、崇尚健康的时代。各国对国民健康的高度重视，为保健养生产业提供了前所未有的商机。

有公开统计资料显示，在美国，2002 年健康产业的收益已经达到了 2 千亿，是汽车产业的 1/2。[①] 人们越来越重视健康，在保健品方面的居民平均消费水平也不断增长。目前，在欧美国家中，健康产品的消费几乎占了总支出的 25% 以上，极大地带动了 GDP 的增长。[②] 而在中国，健康产业的规模也在扩大，据 2009 年美国《财富》杂志在对中国消费品市场调查后的结论，每年有高达 15000 亿市场份额的养生产业还将不断的增长。养生、健康、旅游、休闲是 21 世纪不可错过的行业。

2. 养生与旅游业的融合——健康旅游

近年来，健康旅游业在世界范围内一路凯歌。按照世界旅游组织的定义，健康旅游集合了医疗护理、疾病与健康、康复与修养，深受各个年龄层次人士的喜爱。

据公开统计资料，全世界每年健康旅游支出达到 1.9 万亿美元，日本、韩国因其在医疗、美容、健康上的优势，美容旅游在亚太地区颇具盛名。

---

① 景鸿：《中国养生产业的规模有多大?》，见 http://lyqk. jslib. org. cn:8080/template/default/DownLoad. aspx? TitleID = gren20110505。

② 刘浦泉：《中国健康产业规模达 1 万亿元》，见 http://news. xinhuanet. com/newscenter/2007-10/23/content_6928452. htm。

除了亚洲，欧洲的“健康旅游”也如火如荼。以德国为例，2010年德国国家旅游局的数据显示，15%前来德国的国外游客为健康而来。根据2010世界旅游监测结果显示，健康旅游者在德国人均花费124欧元每夜，明显超过普通度假者平均水平。[①] 健康保健已影响到度假地的选择：强身美体、健身训练与休闲度假结合是新的旅游动机。

3. 世界各国养生旅游的特色

目前，国际养生旅游业的发展已经初具规模，很多国家依据自己的特点发展成为著名的国际养生旅游目的地。如泰国崇尚美体养生，印度则以瑜伽冥想获得世人青睐，韩国主打美容养生牌，日本的温泉、中国的中医养生都名满天下；还有一些十分令人叫绝的养生如中东约旦的生殖养生与沙特的口腔养生，古巴的皮肤养生等都堪称一绝。

养生与旅游也逐渐取得了经济的一致，无论是欧洲、亚洲还是美洲，养生产业都开始向外发展，如奥地利以高山养生旅游打造世界顶级牌，深受游客喜爱。

随着养生旅游消费行为的成熟，人们对养生与自然、与人文的关系更加重视，对健康、对回归自然的渴望不断促进着养生旅游的前进。

4. 养生旅游的主要范畴及产业价值链

中西养生方式各有不同，中式主张内在生命的深度，激发内潜生命力。西式重视幸福感和健康的生活方式。综合来看，养生旅游可以涵盖八个主要范畴，如表6－1所示：

---

① 韵竹：《养生游：让身心回归自然》，见人民网：http://house.people.com.cn/GB/193634/193637/15945627.html。

表6－1　养生旅游的主要内容

分类	旅游者动机	代表性的场所/活动
居住养生	休闲享受	度假村
游乐养生	享乐体验	节庆
医疗养生	医疗保健	医院诊所
美食养生	食疗食补	餐厅、酒店
文化养生	体验文化、静修心灵	异域文化、静修所
生理美容养生	美容美体身体保健	美容会所/水疗、按摩、瑜伽
运动养生	陶冶情趣	垂钓、网球、中华武术等
生态养生	生态观光游乐	森林沐浴、生态阳光浴

养生旅游对交通运输、景点旅游、餐饮、医药、运动器械等行业都有具有带动和辐射效应，如图6－5所示：

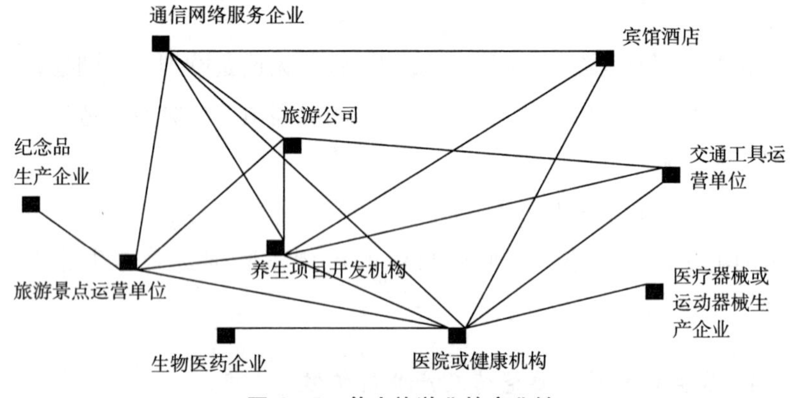

图6－5　养生旅游业的产业链

地方根据自身的特点而又可以形成自身的养生旅游特色和养生价值链。如奥地利阿尔卑斯山养生旅游产品就把养生与滑雪运动、山地自行车运动、散步等体育养生项目整合起来，按照不同旅游的需求，提供综合养生服务包。[①]

① 王燕：《国内外养生旅游基础理论的比较》，《技术经济与管理研究》2008年第3期。

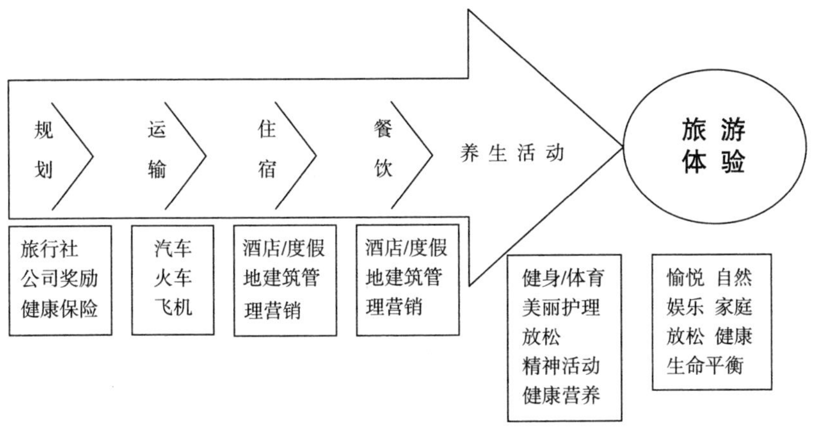

图6－6　阿尔卑斯山养生旅游价值链

数据来源：王燕：《中国养生旅游探索性研究》，北京第二外国语学校硕士论文。

又如，日本民族崇尚长寿养生，主要是从饮食和精神上注意，加之体育锻炼，日本环境绿化好，医疗保健完备，通常都能够长寿。日本长崎的养生旅游就将膳食、温泉、医疗、运动、赏花、游乐等活动结合在一起，形成了独具特色的养生文化旅游。

二、澳门发展养生文化休闲旅游的优势

一般来说，养生旅游者对旅游地自然生态环境的敏感性极强，适宜的自然生态环境、配套的养生设施是养生旅游地发展的硬件要求，丰富的旅游资源、独具特色的养生项目是养生旅游的软件要求。在此方面澳门占据天时、地利、人文优势。

1. 天时：适宜的养生温度，优美的自然环境

澳门气候十分适宜人居住，气温不高不低，在20℃左右，温差变化不大，湿度较高，约73%—90%，全年降水量在1016—2032mm之间。澳门属亚热带海洋季风性气候，四季阳光明媚，气候宜人。2009年《澳门经济社会发展报告（2010—2011年）》公布资料，澳门人均

平均寿命更分别攀升至82.4岁，在亚洲仅次于世界第一的日本83岁，是名副其实的长寿之城。[①]

澳门三面环海，无重工业，天蓝云白，空气清新无比，加之路凼环境幽静，山峦起伏，树木繁茂，公园较多，山风清新。澳门是华南地区日照时数和太阳能资源较多的地区之一，太阳辐射尤其紫外线含量充沛，有助于钙、磷代谢和机体免疫力的提高，清新的海风，可镇定情绪，预防哮喘发作，还能改善肺的换气功能，正是清新的自然环境与洁净空气令当地居民尽享健康与长寿。[②]

2. 地利：良好的养生配套资源

澳门一直重视发展休闲旅游业、中医产业、体育产业，对于养生旅游来说具备了较好的配套资源。

（1）度假资源

澳门博彩业在呼唤转型以来，参照拉斯维加斯的经验，从以往的单一赌场经济发展成综合旅游度假村经济。永利、威尼斯人、金沙、新濠天地等度假村不仅为大量游客提供了各具异域风情的度假环境，还开发了丰富的养生项目如居住养生、生理美容、美食养生、运动养生等，为游客增加了养生内涵。

（2）中医药资源

澳门当地崇尚中医，有200多个中医诊所、近400个西医诊所，中药店更是随处可见，中医诊疗服务+中药材中成药+广式养生饮食，已经形成了富有澳门特色的中医药发展和服务模式。拜祭“药王”神农（每年农历四月廿八日）的传统，在这里也广为流传。澳门市政府大力发展中医药产业，据不完全统计，澳门中药店所售的药材约有1000多种。[③] 澳门人日常生活最喜欢中药保健饮品、食品，传统

① 叶子：《澳门居民综合生活素质不断提升　平均寿命升至82.4》，见 http://news.china.com.cn/local/2011-03/29/content_22248085.htm。

② 蓝建中：《日本平均寿命83岁保持世界第一》，见 http://www.hljradio.com/folder1/folder1459/folder1494/2011/05/2011-05-1652838.html。

③ 徐雪莉：《回归十年：澳门中医药事业发展提速》，《中国中医药报》2009年12月18日。

中医中药在澳门已根植民心。

（3）康体运动资源

以美容、美体为健康诉求或放松修身的养生，是康体运动养生旅游链的必要环节，是养生旅游项目开发和景区规划的关键因子。澳门康体运动形式多样，由来已久，深受民间欢迎。澳门一年中赛事不断，另外，澳门人对武术、竞技等传统养生运动也情有独钟。除此之外，澳门的各种康体运动场所超过500个，世界乒乓球赛、澳门国际马拉松、世界沙滩排球赛、国际龙舟赛、东亚运动会都给澳门留下了大量的康体资源和国际声誉。

3. 人文：独特的文化资源

除了天时地利优势之外，澳门还具有独特的历史文化资源，可以开发成文化养生资源。

（1）异国情调

澳门四百多年来形成了中华文化为主、兼蓄葡萄牙等多国文化的特色，建筑、度假村、饮食、宗教的多元化在澳门充分表现，如大三巴牌坊是东西方建筑的对话，更是东西方宗教互相包容的见证。

（2）公共文化服务资源

澳门公共文化服务资源丰富，公共图书馆、阅报书亭遍布各区，面向社会开放，中央图书馆总馆、民政总署大楼图书馆、何东图书馆等都是环境优美、历史悠久的图书馆。

（3）文化艺术资源

澳门充满了艺术气氛，每年大小艺术展览、音乐表演项目不断。岗顶剧院、玫瑰堂经常充满悦耳乐声，澳门国际音乐节、澳门电影节、视觉艺术展、图片摄影展等已颇具知名度，博彩度假村提供的世界顶级表演汇聚了世界一流的表演艺术。

三、澳门养生文化休闲旅游发展的对策

澳门具备了发展养生文化旅游软硬件条件，相对于广东、香港、

新加坡等周边地区和国家，澳门养生文化旅游应当突出自己的特色，做养生界的LV，在养生旅游发展中，澳门可采用联合国模式，为高质量的游客提供皇家式奢华尊贵的养生体验，打造复合型高端养生文化产业。

1. 澳门要发展“三业合一”的特色养生文化休闲旅游

“三业”是指三大产业：休闲旅游产业、健康产业、文化产业。

澳门的养生文化休闲旅游业应当是在三者基础上发展起来，以文化为灵魂的健康休闲旅游。如图6－7所示。澳门每年有2千4百多万游客，其中旅游目的为度假的比重大约占到62%，澳门养生文化休闲旅游产业要借休闲旅游的舞台长袖善舞，而这只长袖就是养生文化。

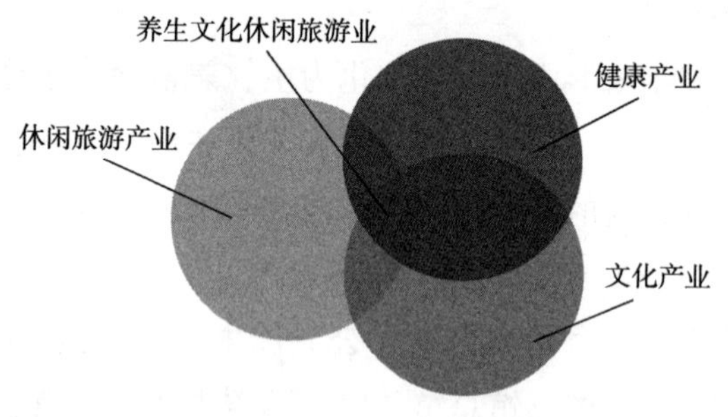

图6－7　澳门养生文化休闲旅游业的构成

因此养生澳门要以文化为点睛之笔，发掘养生文化之美、文化之神。

2. 澳门可打造五种资源型养生文化

（1）海洋资源型养生文化

依托海岸区域和相关配套，开发各种形式的旅游活动，如探险、观光、娱乐、运动、疗养等，来享受阳光、沙滩、海水和新鲜空气等大自然的赐予；通过与大海互动，如品海鲜、海底潜水、凭水畅游、海上冲浪等体验海洋风情，释放自我，开阔心灵。

全世界旅游外汇收入排名前25位的国家和地区中，沿海的国家和地区有23个，这些国家和地区的旅游总收入占到全世界的近70%。[①]

澳门可以依托黑沙滩、渔人码头等沿海岸开发与海洋项目相关的休闲养生项目如沙滩排球、沙滩足球、沙滩摩托车、泥疗、阳光浴场、休闲潜水、快艇、滑水、帆板、皮筏艇、摩托艇冲浪、海上跳伞、海上垂钓、沙雕、水下观光、海底旅馆海上拓展训练、冲浪、帆船、动力三角翼等基于沙滩、海水、海空的一系列活动。

（2）人工资源型养生文化

人工资源型，一种人造的养生环境。一般来说，属于将主题游乐园、商业游憩区、附属游憩区交错混合类型，以服务和主题塑造取胜，是被动式与主动式结合的娱乐体验。澳门在人工资源型养生文化领域得天独厚，新濠天地、米高梅、威尼斯人、银河等各具特色的不同度假村是最优良的养生地。

依托度假村资源，澳门可以整合中西医药资源、康体资源和文化资源的特色，开发中医药养生项目如喝药茶、洗药浴、品药膳、享中医保健（针灸、按摩、推拿、刮痧）、做中医药美容等；

开发西方养生项目如“SPA”，提供“水疗”、“泥疗”、“光疗”、“石疗”、“音乐疗法”、“芳香疗法”、“按摩疗法”、“花草茶”、“SPA餐”等养生保健方法；

开发适合于度假养生需要的传统运动如太极、垂钓、休闲漫步、武术等项目；

开发适合静养心灵的瑜伽、冥想、心灵游戏等养生项目；开发养生主题型酒店，以不同的主题和建筑特色来营造特定的文化氛围。

（3）山林资源型养生文化

依托山林的自然风光和文化资源优势，开发山林养生项目。

---

① 闫丹：《旅游业战略规划分析系统开发及在上海的应用》，华东师范大学2007年优秀硕士论文。

澳门多山的文化景观，如石排湾、大潭山、东望洋山、西望洋山、松山、白鸽巢山等山虽不高，但是空气清新、极目远眺，海天风景尽收眼底。澳门可利用山、海、人文的优势，来开发与山林相关的养生项目，如山野空气浴、山野餐饮、山野运动、踏青、绘画、山野疗养、山野康复等项目，配合海洋、人工度假旅游资源等，开发海、山、人一体的养生旅游度假项目。

（4）高尔夫资源型养生文化

高尔夫不仅可以全面的锻炼身体，还可以与自然更真实地互动，呼吸新鲜空气，调节身体状况。近些年，高尔夫需求不断增加，高尔夫运动和旅游活动相结合产生了一种高端的运动旅游形态，也是健康旅游的一种。度假旅游、打高尔夫已经成为全球流行的时尚之一。澳门拥有两个优秀的高尔夫球会：澳门恺撒高尔夫球会和澳门高尔夫乡村俱乐部，澳门可以利用高尔夫球场的优势与度假旅游项目联合开发高尔夫为主题的养生项目，如高尔夫运动休闲培训、高尔夫竞赛等项目

（5）文化资源型养生文化

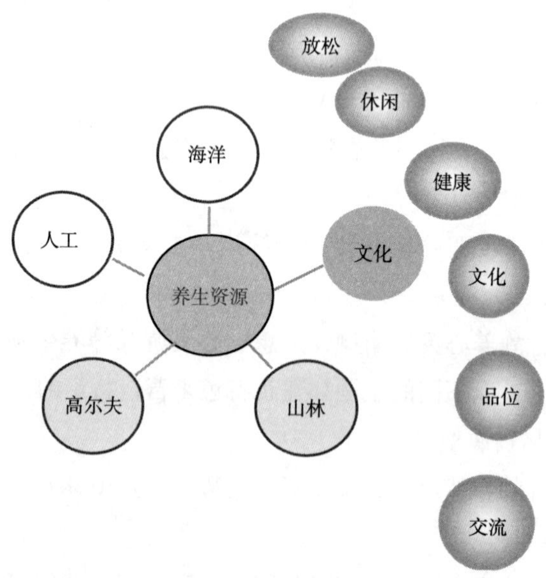

图6-8　澳门的五种资源型养生文化

养生可包括身、心、命、德等层面，澳门独特的中西共融的文化风貌对于来澳门的游客来说，可以进行一次养心、养德层面的养生旅行。澳门可以利用保存完好的建筑景观、便利的公共文化服务、四处飘歌的教堂以及每周都有的音乐、摄影、美术展览和活动结合儒、释、道、基督等文化精神，开发和谐文化养生之旅，如教堂之旅、音乐之旅、摄影之旅、国学养生之旅，涤荡身心，滋养心灵。

3. 养生澳门之定位：皇家式奢华尊贵的养生文化体验

在全球养生经济大热的背景下，澳门发展养生文化休闲旅游必须要找到自身独特的市场定位。与周边城市和国家相比，澳门地少人多，山、海等自然资源难以与香港、新加坡、广东等地媲美，因此澳门的养生文化休闲旅游应当是小而精的，是走高、精、尖路线，以服务取胜的。澳门养生文化休闲旅游要做养生休闲旅游中的 LV，是皇家式奢华尊贵型养生文化体验，澳门要荟萃世界养生精华，为游客提供顶级的、奢华尊贵享受的多元化养生服务。

总的来说，澳门养生文化休闲旅游是由休闲旅游产业＋健康产业＋文化产业→形成多元产业集群→构筑的复合型高端养生文化产业，它的业态构成为：以度假型消费为龙头，集合山林养生＋文化旅游＋海洋休闲＋高尔夫运动＋商业服务＋保健＋健康管理＋文化等业态。

4. 养生澳门之发展方式：“联合国模式”

澳门自古以来就扮演着视窗和平台的作用，澳门本地具有浓郁的养生传统，但是要满足来自全世界游客的高端养生需求，澳门需要在多方面采用“联合国模式”。

（1）养生文化的“联合国模式”。将世界各国最经典高端的养生文化移植到澳门，荟萃世界各国异域养生体验，凸显皇家式尊贵享受。

（2）养生旅游服务的“联合国模式”。游客的喜好通常很复杂，不仅有精神娱乐的需要，还有医疗服务、个人旅游经历和需要当地的文化和风土人情体验的需要，澳门要善于整合多种养生旅游服务，开辟不同养生服务组合。

（3）养生旅游项目的“联合国模式”。要全方位地增加游客养生文化体验，澳门的博彩旅游企业之间需要整合资源，协同作战，共同开发养生旅游市场。

5. 养生澳门之供给链：“候鸟式”养生循环供应链

养生旅游具有“季节延长效应”，能增加游客旅程的深入程度，延伸相关的旅游地，并具有“回头客”的特点。澳门发展养生文化休闲旅游实际上是以度假型的“候鸟式”养生回头客为主，因此特别要重视“候鸟式”养生市场开发。

所谓“候鸟式养生”，就是像候鸟一样生活，随着气候、季节、心情改变生活方式，换一种活法。

如果把以澳门为中心画一个旅游圈来看，可按航空旅游行程，分为 1 小时圈、2 小时圈和 3 小时圈。这三个圈层是离澳门最近的，也是养生旅游最主要的游客群，涵盖中国香港、中国台湾、中国内地、日本、新加坡、泰国、马来西亚等地区和国家，它们作为“候鸟式”养生回头客的几率最大。因此在养生文化休闲旅游市场上要针对不同的旅游圈层供给不同的养生项目。

1 小时圈由于地理位置比较接近，交通便利，最适宜的是自然资

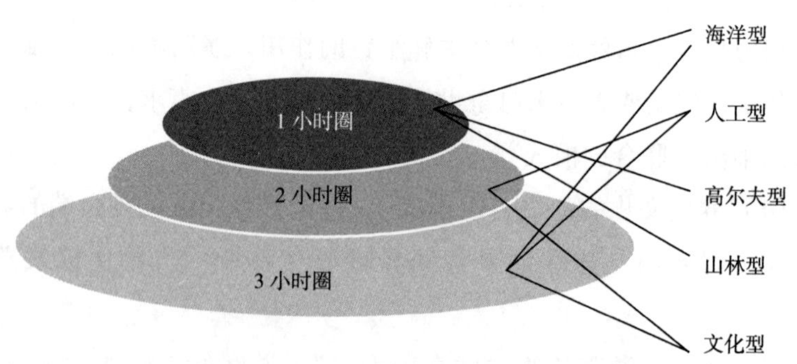

图 6－9　澳门不同旅游圈层的养生资源需求类型

源的养生项目，如山林、海洋、高尔夫等养生资源项目；2 小时圈最适宜人工资源、文化资源；3 小时圈最适合发展异域风情，异域文化体验型的综合养生项目。

随着人们经济水平的提高，生活质量与经济质量开始挂钩，而随着工作与休闲越来越交叉，旅游越来越短，人们对养生度假的需求越来越实际，养生也成为一种刚性需求。将养生与博彩、旅游、休闲、文化相结合，遵循并满足养生市场各种动机和需求，养生文化休闲旅游业将为澳门迎来养生经济的引力场。

第四节　功夫澳门

一、打造功夫澳门，应该成为澳门文化产业的一大特色

作为曾经的殖民地和世界知名赌城，今天的区域性博彩中心，未来的“世界旅游休闲中心”，如今身处在赌权开放、中西文化与经济碰撞共融的生态环境中，怎样才能确保自身脱离由土地殖民变成经济和文化殖民的命运，是摆在澳门面前的一个不可回避的课题。

从历史看，四百多年中西文化的交融荟萃，展示了中华传统文化包容发展的基因活力，也奠定了澳门坚实深厚的文化底蕴，这给澳门发展文化创意产业积淀了历史潜能。如今，在孔子学院向全世界推广中华传统文化之际，澳门应承担什么角色？我们认为，澳门也应积极参与和承担起中华民族传统文化复兴的历史使命。

从现实看，澳门回归以来，经济发展，民生改善，社会繁荣，但博彩业“一业独大”导致了产业结构的失衡，给澳门的可持续发展带来隐忧。2011 年 3 月全国“两会”通过的国家“十二五”发展规划，

明确了澳门“建设世界旅游休闲中心”和“经济适度多元发展”的定位，并要求澳门发展文化创意等产业。可以说，打造澳门文化创意产业，不仅契合国家振兴民族文化产业的战略方向，也符合澳门的发展定位，是澳门产业适度多元发展的重要路径。

澳门文化创意产业首先是民族文化建设的产业。推动中华民族传统文化建设应是澳门和国家的共同战略！

2008 年北京奥运会让中国的国家形象和综合实力享誉海内外。中国已无可置疑地成为体育大国，但仍不是体育强国。在 29 个奥运会项目中还没有中华武术的身影，中华武术入澳和发展民族文化产业成为国家战略。弘扬和传承中华武术文化，不但需要奥运平台，更需要像 NBA 这样的国际化产业品牌，需要一个可长期持续的国际推广平台和产业化模式。四年一届的“奥运会”我们决定不了，但当奖金达到千万元以上时每月一次的“东方擂台”，将使全世界勇士都争先恐后，全球体育界的目光都将聚焦澳门。澳门对民族文化的传播力才可能是澳门真正的价值。“文韬武略”、“文治武功”是中华传统文化的精髓之一。“澳门中华武术文化产业园”就是要打造一个以澳门为平台的“民族精髓”的聚焦点、武术文化的传播园。

澳门面积小，人口少，土地资源和人力资源紧缺，所以澳门的发展离不开内地特别是珠海的支持。近年来横琴新区的规划和开发建设，将使横琴岛这座未开垦的处女地成为促进澳门旅游休闲中心建设，促进澳门文化创意产业发展的主战场。

打造“澳门中华武术文化产业园”就是要紧紧抓住澳门经济转型、横琴新区开发和国家发展文化创意产业的战略机遇，在横琴澳门文化创意区建设世界独一无二的中华武术文化产业园，以微电影、声光电等高科技手段诠释中华传统武术之源远流长和各门各派武功之神韵与风采，以身临其境的方式体验武侠世界的神奇感受，以“形而下”的武艺展示和“形而上”的哲理提升让受众感知中华武术文化之博大精深，使“中华武术文化产业园”成为老少咸宜的“武侠梦工厂”、具有可复制模式的中国版“迪士尼”。

它不仅是一个旅游休闲项目，更是一个文化传播项目，而且具有可上下延伸的产业链条，往上连着文化艺术演出和影视产品制作，往下连着文化衍生品开发销售。

它是一个高集成度的民族文化生产传播基地，在弘扬武术文化的同时生产武术衍生品，将武术文化与其他民族文化产业融会贯通，形成一条新的武术生存链，并通过电影、电视大众传媒弘扬于世界，使中华武术早日成为奥运项目，并使武术文化“性命双修、体用兼备”的东方价值理念成为世界休闲运动主流思想。

它将以成熟的可复制的商业模式推广，形成与孔子学院相辅相成的中华民族文化传播新平台，实现“铸造民族传统文化新形态，探索武术文化产业新模式，实现民族文化输出新途径”三大目标。

此构想契合澳门国际旅游休闲中心的发展定位和文化创意产业的发展方向。澳门需要有世界影响力的文化品牌，中华传统文化的传承创新需要澳门元素，需要发挥“一国两制”的澳门在两岸四地乃至大中华文化圈中的独特地位作用。

创新的传统文化更具有凝聚力，它一定能够成为澳门文化创意产业吸引国内外游客的一大新亮点，成为澳门这个世界旅游休闲中心奉献给世界人民的文化享受新品牌。

基于影视产业链平台与武术竞技平台的“CIC 国际文化产业园区”正是基于这样的考虑应运而生。

微电影作为影视文化创新产业，有着传统电影行业的完整制作体系，其行业终端的地位将带动几十个产业的发展与繁荣。同时，由于影视艺术的多样性与包容性，微电影产业能够承载更多的主题与内容，如城市主题、大学生主题、环保主题、创意主题、体育主题、旅游主题等等，而这些主题又可以各自衍生出数目繁多的分项主题。这样的支柱产业，其发展空间与带动作用几乎是无限的。

微电影拍摄基地规划以中国古代、民国期间最具代表性的街景与建筑为影视拍摄提供场景，同时在产业园内完成有关影视制作与版权交易的一系列工作。并通过影视产品的传播，以及一系列的市场化操作宣传，展示拍摄基地与澳门的独特魅力，为澳门提供极具吸引力的旅游景点，完整的产业链平台亦将吸纳多个行业的企业入驻，增加数万的就业岗位，为澳门的多元化发展提供有力的基础保障。

而武术竞技类活动将基于国内体育院校、武术学校、武术爱好者以及“文化大发展、大繁荣”的国策，立足澳门，辐射华语地区，有利于通过高端赛事整合内地的政府资源与民间资本，通过中国人共同的武术情节连接全球华语人群的情感与关注，并以现场竞技的形式吸引各地旅游人群，带动产业园区的旅游事业。

二、发展目标

我们建议，紧紧抓住澳门经济转型、横琴经济新区开发和大力发展文化创意产业等机遇，在横琴澳门文化创意区创建世界独一无二的中华武术文化视窗，以高科技技术诠释中国古典建筑特色和中华传统武术各流派之神韵与风采，实现“铸造民族传统文化新形态，探索武术文化产业新模式，实现民族文化输出澳门平台”三大目标。

澳门需要有世界影响力的文化品牌，此构想契合澳门国际旅游休闲中心的发展定位，一定能够成为澳门文创吸引国内外游客的一大新亮点，使横琴“中华武术文化主题公园”成为传播民族传统文化（非物质文化遗产）新版“大三巴”。

三、竞争优势

目前“中华武术文化主题公园”为国内外空白，故尚无竞争对手。

“中华武术文化主题公园”旨在发挥澳门特区的体制优势、经济优势和地理优势，打造旅游品牌，弘扬、传播民族文化，实现国家文化输出战略。“中华武术文化主题公园”定位为“民族项目，澳门品牌，国际市场”，是一个融博物馆、体验馆和高科技文化展演馆“三馆合一”，社会效益与经济效益并重的武术文化创意园，具有如下特点：

博物馆特色。中国武术有 129 个拳种，为每一个拳种建立一个展示体系，包括历史渊源、地域分布、传承谱系、技艺特点、价值体系及发展现状等，构建以拳种为主题的武术博物馆。同时陈列从古到今各拳种、各门派代表武器、创始人塑像及各种武术文化产品。

高科技展演馆。用声、光、电、气等高科技手段，从听觉、视觉、触觉、嗅觉等角度营造真实又迷幻的效果，使游客对中华武术的刀、枪、棍、剑、拳等十八般武艺有身临其境的体认。观众可以看到形意、八卦、少林、武当等各门派功夫，还可以见识到关羽、岳飞、李逵、霍元甲、李小龙等古今武道英雄跨时空的民族文化精神展演。

体验培训馆。通过设计生动有趣的武术竞赛与培训项目，让游客和武术爱好者亲身感受中华武术文化，体验并学习中华武术。

有此三大特点，“中华武术文化主题公园”可成为与时俱进的南中国版“少林寺”，引领武术文化产业发展，同时将成为全世界独一无二的高科技武术文化创意娱乐项目，是澳门文化与旅游互助的产业范式，产生巨大的社会效益和经济效益。

四、意义

1. 符合国家文化发展战略布局

中华武术是中华民族传统文化的重要组成部分，发源于远古时期的中华民族的生存斗争，发展于奴隶和封建社会的军事斗争和古代通过武举选拔人才的制度，最终使中华武术成为中国古代社会文化的重要组成部分，其意义不只体现在战争和体育竞技范畴，而且体现在社会政治、经济和文化等各个方面，是中华民族优秀文化遗产的代表。

今天，重申传统中华武术文化的重要性，把其纳入中华民族文化的体系中考虑它的传承和发展，是国家文化发展战略布局中的主要组成部分，也是增强民族自我认同和文化自觉的重要举措。在科技高度发展的今天，我们有必要思考选择恰当的载体和手段来传承和传播中华武术文化。

中华武术文化是经过千百年来无数的武林先贤通过修炼、表达、提炼发展起来的，融拳种、搏击、功法为一体，是中国传统文化的杰出代表。本项目旨在围绕国家文化发展战略，建构中华武术文化传承与传播平台，展示中华传统武术所蕴含的“性命双修、体用兼备”的民族价值观念，同时挖掘传统武术文化的经济价值，结合现代文化创意产业的运作使其能够可持续发展，塑造中华民族武术文化新形态和武术文化人才新风范。

2. 有助于澳门实现世界旅游休闲中心的发展定位和文化内核

发展功夫澳门，将促进传统武术文化产业化发展，势将带动旅游业、影视动漫和互联网业、会展业、视觉艺术设计、服装设计与制造、保险业等关联产业发展，形成较为完整的文化产业链，有助于澳门经济多元化发展，有利于澳门实现国际旅游休闲中心的发展定位。

3. 有助于深化澳门与国际内地的联系

十年来，澳门依赖内地客源，发展为全世界最大博彩业之都。但在大众传媒方面，澳门与内地国际联系之纽带甚为缺乏。通过“中华武术主题公园”和“文武中国·东方擂台”电视栏目规划方案之实施，可长期发挥澳门与内地及国际的文化交流和资源互补，从而建立新型合作关系，并促进澳门文化形象转型发展。

五、具体设想

“中华武术文化主题公园”可设立在横琴新区。

“中华武术文化主题公园”以中华武术为主体内容，是世界功夫之窗。

“中华武术文化主题公园”集功夫影视城、多功能实景武艺表演、高科技中华武术各流派文化丰碑展示，武术历史博物馆、武术体验馆、武术文化产业研究院、动漫武术衍生文化创作、国际传统武术培训、国际大型武术比赛、酒店住宿、武术养生餐饮为一体的高科技武术文化休闲娱乐园。

“中华武术文化主题公园”的一期工程，可以优先考虑：

1. 游乐武园

以与武术相关的名著和经典武侠意象为蓝图，结合场地的客观情况，有选择地建设诸如“水泊梁山”、“少林寺”、“武当山”、“桃花岛”、“龙门客栈”、“景阳冈”等具有代表性的景观，使游客犹如穿越于古代时空，置身于梦寐以求的武侠世界。将太极、两仪、五行、八卦等哲学理念纳入场地规划，展示中国不同武术、重现经典武术作品中的经典场景，让游客身临其境，感受中国武术的博大、深邃、美丽、迷人，给游客一种置身其中的梦想世界。

2. 梦幻武台

即多功能实景武艺表演。用高科技的舞台形式，让东方擂台国际对抗赛成为国际格斗类运动的顶级舞台，以中华武学为主体的民族传统文化的整合，是国内武学人才的选择平台和国际双边和多边对抗的交流平台。多体多元：搏击市场国际化、搏击形式多元化、传统武术文化展示与搏击实战一体化（打、养、练结合）民族特色；体育娱乐化、舞台艺术化，使整个演出更加有艺术性、刺激性、文化性、观赏性。建立联合美国、澳大利亚、日本、韩国、泰国、巴西的六个赛区，作为东方擂台的国际联盟。国内利用金字塔的体系实现人才的选拔和整合。

3. 唯美武境

即功夫影城。以高科技技术诠释中国古典建筑特色和中华传统武术各流派之神韵与风采，用声、光、电、气等技术从听觉、视觉、触觉、嗅觉等角度营造真实又迷幻的效果，使游客对中华武术的刀、枪、棍、剑、拳等十八般武艺有身临其境的体认。观众可以看到形意、八卦少林，武当等各门派功夫，还可以见识到关羽、岳飞、李逵、霍元甲、李小龙等古今武道英雄进行跨时空的民族文化提炼展演。

4. 锻造武“圣”

构建武术人才输送平台：对优秀的武功选手构建人才交流平台，充分发挥毗邻香港亚洲影视之都的作用及澳门影视传媒协会的资源，把选拔的人才推荐到影视行业，并建立一个全国性的影视人才数据库。开发经纪人业务，以“文武中国东方擂台”电视栏目选秀汇集人才和文化资源。与该批人才签约，为该批人才推介经纪业务，同时通过与香港及欧美影视公司达合作，输送影视公司需要的人才。

5. 康乐武练

武术各门派练功方法及效果体验，武术功法游艺园。游客可以亲身体验考武举过关斩将的过程，以及梅花桩、飞檐走壁等奇妙的感觉。

6. 辉煌武博

建立武术文化历史博物馆。收集、陈列不同历史时期的武术兵器和武术功力训练器械，并按照历史发展脉络及兵器演变过程展现。在武术博物馆里，设立高科技中华武术各流派文化丰碑展示，对中华武术 129 个拳种进行地域梳理、历史渊源、技术体系、理论体系、传承脉络以及现代各地方发展的人才概况，以电子荧幕的形式树立丰碑。对有明确创始人的拳种及重要的代表人物进行塑像，成为武术信众的瞻观历史的圣地。对于对武术文化发展有贡献的历史人物雕塑中华武林英雄长廊。

“中华武术文化主题公园”的二期工程，可以优先考虑：

（一）武术文化传播营销基地

1. 武术文化长廊：（高科技丰碑展示 PPT 版）

武术文化寻宗、武林源头（宗师雕像）、流派渊源、历朝历代文韬武略与文治武功、武林外史、医道神功、兵器博览、奇门遁甲、历代武侠小说展示、历代武侠小说代表性人物简介、武林英雄塑像。

2. 每日专场演出：不同武术团队

3. 东方擂台：每月一次擂台竞技，设定奖项，整个过程上电视频道（目的是选拔人才，推介人才，充实人才库）

4. 承办大型武术赛事

5. 武术艺术团国际巡演

（二）武侠影视拍摄基地

1. 武侠片外景地

“水泊梁山”、“少林寺”、“武当山”、“桃花岛”、“龙门客栈”、“景阳冈”

2. 功夫影视馆

著名武侠电影、电视剧精华版（微电影播放）

各流派武功精华展示（微电影版）

武术体验馆

（三）中华武术国际培训基地

1. 中华武术国际学院（学历教育、短期培训）

2. 中华武术产业研究院

3. 体验式培训

（四）中华武术文化产品研发生产基地

1. 武术文化动漫产品

2. 武术文化卡通人物产品

3. 武术器械开发

4. 武术养生研发

5. 武侠梦个人 VCD 制作

（五）配套服务区

1. 酒店

2. 特色餐饮一条街

第五节　圣地澳门

一、圣地澳门的城市品牌

澳门的硬实力一直经受着不同层面的考验，在这块寸土寸金的小岛上，市场规模狭小，内在经济和产业结构发展不均衡。单靠比拼经济、科技、能源等硬实力去驱动其经济增长的方式，会令其最终陷入困局。

同时，澳门占据珠江“经济三角”顶点，毗邻香港，以“博彩”作为吸引力，开创了澳门的1.0时代。

博彩为澳门带来了世界瞩目的机会，但是它只是一个吸引物，我们需要协力为澳门找到新的生产力，而不是单纯的吸引力，即为澳门确立一条立足于其得天独厚的优势资源而延伸的品牌生产线，形成规模经济，让其成为弥补澳门硬实力和博彩单一化的强心剂。因而我们将这一经济增长力锁定于充分并全力挖掘澳门的“非博彩”资源，将本澳深厚的文化、历史、宗教等旅游元素发挥到极致。

为此，要对澳门进行“高概念”的城市营销，释放“高感性”的城市基因。

城市位居人类文明的峰顶，被喻为公民权利的诞生地。澳门文化流动着浓厚的东西方文明色彩，而现代城市综合竞争力比拼的一个重要指标就是一个城市文化内涵的丰富性。澳门文化葆有的相对多样性，不仅让华洋礼俗互渗，同时中西宗教信仰的并存，彰显了其对人类生存的终极关怀，也使得传统中国文化的继承较内地更为完整而深厚。

澳门中西宗教的共生共荣，淋漓尽致地体现了这座城市的开放与包容。由此，我们可以借势澳门给人的东西文化交融的印象，极力演绎一个新的城市故事，全力开启澳门的宗教城市品牌印象。

具体设想是：利用澳门的文化软实力，整合宗教资源，将其打造成澳门经济增长的巧强力，让“圣地澳门”深深吸引人，挽留人，并影响世界。

二、“圣地澳门”城市品牌战略

1. 从世界宗教格局看澳门

对宗教的信仰与仪式的遵从，是人类调整自身行为，寄托个人情感的一种表现方式。现代的许多主权国家，公民都享有宗教信仰的自由。据权威统计（《大英百科全书》），自 1999 年起预估至 2050 年，世界主要的五大宗教信徒，来自不同教区的基督教徒、信奉伊斯兰教的穆斯林教徒、印度教徒、佛教徒和犹太教徒将在未来成倍数增长，覆盖全球区域。

宗教的发展一直伴随着各种文化的发展，它从不同的文化中吸取多种营养。古往今来布道者的传教和信徒者的朝圣都是通过巡游四海，而撒播教义，追寻神义。旅游，天然就是宗教传播的方式之一，也是宗教发展的生命线。旅游本是一次“神圣的旅程”，任何现代科技都无法替代亲自去感受宗教场所带来的独特体验。

在澳门发展宗教旅游，不是单纯发挥“宗教搭台，经济唱戏”的水平，而是力求向全球展示澳门独一无二的人文内涵，兼顾经济效益、社会效益和生态效益，将圣地澳门这个城市品牌推向世界舞台。澳门，不仅是海上丝绸之路的中转站，是中西文化交流的第一次视窗，更将开启“从澳门通往世界，从世界抵达澳门”的国际新都市的新时代愿景。

2. 从世界宗教旅游趋势看澳门

各国的宗教旅游都经历了阶段性的发展过程。从纯粹的依靠地方风景资源吸引游客造访，到重视并举办风景观光和历史文化的开发，同时完善配套的旅游服务，再发展到以旅游带动文化传播，以文化服务促进旅游发展的新阶段。

现今，世界宗教旅游的发展途径主要通过发扬其地域古老深厚的宗教历史文化价值，富足多元的自然风光和人文风光资源；以朝圣、传教、观光、科学学术研究、古迹与文化艺术感受等宗教体验为动机。圣城耶路撒冷，是犹太人的精神中心，也是基督教徒和伊斯兰教徒心中的圣地。澳门发展宗教旅游缺乏像耶路撒冷这座千年古城的历史价值与宗教的神性感召力，因而我们不能打出世界宗教旅游的几类常规套牌。

澳门在宗教旅游的开发上，拥有丰厚的人文景观资源（庙宇、教堂），稳定的社会民俗资源（教区、教会），一流的配套服务水平（酒店、交通）。更可贵的是，由于当时的葡萄牙未采取战争手段夺取澳门，又实施了有效的外交政策，使得澳门成为在二战中唯一未遭受战乱纷扰的城市，因而至今葆有浓郁的地域活力。

我们在澳门开拓宗教旅游的市场，要锁定东方宗教文化全方位的传承和西方宗教文明在此得到广泛认可的双重特质，将其展现的国际城市风格作为营销“圣地澳门”品牌的首张王牌。找到最有效最合适的战略途径，有力地表达澳门地域文化的特殊性：不仅展现中西文化高度融合的文化魅力，还需延伸澳门文化自身深度凝聚的文化触觉。

澳门虽然并非贵为世界宗教的发祥地，缺少宏伟而神圣的宗教场所，但宗教的发展需要不断传播，因此，澳门有机会成为集中世界各地不同宗教的宗教文化盛地。

3. 从澳门旅游看世界

近几年，各地游客因澳门的博彩名声而来，但选择在澳门留宿的旅客占总入境人数的比例在逐步减少。2012 年 3 月入境旅客按年增长 7.3%，其中 54.2% 为不过夜旅客；旅客平均逗留 0.9 日，留宿旅客与不过夜旅客的平均逗留时间分别为 1.8 日及 0.2 日；总体按年减少 0.1 日。[①]

在澳门营销宗教旅游，不仅为了增加经济产值，而且是致力于提升澳门的国际城市形象。依据最新的澳门统计暨普查局的调查显示，入境澳门的大部分旅客来自中国大陆，其次以越南、印度尼西亚、菲律宾和非洲其他国家居多。着力吸引美洲、欧洲、大洋洲和日本、韩国等亚洲国家的海外客源，也是澳门经济大步稳进的一个新市场。因而，我们全力打造圣地澳门，起飞宗教旅游，将有助于开拓这块海外市场，创造更多的外汇收入。

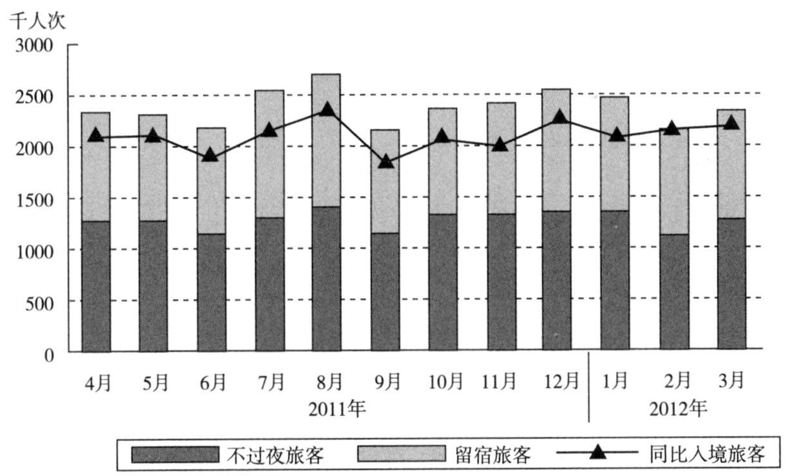

图 6－10　不过夜旅客及留宿旅客

数据来源：2012 年 3 月澳门统计暨普查局资料。

---

① 澳门特别行政区政府统计暨普查局：《2012 年 3 月入境旅客》，见 http://www.dsec.gov.mo/Statistic/TourismAndServices/VisitorArrivals/VisitorArrivals2012M03-(1).aspx?lang=zh-CN。

首先，澳门以成为“世界级旅游休闲城市”为发展目标，“圣地澳门”的品牌建设则以让澳门成为“世界宗教文化汇聚的第一把交椅”为推广目标。

接着，要立足于全球区域发展的宏观格局，集澳门政府和非政府组织（经贸和社区）以及跨文化国际性组织的通力合作，建构一个迎接各层级机遇与挑战的全球性的合作伙伴机制，共同推动澳门城市品牌的建造。

为此，在打造“圣地澳门”的城市品牌时，我们提出走“双园计”的战略计划：

第一步，着力发挥澳门中西文化融合的向心力，建构澳门宗教旅游的“园外园”，打造澳门“世界教堂之窗”主题公园。

第二步，极力整合澳门东西宗教的文化资源，构筑澳门宗教旅游的“园中园”，打造澳门“东境西韵宗教岛”主题项目。

三、圣地澳门的城市品牌战略规划

1. 创意缘起

“世界教堂之窗”主题公园。关键点：在澳门，体验“城市里的世界”；在澳门，感受“求同存异”的宗教氛围；在澳门，追寻“平和美好”的福音轨迹。

未来的城市发展，不再根植于自己的土壤演进；未来的城市天空，将仰望世界的轮廓。澳门，这座国际都市，将为自己设立未来的城市“天际线”，即让世人在澳门每时每刻都置身于“城市世界”，体验“全球城市”的活力与自信。

澳门，没有冰与火两重天的宗教世界，只有不同宗教、不同族群间的相互尊重与认可。

圣地澳门这个城市品牌，是实现人们居住于“城市里的世界”，收获奇妙而独特体验的最好载体。

因而，在澳门创造一个“世界教堂之窗”的主题公园是展现这个城市的开放与非凡感召力的最佳平台。

2. 具体策划

营销圣地澳门，首先在澳门建立“世界教堂之窗”主题公园。

在澳门，“世界教堂之窗”致力于让游客将亲身感怀世界宗教的神性，感受各种风格教堂的灵性，追随人类共同的情感诉求，追寻平和美好的宗教福音，在“求同存异”的宗教氛围中，体验多彩的西方宗教文明，感触独特而丰厚的澳门文化。

坐落于澳门的“世界教堂之窗”将以1∶10的比例，将全世界最著名的大教堂加以复制。在此，精选经典大教堂和现代大教堂按不同比例自由仿建。

世界经典教堂有：法国巴黎圣母院，梵蒂冈圣彼得大教堂，意大利威尼斯圣马可大教堂，土耳其伊斯坦布尔圣索菲亚大教堂，俄罗斯圣巴索教堂，西班牙巴塞罗那圣家赎罪教堂，德国科隆大教堂，英国伦敦圣保罗大教堂，意大利米兰主教堂，法国乌尔姆敏斯特大教堂；现代主义教堂有：洛杉矶水晶大教堂，法国索恩郎香教堂，美国纽约圣约翰大教堂，冰岛雷克雅未克大教堂。

主题公园内不仅有世界教堂建筑的精彩展示，同时还要打造不同宗教的文化长廊。依据国际版图，划分地域，引领游客走入世界宗教：国际宗教文化墙、澳门宗教文化廊、基督教文化廊、伊斯兰教文化廊、佛教文化廊、天主教文化廊、印度教文化廊、犹太教文化廊、其他宗教文化廊。在这个“世界宗教广场”上，要绽放世界级的教堂奇观，还要激荡起人们对宗教文化的共鸣：

（1）定期开展主题性的宗教文化活动

一是与宗教节庆关联，在园内策划系列性、年度性的文化活动，调动游客参与宗教文化和教堂文化的感官和心灵体验。

二是与宗教主题相关的文艺表演，举办大型的室外表演免费让游客观看，烘托主题公园的人文和娱乐氛围；也有售票展演的大型室内文艺表演，营造独特的、国际化的主题公园风格。

（2）主题园购物街区

宗教西洋镜，零售教堂和宗教纪念品。宗教西洋街，提供宗教美食和休闲美食餐饮。

（3）世界宗教博物馆

世界宗教明日馆：利用“声光影”数字科技，让游客在现代多媒体影像中畅游神秘而独特的宗教殿堂。世界宗教生命馆：通过展览、典藏，结合艺术领域（宗教电影、美术展）的文化形式，引领游客进入独特的人类生命和宗教文明体验。

（4）天堂书屋

教堂：活用教堂这一具有象征意味的宗教场所，在主题园内开办一间天堂书屋，汇聚世界宗教文化书籍和相关纪念藏品；提供安定舒适的休息环境，游客可以在此翻阅读物，静心养神；不同楼层，配以茶室、咖啡厅；整个书屋，24 小时对外开放；给予宗教文化的互动体验，如外地游客可将自己的宗教读物在天堂书屋与其他书籍进行不等价的交换，将自己的宗教感悟，在这里书写下来。

四、“东境西韵宗教岛”主题项目

关键点：在澳门，享受城市的“轻节奏”；“以宗教会友，开启国民外交”；巡游“宗教四季坊”，感受“世界宗教盛宴”。

1. 创意缘起

澳门与香港，是两座享有高密度城市关系的东方都会。这两朵别致的城市之花，依据其城市特性而在各自的领域演绎着别样的花的独立姿态。

香港，享有“快节奏”的城市态度，因而有人说这座城市足以让任何挑剔的来访者有时空变换的兴奋感觉。

不同于香港，而优于香港，澳门这座城市总是踏着悠闲惬意的舞步，流动着自由而清新的气息，来来往往的人群在这里细致地品味生活。因而，与其说澳门的节奏是匀速、日常的生活节奏，不如说这座美丽透彻的南方明珠享有着独特的城市“轻节奏”——轻盈、轻松、有氧型的绿色都市。

在澳门，繁荣发达的东方博彩业，没有在这座城市留下任何极端相向的社会因素，没有让这座城市充满任何不和谐的紧张关系。澳门，拥有自身独一无二的城市感官度。在澳门，不是单纯体验逸乐的生活方式。这座城市对世界文化的包容，对人类文明的赞誉，赋予了澳门朝着“国际新都会”向度发展的城市基因，充满了未来趋势的意味。

在澳门，享受城市的“轻节奏”，即是让人们在此享受人生的各种美好，释放内心的无限力量。

圣地澳门，将作为这个城市旅游项目的新代码，将成为这座城市新的心跳。

打造澳门“东境西韵宗教岛”，旨在将澳门在宗教上中西文化的交融与互渗发挥到极致，展现其超凡而独有的城市魅力。

2. 具体策划

澳门中西文化合璧的特殊背景，并非一场舶来的盛宴，而是孕育新文化、开启全球性文化交流的世界舞台。

澳门“东境西韵宗教岛”主题项目，将集合澳门得天独厚的“中西宗教资源”，结合“现代旅游的专业营销模式”，合力打造澳门的世界宗教文化岛。

宗教旅游是“宗教信仰＋宗教文化”旅游的总和。圣地澳门的宗教旅游，将以实现游客的“宗教情感”为初衷，实行“双轨运作”的宗教旅游。

澳门“东境西韵宗教岛”的全面策划，将积极调动澳门现有的“宗教资源”，通过开展不同层级影响力的“宗教文化活动”，全力挖掘澳门的中西宗教文化宝库，让世界游客在感受东西方文化共荣的氛围中，领略原汁原味的“澳门文化”的独特风韵。

为此，我们首先推出让游客在澳门充分感受“世界宗教盛宴”的“宗教四季坊”品牌项目，具体从四个子项目策划：宗教朝圣之旅、宗教观光之旅、宗教生态之旅、宗教体验之旅。

具体阐释

澳门积累了深厚的中西宗教文化资本，不同的“中西宗教”、“中西庙宇教堂”等宗教文化长期在此并存。

宗教资本

东方宗教：儒教、佛教、道教；

西方宗教：罗马天主教，基督新教，伊斯兰教，巴哈伊教，琐罗亚斯德教，摩门教；

教会：新世界会社，新使徒教会，五旬节会，耶和华见证人，基督复临安息日会，独立教会，国际基士拿直觉协会，神慈秀明会，澳门创价学会等；

中式庙宇：62 间佛教和道教庙宇，包括普济禅院，菩提禅院，观音庙，妈祖阁庙，马交石天后古庙，莲峰庙的天后宫，天后古庙，谭公庙，康公庙，等等；

西式教堂：56 间天主教堂，包括望德圣母教堂（疯王堂），圣安多尼教堂（花王堂），圣老楞佐教堂（风顺堂），圣若瑟修院圣堂，玫瑰堂，大三巴，嘉模堂，圣方济各堂，花地玛圣母堂，等等。

澳门不仅展示丰富的东西宗教，还诞生了中西宗教完美结合的庙宇，如澳门观音莲花苑等。

积极运用以上宗教资源，规划“宗教四季坊”的四个项目：

（1）宗教朝圣之旅

自 1576 年西方教会在澳门建立教区后，利玛窦、范礼安、罗明鉴等著名神父和传教士以此为据点传教。今日，“宗教朝圣之旅”的开发，就主要针对以旅游形式开展宗教活动的职业僧侣和一般信徒，以个人或团体的旅游形式，来到澳门这块中西宗教交汇的文明地，进行相关的朝圣活动，借此启动澳门的宗教氛围。

以开展多种形式的宗教活动和名人传教等形式推广澳门的宗教朝圣之旅，诸如朝祭、云游、传法传教、文化交流。

（2）宗教观光之旅

观光是吸引游客走访澳门宗教旅游的第一个吸引点，而现代观光之旅不能止于静物观赏，还需加强文化层面的活动开展。

人文景观观赏

澳门，是宗教人文景观的博物城，拥有的各色庙宇和教堂，其本身就独具极高的观赏和研究价值（建筑、绘画、音乐、雕塑、经籍、圣籍）。

在澳门，要主推“南欧风情教堂”和“彩色教堂”的地域宗教观光品牌，将澳门独有的宗教人文景观推向世界，如中式庙宇、西式教堂、澳门彩色教堂文化坊、地方教会。

宗教节庆活动开展

宗教节日是为了纪念有重大意义的宗教人物和事件，而被赋予神圣色彩的庆祝活动。依据宗教节日的时长，创造性地策划纪念“某一天”或庆祝“某段时间”的宗教节日。主要分为“传统宗教节日”和“民俗宗教节日”。两种宗教节庆都以多种形式举办，有庙宇与教堂祭拜、出街巡游、文化演艺等形式。传统宗教节庆，需要大型且庄重的庆祝，这些盛大的宗教活动，僧侣和信徒也会从四面八方赶来；民俗宗教节日，可以采取各种灵活形式，让宗教适度世俗化，将宗教与旅游完美结合，演变为全民性的盛大娱乐休闲日，与公共假日捆绑，让游客有更多的直接体验与感知，促进更有效的社会效益和经济效益；世界宗教日，这样的庆典更需要精细的策划。重视举办宗教节庆，旨在宣传圣地澳门，提升其影响力和感染力。

传统宗教节日有：圣诞节、复活节、佛诞节、成道节、燕九节、本命之神日、古尔邦节、戒斋节、开斋节、圣母无缘罪日、水灯节、圣周、濯足节、杜尔迦节、圣枝主日、苦难主日、耶稣升天节、五旬节（圣灵降临节）、洒红节、世界宗教日；民俗宗教节日有：波水节、蜡烛节、灯火节、采摘节、女孩节、服饰节、庙会（定期举行）。

（3）宗教生态之旅

人们追寻宗教的足迹，是将自己对人生的希望与感悟寄托于神圣的宗教，谋求情感上的诉求，完成人生各阶段的旅程。当代西方旅游人类学者认为，宗教与旅游关系密切，旅游者同时又是朝圣者。圣地澳门，将现代旅游与宗教文化结合，优化宗教文化资源，开展优质健康的旅游活动。游客在澳门体验中西宗教文明的交融，在和睦闲适的环境中，净化心灵。圣地澳门打造的“宗教生态之旅”，一扫宗教苦旅的姿态，为旅客提供修学养生的学堂，在食、宿、游三方面将宗教与旅游、娱乐、文化诸多功能结合于一体，进行各类文化展，如邀请文化名人造访圣地澳门的学堂，以文会友，在此游教。游客可以体验的场馆有：禅净双修学堂、福音礼拜堂、养生膳食餐厅、养生药膳坊、气功养生堂、养生武术馆、禅学茶室。

（4）宗教体验之旅

圣地澳门的宗教旅游，应体现现代旅游的文化特质，重视游客在行游过程中的高参与度，拓展更加积极、深入体验的旅游形式，满足游客动态参观的心理需求。开展“宗教仪式”和“人生仪式”两种形式的宗教体验。

宗教仪式

中西宗教自诞生之初就拥有丰富而庄重的宗教礼仪（如圣礼，受浸、告解、终传、神品），这些仪式充满了神秘性和仪式感。在宗教景区旅游的游客，能自然而然的感受到特定的宗教氛围，也能不自觉的就将自己的“平常身份”转为具有宗教色彩的“仪式身份”。

在澳门当地的中式庙宇和西式教堂，为游人开放观赏、参与世界宗教礼仪体验的平台。

人生仪式

以澳门的中西宗教资源为依托，将具有神圣意味的“庙宇和教堂”，与人们在各种人生阶段重要的“人生纪念活动”联系起来，打造一条普化宗教的，让宗教场所与普通人生活息息相关的，为不同国界、不同民族的人们实现值得纪念的“人生仪式”的宗教品牌路线。

通过全方位的推广，将其做大、做强，形成规模经济，发挥圣地澳门的城市品牌效应。具体仪式如：新生儿命名仪式、满月礼、成人礼、毕业典礼、婚礼、纪念日礼。

五、圣地澳门策划愿景

在全力打造“圣地澳门”城市品牌时，要灵活调度全媒体时代的各种多媒体和新媒体，协力为新城市形象进行造势推广。

目前，正在逐步推进的本澳博彩的多元化和创意化发展，会让今后澳门旅游的娱乐性和休闲性全面升级。

圣地澳门城市品牌则根植于澳门在几个世纪的碰撞与交融后形成的典型的多元性文化。因而，圣地澳门的策划，不仅以其“城市文化”为品牌依托，而且策划目标是通过新品牌的力量全面释放澳门独有的“城市精神”。

澳门，将通过“圣地澳门”品牌，实现从 A 到 A + 的城市经济转型发展。2.0 版的澳门，在“圣地澳门”起步；因为澳门的多级发展，“圣地澳门”将引领世人在澳门，看到世界；在澳门，找到自己；澳门，也将在此腾飞。

第六节　美食澳门

澳门在食材的来源上拥有得天独厚的优势。中国古时有“山珍海味”一说，其实，这也正是澳门的优势，北进的山珍、南来的海味，不仅质量超群肥美鲜嫩，而且品种齐全。

几百年前，葡国移民到澳门，也带来了本民族的饮食文化，使漂洋过海的葡式风味浸淫于粤菜风格中自成一体的澳门菜成为不可磨灭的记忆。

随着“自由行”政策的执行，大陆旅客来访澳门呈现逐年上涨的趋势。于是大陆餐饮业也纷纷进军澳门，上海菜、粤菜、川菜、闽菜等餐馆也进驻澳门。街头巷尾的日本料理、随处可见的泰国餐厅，为如今的澳门餐饮业呈现丰富多彩的新光景。

一、美食文化

澳门汇聚中西美食，对“吃”在澳门，想必来过澳门的人都深有体会，这里美食之多、之精，委实不同凡响，可以称为美食的天堂。小城澳门以兼容并包的宽广胸怀，形成了中西文化共生的静美之城。

国以民为本，民以食为天。澳门是休闲的圣地、美食的天堂，从大排档到米其林，中西美食都各适其适。

到过澳门旅游的人，回忆起来的应该不仅是鳞次栉比的豪华酒店、中西交融的世界文化遗产，还有随处可见的澳门美食。澳门是老饕的天堂，无论葡国菜、广东菜，还是泰国、越南等地美食都能在澳门寻找到他们的身影，大家在享受珍馐美味的同时，还会发现其所独具的澳门特色。

随着生活水平的提高，“吃”成为一种休闲活动，一种美好生活的象征。美国心理学家 A. H. Maslow（1908—1970）的“需要层次理论”指出，人类需要分三个层次：生存需求——维持生命；发展需求——强壮身体、增强关系；享受需求——美食的享受。

美食文化由此而生。基础层次的佳肴品尝向发展层次的饮食医疗保健，最后到享受层次的美食文化，在满足着消费者愉悦和审美的多层次心理需要，佳肴品尝带给消费者新奇、美妙的体验，医疗保健饮食让消费者在满足口福的同时休整和修复疲惫的身心，美食文化则更重视生活中文化艺术化的追求，同步满足消费者物质和精神上的双重需求，在美味中得到充实自我的精神满足。①

---

① 翁毅：《福建省美食旅游开发研究》，福建师范大学自然地理学专业 2004 年硕士论文。

更值得注意的是在美食文化基础上发展起来的美食旅游，将美食与旅游结合，已经成为目前旅游业中发展最为引人瞩目的特色之一。

在城市发展中，美食旅游不仅能够使旅游产品多样化，而且能够提升旅游目的地的吸引力。[①] 利用美食打造城市的独特文化、独特品牌，已经成为全球各地区政府打造“城市名片”的手段之一，堪称打响城市品牌的尖刀利器。例如，成都打造“多彩之都，成功之都，美食之都”的旅游品牌；广州提出“食在广州”以及“争创全国旅游餐饮最佳城市”的品牌，广州国际旅游美食节，在短短十天里，中心会场的营业额就超过了 2000 万元；重庆也借美食旅游的活动成功引资 89 亿元。美食旅游打造的“美食经济”不能不让人刮目相看。[②]

而且，从国际和国内的情况看，美食旅游的扩散效应、持续效应、放大效应和刺激效应也日益引起关注。

澳门素以美食闻名海内外，澳门统计调查局关于游客消费的调查资料表明，在 2000 年到 2009 年间，游客在澳门旅游的人均总消费额中，在食品方面的支出比例稳定维持在 33% 左右。[③]（见表 6－2）

表 6－2　游客在澳门的人均总消费

（单位：澳门元）

人均消费	2000 年	2001 年	2002 年	2003 年	2004 年	2005 年	2006 年	2007 年	2008 年	2009 年
饮食消费	303	313	326	321	335	331	329	359	373	368
手信消费	129	141	154	173	179	170	189	203	208	197
食品总消费	432	454	480	494	514	501	518	561	581	565
旅游总消费	1283	1360	1425	1380	1525	1454	1533	1607	1726	1807

数据来源：根据澳门统计暨普查局网站（http：//www. dsec. gov. mo）发布的公开资料整理。

① 王心：《澳门美食旅游发展回顾与美食节顾客满意度调查》，《当代港澳研究》2011 年第 1 期。

② 翁毅：《福建省美食旅游开发研究》，福建师范大学自然地理学专业 2004 年硕士论文。

③ 王心：《澳门美食旅游发展回顾与美食节顾客满意度调查》，《当代港澳研究》2011 年第 1 期。

但是，在将美食旅游作为打造“城市名片”的吸引物并对它进行深度的开发和利用方面，却还存在明显的不足。以澳门各大酒店为例，为了推广酒店品牌，在2000年到2009年期间，先后有13家酒家共举办各类美食节42个。以皇都酒店为例[①]：

表6-3　澳门皇都酒店美食节

主办酒店	时间	美食节名称	时间	美食节名称
皇都酒店	2000年7—8月	日本美食节	2003年12月	国际美食节
	2001年1月	澳门葡式怀旧美食节	2004年2月	亚热带美食节
	2001年10月	地中海美食节	2004年4月	北海道美食节
	2002年1—3月	澳门土生菜美食节	2005年1月	国际美食节
	2002年4月	亚洲美食节	2005年4月	日本美食节
	2002年7月	日本美食节	2007年9月	南非美食节
	2003年3月	亚洲美食节		

可是，这些活动都是各自为政，缺乏统一规划，也没有与旅游活动很好地结合，除了短期内为酒店带来收益外，并不能对澳门的美食旅游带来任何实质性的帮助，也不会让任何的游客把美食当成澳门的名片。

而今，机遇就在眼前，澳门美食资源和旅游的有机整合，已经时不我待。

二、澳门的美食资源

1. 久负盛名的“澳门菜”

“澳门菜”并不外销，是澳门自创的“本土品牌”。这种菜全世

① 王心：《澳门美食旅游发展回顾与美食节顾客满意度调查》，《当代港澳研究》2011年第1期。

界只有在澳门才能吃到。

澳门居民长期处在中西文化交叉点上，饮食业融合了中西的特色。“澳门菜”就是澳门居民在自我口味的基础上，采纳了中葡菜的长处，以葡国菜为基本演变过来的，将“中葡特色”共冶一炉。

澳门菜的材料兼收了多国的风味，东南亚、印度、中国都对原来的葡国菜有影响。适合东方人的口味的澳门菜，也有人称之为“葡式澳门菜”，是澳门中西结合的最经典的美味佳肴。比如有名的“非洲鸡”、“葡国鸡”，在非洲和葡萄牙却吃不到。这种独特的葡式风味缘于香料的独特，四百年前葡萄牙人千里航海经非洲、南洋一带寻找香料，顺便把家乡的烹饪方法和特殊香料运至澳门，又经过本地改良，才开发出一系列只有在澳门才能吃到的名菜。

“澳门菜”是澳门历史的一个缩影，从它身上，可以找到澳门过去的足迹。

2. 地道的“葡国菜”

明朝开始，葡萄牙人便来到了澳门这片土地。直到今日，仍有一批葡萄牙人留在澳门生活。他们将葡萄牙的生活习惯带到了澳门。在澳门，想吃到地道的、不差于葡萄牙当地的“葡国菜”，也是非常简单的事情。澳门专营正宗葡国菜的餐馆很多，著名的菜肴如清莱汤，红酒烩牛尾、红豆猪手等。

有关资料介绍，传统葡国菜热衷焗、烩、烤和炒，味道浓郁，香气四溢，重视饭后甜点，蛋布甸、木康布甸是餐后甜点的经典。

这类正宗的葡国菜的餐馆大多装修讲究，由葡萄牙古老建筑改建而成，具有浓厚的葡萄牙风情。在品尝到正宗美食的同时，也可以了解葡萄牙当地的文化。

3. 正宗的“粤式风味”

澳门位于东南沿海的珠江三角洲南端，与珠海毗邻。自秦朝起就为中央行政区的一部分，隶属于香山县管辖，虽现在划分为特别行政区，但在饮食上，还是保留着广东人的口味和习惯。

粤菜，即广东地方风味菜，是中国八大菜系之一。粤菜最大的特点为“清中求鲜、淡中求美”，注重原汁原味。粤菜的食材非常广泛，天上飞的，地上爬的，水中游的，几乎都能上席。正如明末清初学者屈大均在《广东新语》所载：“天下所有食货，粤东几尽有之，粤东所有之食货，天下未必尽也。”

粤菜为保留食物的原汁原味，比较少用香料且做得比较清淡。多以清蒸的方式，口味以咸鲜为主。

养生是广东人的主要精神，岭南地区气候炎热潮湿，吃得好味又补身是广东人饮食的重要标准。所以美味又保健的汤品也是粤菜的特色之一，这种汤通常称为“老火汤”，加入各种食材或中药，熬上数小时而成。

4. 琳琅满目的澳门手信

“手信”，最原始的称呼叫“贽”。一般是指人们出远门回来时捎给亲友的小礼物，既能凸显当地的文化特色，又携带方便。在澳门，说到“手信”就不能不提到既是礼物又是零食的澳门特色小食，比如杏仁饼、肉脯等。澳门不少手信都是即做即卖，全手工制成。

比如，好吃的杏仁饼不能用机械制作，否则会生硬难吃，只有纯手工敲打做出来的才算正宗，口感才会松化。

5. 澳门经典菜单

澳门经典菜单：葡式生火腿、辣大虾、马介休鱼、焗鸭饭、非洲鸡、葡式炒蚬、炭烧猪肋骨、红豆猪脚、葡式烩海鲜饭、烧葡国肠、葡式烤乳猪、咖喱蟹、葡式焗鱼、葡式沙丁鱼、葡式蛋牛扒、葡式蛋挞、鸡蛋布丁、木糠布丁。

6. 中式美味料理

中式美味料理有：金箔虾饺、虾球、叉烧包、粤式烧腊、猪肉叉烧、广式煲汤、水蟹粥、猪扒包、水皮炖奶、咖喱鱼蛋、核桃糊。

7. 欧陆异国美食

欧陆异国美食有：法国生蚝、法国鹅肝酱、意大利匹萨、意大利面、西班牙炒面、西班牙生火腿。

8. 不容错过的美食圣地

中式菜：避风塘小厨、顶上鱼翅酒家、凼仔峰景餐厅、喜粤、谭家鱼翅、礼记酒家；

葡式菜：佛笑楼大餐厅、海湾餐厅、公鸡葡国餐厅、阿曼诺葡国餐厅、小飞象餐厅；

环球美食：MISTRAL 海风餐厅、360°旋转餐厅、荟景阁咖啡室、和花亭寿司；

甜品：义顺鲜奶、保健牛奶公司、礼记雪糕、洪馨椰子、颐德行、金玉满堂；

小吃店：安德鲁饼店、凤城珠纪、联纪面家、六记粥面、青洲刘记美食、沛记咖啡室、佳记面家；

街头小吃：潘荣记金钱饼、小上海锅贴、明记牛什美食、莫义记、阿伯蛋茶；

人气食点：黄枝记、胜利茶餐室、龙华茶楼、添发碗仔翅美食、兴记冰室、祥记面家；

自助餐：星际酒店品味坊、澳门金沙酒店 888 美食天地、莱斯酒店怡景餐厅、新葡京酒店自助山、澳门金丽华酒店荟京阁、澳门葡京酒店不夜天 CAFE、永利澳门酒店咖啡苑、英皇娱乐酒店御厨、威尼斯人度假村酒店飒竹。

澳门有如此之多的“美食”，并且这些美食遍布大街小巷、酒楼酒店，难道不应该被有效地利用起来吗？如果没有将这些“美食”与澳门的旅游休闲业结合起来，没有将其容纳进澳门发展的元素里，那绝对是令人痛心疾首的浪费！因此，我们要将这些美食资源充分地利用起来，发展“美食澳门”，将澳门打造成“世界优质美食名城”！

三、世界优质美食名城

1. 弘扬美食特色，传承美食文化

（1）铺设澳门美食长廊；
（2）博览澳门美食文化精要；
（3）体会澳门美食与文化共融；
（4）见证国际美食荟萃。

2. 养生新食尚

遵从“治未病”的理念，提倡防患于未然。

在澳门打造“私人养生馆”特色食补餐厅，提供专业的本土或是葡籍医生为游客订制私人食谱。面向来澳度假，热衷养生之道的高端人士。

3. 挖掘不同主题

比如：以仿古菜点为主题；以餐具、器皿为主题；以某一原料为主题；以节日为主题；以与名人有关菜点为主题；以菜肴功能特色为主题；以西餐菜点为主题。

4. 美食与节日同行

每一个节日都是美食的盛会，在众多节日中选取最有代表性的节日进行美食宣传。

5. 玩博彩、享美食

每一位 VIP 都可以享受优惠的美食，享受博彩带来刺激的同时，也享受到了美食。

以竞赛为基础，推动“美食博彩模式”。通过有机结合博彩业，融合各大娱乐场的推广和娱乐。博彩中体验美食，美食中享受博彩。以一种健康的美食博彩模式的创新来推动“美食澳门”的城市名片的诞生。

6. 融合澳门顶级的酒店服务

顾客对现代酒店的功能要求趋于多元化，除了基本的饮食、住宿服务外，对其社交平台、文化交流功能的需求日益明显。

（1）通过举办美食节、酒会拓展酒店的社交平台功能

酒店通过举办美食节、酒会等活动能够直观、具体地彰显自己的企业文化精神。一次成功的活动不仅能提高酒店的知名度，而且能促进酒店餐饮、住宿、购物、娱乐等多方面效益的增加，能产生强大的放大效果，为客人创造更宽广的交流平台。

（2）赋予酒店文化交流功能

酒店作为高档次的消费场所，更应该提升餐饮的艺术文化内涵，让顾客在品尝美食的同时感受具有地域特色的文化品位，同时要注重满足客人强烈的求新、猎奇心理，在菜品上及时推陈出新。例如，发掘《红楼梦》中的美食文化，推出“红楼宴”，并且结合名著文学介绍、菜品烹饪制作视频展示等手段，将美食的艺术与技术巧妙地结合起来，展示酒店特有的文化底蕴。

四、将美食和旅游结合起来

1. 打造特色的美食旅游路线

根据不同需求的游客去制定美食专线，将澳门的各个供人品尝的美食点串结成不同的路线，面对各类游客。同时亦旨在拉长旅游景观的线路，充分利用有效资源。

因为游客分为“自由行”和“旅行社行”两种，所以美食线路

由政府下发至旅行团代为宣传，其余可通过个人办理港澳通行证时一并发放。

（1）以不同地域的美食为核心来开发美食旅游

葡国美味游

以了解葡国文化，体验葡国美食为主要目的的旅游路线。在旅游过程中，不仅仅体验到了美味的葡国餐，还可以参观到土葡人曾经生活的地方，仿佛置身于上世纪的葡萄牙，体验葡萄牙人的勇敢和浪漫。

粤式美味游

主要针对外国赴澳旅游的游客，希望为他们提供美食的同时，可以向他们介绍中国的岭南文化。粤式美食是中国的八大菜系之一，历史悠久。通过澳门这个平台，我们想向世界展示中国，改变世界对中国的印象，让他们更了解中国。

因为澳门的饮食主要以粤式菜和葡国菜为主，考虑到目前的现状，在葡国美食和粤式美食的推广方面，并不适合聚集式的美食街。反倒是要将路线与经典结合，在品尝美食的同时，欣赏了澳门的美景，同时也延长了游客留澳时间，自然也会增加旅游所带来的经济效益。

（2）以特色文化为核心来开发美食旅游

手信体验游

手信是可以带走的澳门文化。在澳门，当你徜徉在议事亭前地由黑白石铺成的海浪中，漫步在巍峨沧桑的大三巴时，还可以闻到空气中摇曳着的杏仁饼与烤肉脯的香气。整个手信体验游当中，可以参观手信博物馆，了解到手信的历史。

还可以观看手信制作的全过程。澳门的手信不少都是全手工制成，现做现卖。在钜记，两位师傅在向大家展示着钜记杏仁饼的制作过程：先将绿豆粉、杏仁等原料混合揉匀后塞入特有的模具，再“啪”的一下把模具翻转过来，把杏仁饼倒出并在大竹篱上一圈圈码好。先晾两小时再在大炭炉上烘烤 20 分钟，香香甜甜的杏仁饼就

“闻香而出”了。

如果你愿意，也可以自己动手制作手信，然后将自己动手做的手信带回家，给家人朋友尝一尝，是不是更有意义呢？

信仰美味游

澳门交织着中西方的文化。如果说建筑是一个城市凝固的音符，那么澳门的音符无疑在跳跃着。漫步在澳门的坊隅巷陌，会不经意中发现，在高楼的间隙中耸立着一座圣洁典雅的教堂，而不远处的旁边，是一座清丽可人的庙宇。这就是澳门，融合了多元文化的地方。

只有在澳门，这样的中西结合才不会感到冲突和矛盾。因此信仰美味游，可以在参观膜拜庙宇和教堂的同时，品味斋饭或者是西式甜点，最主要的是可以了解中西方信仰文化方面的差异，同时洗涤自己的心灵。

（3）畅游美食街，突出品牌

澳门不是没有美食街，而是美食街的品牌不突出，例如，澳门“泰国街”有经过改良、别具澳门风味的冬荫功汤、烧鱼和咖喱等泰国菜，深受澳门居民的喜爱，但是，除了澳门本地人外基本上没有游客知道。因此打造美食街，一定要进行品牌的推广。

（4）“澳门夜市”不打烊

澳门的白天静如处子，内敛、恬淡又静谧、闲适。澳门的夜晚则动如脱兔，灯红酒绿、车水马龙。澳门的夜景美不胜收，灿烂迷人，别是一番风情。由于气候的原因，澳门人夜间休息的时间很晚，经常会在凌晨的时候吃夜茶，甚至有很多店铺，白天是不开门的，只有夜晚才营业。夜晚的美食店里，人头攒动，一点儿也不比白天时候人少。但就是这样的一个喜好夜生活的地方，竟然没有一个夜市。中国内地和台湾等地，都有它们的特色夜市。特别是台湾，夜市已经是去台湾旅游必要的一个环节。

试想一下，经过了一天的游历玩耍，当夜浓妆冲向附近的夜市，一边走一边吃、一边吃一边逛、一边逛一边玩。吃着甜中带咸、咸中带辣的蚵仔煎，想想会不会“转角遇到爱”，与同行的朋友捧一杯润滑可口、奶香浓郁的热奶茶，喝到心里都热乎乎的。因此可以在澳门设置夜市，将夜晚出来兜售食品的小摊小店集合起来，不仅可以吸引游客，同时也方便了澳门当地人的夜间生活。

（5）搭建世界美食比赛平台

在澳门完全可以搭建一个世界美食比赛平台。以“厨神争霸”“味觉比拼”“点心展示”等为操作方式，吸引全球的美食文化来澳门进行加工和包装，同时吸引全球的游客和美食家，带来“美食澳门”的影响效应。

2. 加强影视媒介对美食旅游的宣传

澳门不是没有美食，只是缺少对美食的宣传。应更好地利用媒体，对澳门进行宣传。

无论是平面媒体的美食专栏，电视里的美食节目，网络当中的团购美食，大众推荐及点评等等管道，都应该加强宣传力度。倾力打造“美味澳门”，输出“美食澳门”的品牌。实现美食与旅游的良性互动，多渠道的促销美食旅游，将澳门建设成为一流的美食旅游目的地。①

例如，可以打造一档“美食节目”。以弘扬美食文化为目的，以为美食制作评比为载体，以擂台赛为节目形式，将饮食文化、美食制作、生活情趣等元素贯穿融合，通过主持、嘉宾、评委与场内外观众的互动，全角度展示澳门美食文化内涵、传递生活服务信息。

总之，通过寻求一系列的主题活动、发展系列品牌，更好地将休闲文化、美食文化以及品牌会展、名品展销等有机结合，使其成为品种多、规模大，水平高的一次文化节庆活动，对宣传澳门美食、提升澳门形象是一次难得的机遇，更是一次质的飞跃！

---

① 吴晓东：《休闲经济视角下我国美食旅游的发展对策》，《中国商贸》2010 年第 19 期。

第七节　创意澳门

一、竞争主体转向城市

在过去的年代，竞争的主体，是国家。而在经济全球化的今天，竞争的主体，转向了城市。

Paul Krugman 认为：而今，国家边界的作用或地位正在逐步减弱，而国家的下层主体——区域或城市在各个方面日益发挥重要的作用。Porter 认为：在研究竞争力和竞争优势时，国家可能不是最佳的划分单元。城市为了获得大量的投资而积极地推销自己，城市间的竞争更加激烈。①

确实，世界进入了一个以中心城市为发展核的区域竞争时代。

此时，城市内涵的彰显、城市品牌的突出、城市个性的张扬，只有通过创意的途径，才能够得以实现。

2005 年欧洲工商管理学院的钱·金教授和勒妮·莫博涅教授出版了《蓝海战略》一书，指出企业的视线要从供方转向需方，而且，重要的不再是赶超竞争对手，而是为买方提供新的价值元素，换言之，跃出血腥竞争的“红海”，转而进入为消费者提供新的价值要素的广阔无垠的“蓝海”。

城市的竞争也是如此。

城市“蓝海战略”的核心，是价值创新。创意作为产业，是一个生机无限的巨大产业群，创意作为创新，还有助于几乎所有传统产业

① 汤培源、顾朝林：《创意城市综述》，《城市规划学刊》2007 年第 3 期。

去开创“蓝海”，并带动一大批相关传统产业的提高，不但向消费者提供新的价值元素，而且大大提高诸多传统产业的附加值。

城市是孕育创意的场所，也是创意得以大显身手的场所。

二、生活创意

城市中的创意应该是无所不在的，绝不仅仅限于创意产业。

当我们把创意产业看成城市发展新驱动力的时候，也不要忘记，在创意产业之外的城市整体以及内在的各个组成部分中的创意驱动。

在未来的发展中，澳门也亟待推动创意进入城市生活的各个部分，成为构成城市生活的一个组成要素，并贯穿在城市生活中的各个层面。

澳门应该成为一座创意城市，人人都有创意想表达也可以去表达的城市。

创意城市的成长，需要充分启动民心民智，需要为城市赋予一颗“创新、创意”的灵魂，需要发挥所有行业所有个人的能力与能量。其中，最为重要的是，让创意日益走向社会、走向民间、走向生活，并且引发与市民生活之间的越来越多、越来越密切的关联。

在这方面，世界各城市已经创造了许许多多的经验，澳门应该去认真学习并且予以认真地推广。

例如，建立各种“创意工坊”，让所有澳门人都参与创造，都得以显现身手并呈现自己的创新心智。创意来自城市，也服务城市；创意来自每一个人，也服务每一个人，“创意工坊”，是为澳门的创意动力提供源源不断的动力支撑的一个重要举措。

例如，开放各种“创意集市”，为所有澳门人的创意提供方便之门。这样，不但可以尝试发挥出创意经济的大众参与性，而且可以令创意涌动，令澳门市民现场直接体验创意飓风。

例如，尝试举办“换客大会”。在这里，所有澳门人都可以取出自家的旧物，摆出阵势，卖力叫卖。一方面，可以讨价还价买到自己想要的；另一方面，还可以讨价还价售出自己不想要的，从而让澳门人在以物易物的过程中分享快乐，而且赋予闲置物品以新的生命。例如，创办游戏、动漫、影视系列主题餐厅，借游戏、动漫、影视内容为载体，开办主题餐厅，形成澳门特色。例如《中华小当家》（又名《中华一番》）的主人公就是美食达人、烹饪高手，不妨开发为主题餐厅。还有《哆啦 A 梦》，其中出现过豆沙包、铜锣烧等特色美食，可以借取，作为餐厅主打食物。动画《棋魂》、游戏《红色警戒》、电影《指环王》，等等，也可以借取。

例如，动漫墙绘。选取一部分适宜的墙壁，提供给爱好者绘以动漫，为城市增添一抹新意。而且，还可以在平面涂鸦墙的创意基础上，再做在澳门大力推广立体画的新创意。例如，创意橱窗，在所有商场的橱窗，都进行创意设计，让人移步换景，步步惊心。例如，“钢琴阶梯”。选择一部分阶梯，根据某些著名的旋律，绘以琴键，给公众生活注入一针情趣剂。

总之，创意无处不在，创意改变城市，创意让生活更加精彩。

三、娱乐创意

关于澳门的新娱乐，我们在前面已经有所阐释。从创意的角度，其实还可以再作发挥。

澳门娱乐业的发展，关键不能离开三个母体。

第一，不能离开娱乐的母体——快乐主义导向来发展娱乐业。

第二，不能离开娱乐产业的母体——文化创意产业来发展娱乐业。

再次，不能离开澳门娱乐产业的特殊的母体环境来发展娱乐。

而这，就需要创意的全程介入。例如，澳门需要摸索新娱乐的方式，尤其是大中华特色的娱乐经济。比如成都休闲产业是很有中国地方特色的：麻将、扑克、瓜子、黄豆、茶叶、白开水。澳门新娱乐的未来，也应该摸索自身的中国特色、东方特色。

因此，首先，澳门要发展“创意商业”，将娱乐业融入商业消费领域，使游客在吃穿住行都能感受到创意的惊喜与娱乐快感。这样，澳门迅速增长的旅游业市场将为广告业、包装业、活动策划业、创意生活业等带来巨大的发展空间

其次，澳门要发展数位娱乐业，以游戏产业为核心，为游客提供如动作游戏、冒险游戏、格斗游戏、体育类游戏、益智类游戏、竞速类游戏、实时战略游戏、射击类游戏等乐趣与数字化体验的文化创意产业。

再次，澳门要发展演艺娱乐业，发展以“秀”为主的大型舞台表演，酒吧表演艺术，在此澳门除了学习拉斯维加斯的成功经验，通过大胆的创意，将演艺娱乐业玩到巅峰。同时，还可以通过成功的创意，大力发展明星经济、美女经济、粉丝经济，以独具创意的演艺来带动澳门的发展。

四、景观创意

美国学者汤普森来澳门做学术交流时指出，目前澳门很多旅游配套设施不足。[①] 他说：“旅客从赌场出来，需要一个舒适的环境去舒缓紧张心情，可从澳门赌场出来，连人行道都修得很小，不能给旅客一个安全的感觉，而且休闲娱乐设施也不足。”

确实，澳门的景点虽多，但是缺乏“一轮明月”，只是“满天星斗”，而且大多呈散状分布，难以推动澳门旅游业的发展。因此，如何将呈散状分布的旅游资源整合起来，以发挥整体效应，就成为一个十分重要的问题。

而这就需要景观创意的介入。

在澳门，可以通过景观创意，大力推进旅游景观网格链的建设。

旅游景观网格链是在一定地域中城市旅游资源配置的组织方式。

---

① 肖龙：《美国学者指澳门博彩业发展空间变窄》，见中新网：http://www.chinanews.com/ga/2011/10-08/3371022.shtml。

它通过把澳门划分为大大小小的景观网格的方式，横向到边，纵向到底，把景点由散状分布拓展推进为网状分布，最终以网格化景点覆盖的方式把澳门完全覆盖起来，从而把澳门打造为一个全世界最令人惊艳并且叹为观止的城市景区。

因此，旅游景观网格链，应该是澳门景观创意的优化目标与根本方向，也应该是讲澳门内部的旅游资源通过“竞—合”关系理想地组织起来的最佳途径。

创意澳门旅游景观网格链，从外延的角度，可以由“点、轴、圈”三大要素构成。

“点”，是指城市内形态各异的核心景观，它们是旅游观赏与滞留的集中场所，也是旅游区域得以极化和放大所围绕的核心；

“轴”，是指城市内将旅游景点产同构连起来的旅游通道，它串联起琳琅满目的旅游景点，并且使得交错分布的旅游景点形成一个有机整体；

“圈”，是指将形态各异的旅游景点、纵横交织的旅游通道组合而成为一个共同的旅游目的地。它是澳门通过各种景观创意而达成的最大旅游地域。

澳门的旅游景观网格链，从类别的角度，应该具体分为：旅游产品网格链、旅游空间网格链、旅游景点网格链、旅游交通网格链、旅游信息网格链。

这是五个维度区，通过这五个维度区，就不难做到澳门“处处皆景”、“时时有景”，使澳门所有的主要空间、街道都成为展示澳门城市居住生活质量的绚丽长卷。

五、旅游创意

目前，国内的旅游发展已经不是停留于单一的“景区带动型”，“单一靠门票过日子”，“白天看山，晚上睡觉”，因为这种“景区带动型”的发展模式，犹如“小马拉大车”，存在三大先天不足：一是

自然观光型旅游唱主角，旅游产品结构单一脆弱；二是旅游消费以吃住行为主，制约旅游产业链延伸；三是不适应多层次游客的不同需求，体验性差、“回头客”少。①

转型中的旅游，试图变单一“景区带动型”为“景区、城区双带动型”，使旅游告别“单一靠门票过日子”的历史，旅游服务也从以观景为核心向以消费为核心转变，出现了从“旅游城市”向“城市旅游”的跨越。

这就是近年来在城市理念方面的一大进步：“城市景区化”。

澳门新濠天地、金沙城市中心和威尼斯人酒店远景

“城市景区化”意味着未来旅游发展格局已经从景区转向了城区。城市，是旅游的客源集散地、消费集中地、文化吸引地、就业扩大地、税源形成地、品牌体现地。可是，我们过去忽视了城市也可以是景区，过于强调单一主题、单一模式、单一格调的景区，结果客人到了以后，转一圈也就走了，其实，犹如“不仅要把花园建在城市里，更要把城市建在花园里，”“不仅要把景区建在城市里，更要把城市建

① 黄玉超：《实现西昌旅游　跨越发展再创辉煌》，《四川经济时报》2011 年 8 月 15 日。

在景区里,”这就是人们的共识。

而这，也正是澳门所面临的历史机遇。

因此，我们要对澳门按照城景合一的景区化旅游城区的要求来打造。

这就是说，要把澳门作为一个景区，并且精心打造为一个核心旅游产品、一个旅游目的地。

这就意味着，必须城即景、景即城，处处是景，触景生情，时时是场景，处处是舞台，人人是演员，个个是观众，只有这样，澳门才有吸引力，也才能游在澳门，住在澳门，吃在澳门，玩在澳门，买在澳门，养在澳门，快乐到澳门，发财到澳门，发展到澳门。①

结果，过去是“旅游澳门”，现在是“澳门旅游”，最终，城市本身也就成为了景区，整个澳门的城市功能都转换为居民和外来旅游者提供旅游式服务，并且对全部城市的每一寸土地进行精雕细刻，让每一寸土地都璀璨夺目、都成为观景的平台，从而把澳门打造成为让游客“可游”、“能游”、“乐游”、“再游”的综合性城区旅游产品。

值得指出的是，从“旅游城市”到“城市旅游”，把城市的主要功能定位在为居民和外来旅游者提供旅游式服务，将城市的整体打造为旅游目的地和综合吸引物，已经是诸如新加坡、美国夏威夷等地的成功经验。众所周知，这两个区域并没有悠久的文化历史和十分著名的旅游景点，但是世界各地的旅游者却络绎不绝地前去那里旅游，其主要原因就是它们的城市都是精雕细刻精心打造的，城市的每一个角落都让人心旷神怡，甚至，去那里游览的游客还会因为其优美的环境而驻留度假。

而这，也正是澳门需要关注与借鉴的宝贵经验。

进而言之，对澳门按照城景合一的景区化旅游城区的要求来打造，意味着澳门必须借助“无边界旅游”把自己建设为一个“区域旅游综合体”，甚至，把自己打造为一个“区域旅游产业综合体”。

---

①　潘知常:《〈鼓楼区旅游发展行动纲要〉工作提纲》，见 http://hexun.com/pan2026/default.html。

以南京与杭州为例，2009 年，虽然杭州的星级酒店数量是南京的 1.9 倍，年接待入境游客人次是南京的 2.03 倍，国内外游客接待量的增幅都高于南京，但是，杭州的旅游总收入为 800 亿元，却低于南京的 822.16 亿元。[①] 那么，原因何在？关键就在于：杭州没有把自身全力打造为一个“区域旅游综合体”，尤其是没有把自身全力打造为一个“区域旅游产业综合体”。

杭州的教训无疑值得澳门吸取。

打造“区域旅游综合体”甚至“区域旅游产业综合体”，无疑应该是澳门今后“第一”的事也是“唯一”的事，而且，更应该是澳门可以形成核心竞争力的基本途径。

澳门，必须从昔日的“大地主”—“大财主”—“大业主”发展成为一个未来的“大玩主”。

显然，澳门倘若能够如此，势必适应当今旅游产业再次升级的潮流，必将成为澳门的一种全新的生产力形态，也必将成为澳门的区域经济发展的加速器。

例如，据统计，在旅游过程中，消费于游览等“旅游城市”类型旅游对象的仅占 5.3%，消费于交通、住宿、餐饮、购物、娱乐等等“城市旅游”类型旅游对象的费用，却占了 94.7%。[②]

再如，旅游业涉及 29 个经济部门中的 108 个行业。“一业兴百业旺”，旅游业的增加值和旅游经济的增加值比例大约为1∶1.75。旅游每增加 1 元收入，相关产业的收入就能增加 4.3 元，旅游业每增加 1 个就业人员，其他行业就会增加 5 个就业人员。旅游业可以直接带动数十个关联产业。[③]

又如，从世界经济来看，专家提示，21 世纪是全球性旅游的时

---

① 裴钰：《杭州旅游收入未超南京 如何修补浙江旅游的国际短板》，《中国经济周刊》2010 年第 41 期。

② 潘知常：《〈鼓楼区旅游发展行动纲要〉工作提纲》，见 http://hexun.com/pan2026/default.html。

③ 潘知常：《〈鼓楼区旅游发展行动纲要〉工作提纲》，见 http://hexun.com/pan2026/default.html。

代，20 年后，全球旅游收入将增加 5 倍以上。

再又如，还可以再从中国来看，社科院旅游研究中心主任张广瑞在《2011 年旅游绿皮书》新闻发布会上表示，中国在本世纪前十年里，世界总体的旅游发展速度是 3.2%，而中国的增长速度是 16.9%，因此，中国国际旅游发展的速度相当于世界平均水平的 5 倍。①

在这里，我们看到：第一，消费于交通、住宿、餐饮、购物、娱乐等“城市旅游”类型旅游对象的费用，占了全部旅游费用的 94.7%。第二，旅游业的增加值和旅游经济的增加值比例大约为 1∶1.75。旅游每增加 1 元收入，相关产业的收入就能增加 4.3 元。第三，20 年后，全球旅游收入将增加 5 倍以上。

稍加计算：从“旅游城市”到“城市旅游”带动了澳门旅游经济的大约 1∶1.75 的增加值以及相关产业的收入的 1∶4.3 元的增长；同时，按照全球旅游收入将增加 5 倍来计算，澳门的未来旅游收入也将增长 5 倍；最后，再按照中国国际旅游发展的速度相当于世界平均水平的 5 倍计算，澳门的未来旅游收入还将在增长 5 倍的基础上再增长 5 倍！在这四者之间的，正是澳门在未来的巨大发展空间与增值空间。

由此不难看出，一旦不再把澳门的旅游局限在个别的景点，而是放大为泛旅游产业聚集区、放大为“区域旅游综合体”，走“城市旅游”的金光大道，澳门就会成为一座采掘不尽的财富金矿，也才会最终得以走出目前的“旅游城市”的发展困境，把自身建设成为一个真正的国际旅游休闲中心。

因此，城景并创，在创意中构筑城区景区的，建设“远者来，近者悦”的世界一流的城景合一的景区化旅游城区，必须成为澳门的追求目标。

① 《十年间中国旅游发展年增 16.9%　超世界水平 5 倍》，见 http://www.chinanews.com/cj/2011/04-27/3002444.shtml。

第八节　金融澳门

任何产业的发展都离不了与金融市场的对接，作为一个以知识为基础的复合型产业，文化产业的项目具有高风险、难量化等特征，再加上文化企业无形资产比重大、回报周期长，这些都决定了文化产业的投融资较其他产业而言更为艰难。完善的投融资体制，是文化产业快速发展的有力保障。

澳门有“一国两制”的政策保障，有全球人均 GDP 第一的经济环境，国家在“十二五”规划中更是制定了将澳门定位为中国与葡语国家经贸合作平台的战略。澳门应在其已有的融贯东西的文化基础之上，打破“经济香港，文化澳门”的魔障，抓住文化产业发展的机遇，搭建大中华地区文化金融服务平台，提供文化产业投融资、项目推介、资源展示、产权交易等方面服务，带动澳门金融业快速发展。

一、金融业是推动文化产业发展的路径

1. 文化产业融资现状

文化创意产业是朝阳产业和无烟产业。在国际竞争日趋严重的背景下，文化创意产业发展的前景广阔。以英国为例，根据英国文化媒体发布的《创意产业专题报告》，2001 年英国文化创意产业的产值约 1125 亿英镑，占 GDP 的 5%；2002 年英国创意产业增加值达 809 亿英镑；[①] 以就业和产出衡量，伦敦文化创意产业已超过金融业。

① 陈汉欣：《中国文化创意产业发展现状与前瞻》，《经济地理》2008 年第 5 期。

但同时，在文化创意产业刚刚起步的阶段，融资难是发展的最大瓶颈。尤其是备受资金困扰但却占据文化创意产业市场绝大部分份额的中小型企业，寻求投资方更是难上加难。好的创意可以转化为财富，但是没有运作资本的支撑，再好的创意也只能是空中楼阁，无法与市场对接。

除此之外，相对完善的金融措施与财政政策，也可以促进一个文化产业发展。例如，美国是世界公认的文化产业大国，其完善的融资体制、多样化的融资方式、多元化的融资管道，预示着美国资本时代的终结与创意时代的到来。

2. 文化产业投融资的一般特征

（1）高风险

文化产业的风险来自多个方面。首先是产品形成过程中的不确定性。参与文化产品形成的创作团队人员有多样性，以剧作为例，剧组成员之间会因看法不一产生分歧，即使是导演的决策也无法保证百分百正确。而消费者对文化产品的需求又是极富变化性的，需求弹性很大，市场反应如何根本无法实现预测，这就使得产品的供求双方很难成功对接。同时，文化创意产品的时代感很强，时效性很明显，尤其是在对文化创意产品的保护法规尚不很健全的地方，投资文化产品的成功与否会在短时间内迅速得到定论，带来的风险大且难以规避。我国每年的电影电视剧超过 3000 多部，但是有影响力的却很少，不过百部。

（2）高差异性

文化产品的特性、格调、风格是独立于购买者对产品质量的评估之外的，不同的受教育程度、社会阶级地位、生长家庭环境等使得人们对文化产品的鉴赏能力大相径庭，对有相同出售价格的不同商品的喜好程度有差异。文化产品的附加价值没有统一的模式，理性成分中可能包含非理性因素。同时，在专家评估、社会交流之后，文化产品的价值可能随时间推移而发生很大变化。

（3）高关联性

文化产品具有强大的横向影响力和纵向影响力，它需要与其他产业活动紧密相连，通过行业间合作，以寻求投资回报的多元途径。而像金融业等产业的兴盛或萧条也会在一段时间一定程度上影响文化产品的市场需求。比如剧院、艺术博物馆、艺术品拍卖行，甚至是被列入世界文化遗产的澳门历史城区所带动的旅游业，都是文化产品的关联产业。

3. 国外文化产业投融资措施

随着文化产业的发展，萌生了一批文化创意产业的发达国家，他们的投融资措施虽不尽相同，但大都收到了良好的成效。了解世界各国投融资模式，有助于更好探讨澳门在大中华地区文化金融服务平台的功能。

（1）国家与政府的金融支持政策

一是财政拨款。应加大对文化产业发展的财政支持力度，增加财政拨款，设立文化发展专项基金。北京等省市已设立专项资金，有针对地引导文化产业企业发展；

二是政策性支持。政府应制定相关税收优惠政策，降低税率，鼓励文化产业企业积极发展，同时亦鼓励企业和个人的赞助或捐赠行为，减少赞助者的纳税。

（2）多元化的投融资方式

企业的资金来源包含外部融资和内部融资，随着市场发展规模扩大，单纯依靠内部融资已越来越难以满足企业的资金需求，外部融资成为更主要方式。

外部融资的模式和管道有很多种。

一是通过资本市场直接融资。可在证券市场上为文化产业中的中小企业专门设立创业板或二板市场以避开主板市场上大型企业的竞争。

二是来自基金的资助。包括不同性质的团体，如社会团体、企业和私人以资金、证券、专利、不动产等多种方式资助文化产业发展。

三是商业赞助或私人投资。赞助者可得到广告、冠名等回报，私人愿意为了可能获得的巨大投资回报而甘冒风险。亦可旨在借此获得非货币的精神回报，比如电影的投资者可能对该剧有浓厚兴趣，或希望与主创人员建立个人交往关系，因此乐于赞助或投资。

四是利用国际直接投资。这在美国文化产业市场得到印证。由于美国国内文化市场较高的利润回报率，吸引了大量国际资本投入。比如福克斯属于澳大利亚新闻集团，哥伦比亚、美高梅属于日本索尼公司。

（3）完善的投融资环境平台

一是文化产业的法律法规。最主要是对知识产权的保护，盗版会极大压制文化产业的发展，打压生产者的积极性；其次还要有健全的资金准入机制、对行业的自律的监管、建立有效的文化产业投资安全风险评估与风险控制系统等。

二是进行价值评估的中介机构。包含初级市场的第三方估值机构和二级市场的二级交易商及拍卖行。通过搜集产品信息及替代品有效性等，减少了市场参与者的信息不完全，给出大致符合市场价值的产品价格，他们是文化产业市场的“看门人”。

三是与银行的金融合作机制。企业与银行的紧密合作，可缓解文化产业的资金瓶颈。各大银行应积极加大对文化企业的信贷支持力度、优化授信模式，创新金融产品、增强风险控制，以提供全方位的金融服务。

4. 金融业对文化产业支持存在的问题

第一，缺乏质押贷款机制。文化企业大多属于中小型企业，缺乏实体设备和产品用于抵押，增大了从银行获取借贷的难度。银行对著作权、版权等无形资产的评估没有统一标准，且作为一种新兴产业，文化企业发展历史短，品牌和信誉缺乏，其经营的稳健性和现金流的持续性无法得到保障，而对不良贷款的责任认定制度亦使信贷经办人员担心承担风险。再加上银行贷款程序繁琐，审核批准时间长，亦不能有效满足文化企业融资的时效性要求。

第二，金融机构创新力度不足。文化企业现在常用的融资方式仍局限于银行信贷，且多采用固定资产抵押担保方式。大多数处于成长期的中小文化企业达不到银行对抵押物和风险控制的要求，很难获得贷款。金融机构由于缺乏受理文化企业融资业务的经验，投资文化企业面临风险较大。同时，银行的绩效考核并不包含无形资产抵押，对文化产业这一特殊行业缺乏对口的产品来支持发展。

二、澳门发展文化金融服务平台优势

1. 广泛的对外经贸联系

澳门是东西方文化交汇的平台，是国际商贸合作的平台，目前已与125个国家和地区保持经贸和文化合作关系，更是中国与葡语国家交流得天独厚的平台。

表6－4　2005年澳门吸引外资统计表（按投资来源地）

（单位：百万澳门元）

直接投资者常居地	外来直接投资累计总额			外来直接投资流量			外来直接投资收益		
	2004年	2005年	增减额	2004年	2005年	增减额	2004年	2005年	增减额
总计	31173	41369	10196	3886	10592	6706	7212	11275	4063
中国香港/HongKong	20025	25436	5411	791	4559	3768	4266	6042	1776
中国内地/China Continental	3711	3907	196	92	440	348	671	2072	1401
葡萄牙/Portugal	2766	2620	－146	232	330	98	610	575	－35
英国/Reino Unido	610	644	34	213	86	－127	550	384	－166
美国/Estados Unidos da América	3045	7430	4385	2413	4406	1993	834	2057	1223
其他/Outras/Others	1015	1332	317	146	771	625	281	146	－135

澳门是独立的经济体和关税区，与十多个国际性组织有着紧密的合作，享受着欧美国家经济往来的配额和关税优惠，坐拥着内地对外开放后的庞大的消费市场。

2. 近年来，澳门经济稳步发展

2000 年至 2009 年度本地生产总值（GDP）按年增长率约为 9.6%；2010 年，澳门全年经济增长率达 26.4%；2012 年第一季，GDP 按年实质增长率 18.4%，就业情况理想，入境旅客及旅客消费持续增加。反映整体投资的固定资本形成总额升幅扩大，按年增加 43.8%，远高于前一季的 15.8%。其中政府投资大幅飙升 449.8%，主要致力于澳门大学横琴校区及公共房屋建设的全面开展。①

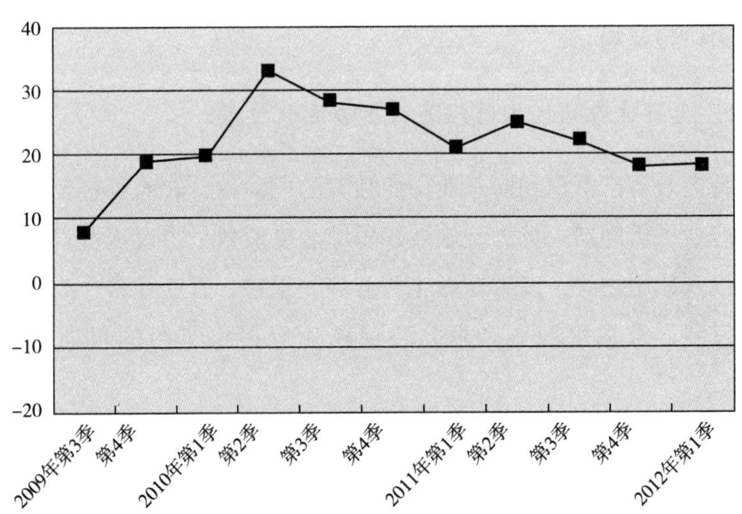

图 6－11　2009 年第 3 季至 2012 年第 1 季本地生产总值实质变动率

数据来源：澳门特别行政区政府统计暨普查局网站：《季度本季生产总值》，见 http://www.dsec.gov.mo/default.aspx。

① 《首季经济增长 18.4%》，《澳门日报》2012 年 5 月 31 日。

3. 澳门是历史悠久的自由港

澳门对进出口货物免征关税，自由贸易是这里的主导，澳门居于世界低税率地区之列，亦曾出台了一系列优惠政策，鼓励外资前来办理金融离岸服务，以推动第三产业发展；澳门币与港币挂钩，财政金融稳定；且澳门投资营商的手续相对简便。

4. 内地政府支持澳门发展文化产业

国家在“十二五”规划中提出，支持澳门建设世界旅游休闲中心，推动经济适度多元化加快发展；建设澳门作为中国和葡语国家经贸合作平台，且国家决定从 2003 年开始每隔三年在澳门举行中国和葡语国家经贸合作论坛部长级会议，发展相互经贸关系，互通有无，已取得一定影响。

5. 澳门政府积极推进经济适度多元化发展

特区政府已意识到博彩业一业独大的风险性，转而积极发展更多元的产业，借助新一批大型旅游娱乐综合度假村、会议展览设施的落成及投入使用之势，以带动酒店、会展、零售、餐饮等多个周边行业加快发展，为文化创意产业、环保产业等提供了新的机遇及动力支持。

三、澳门发展文化金融服务平台的对策

澳门发展文化金融服务平台过程中，需要完成以下二点：一是要推进文化企业与金融机构的合作机制，提高文化企业信贷融资规模，降低成长期的中小型企业融资难度。二是培育知识产权流转市场，建立无形资产、知识产权、专利等的评估机构，探索无形资产登记、评估、质押、托管、流转等一系列操作规则。因此需要创建合适的文化企业融资机制。

针对文化企业缺乏固定资产的特点，探索专利权、著作权等无形资产作为银行信贷质押的途径，构建相对独立的文化企业无形资产评估体系及评估机构，为文化企业无形资产信贷融资提供保障，方式上可采用多种贷款形式和贷款主体相结合。

1. 多元化的贷款形式

版权质押是文化产业主流的贷款方式。文化企业多属中小型企业，其版权比较单一，风险较大，仅以一个企业的单个版权希望从银行获批质押贷款的可能性较小，因此可以尝试使用单个企业的多个版权、或者与其他企业联合多个企业的版权来进行集合质押融资，以提高贷款的可能性。由一个企业将自己的多个版权打包，或是多个企业构成一个集合，将各自企业的版权打包，进行集合质押，再由担保公司评估后担保，向银行申请贷款。这样可有效地降低单个版权投资失败的风险，亦可通过企业间捆绑而分散面临的市场风险和单个企业的违约风险。

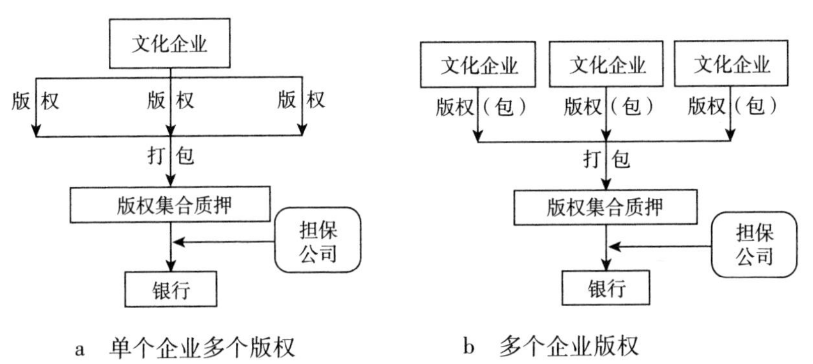

a　单个企业多个版权　　　　b　多个企业版权

图 6－12

数据来源：于孝建、任兆璋：《我国文化产业金融创新方式分析》，《上海金融》2011年第6期。

2. 多元化投资主体

文化产业包含的门类多且各自的专业性强，需要专门从事文化产业评估的中介机构给出与市场价值大致相符的产品价格。因此文化企业的融资参与主体除了企业和银行外，应通过第三方主体，如担保机构、保险公司、风险投资基金、文化产权交易中心等的加入，以增强文化企业信用。还可成立文化产业银行，以与现有银行业务区分，减少银行贷款风险，形成多元化的金融投融资主体。

有研究者做示意图如6－13。

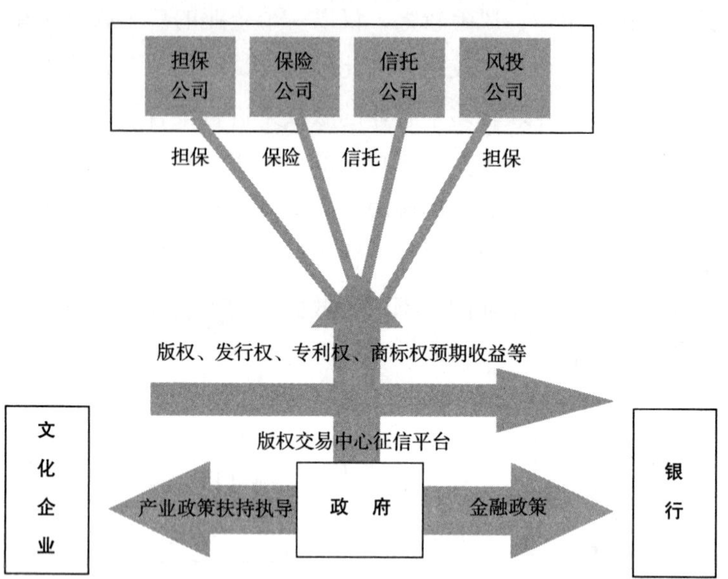

图6－13　文化企业贷款融资参与主体示意图

资料来源：于孝建、任兆璋：《我国文化产业金融创新方式分析》，《上海金融》2011年第6期。

与真正的资本市场一样，文化产业市场的投资主体包含初级市场的第三方主体和二级市场的中介机构。

I 初级市场

①担保公司与保险公司。是中小文化企业贷款中重要的增信方，可代表银行对文化产品的生产进度、生产质量、生产开支等进行监督和管理，对发行推广、打击盗版等生产外的传播环节提供保障，对文

化产品能否达到预期的市场表现，如票房收益进行保险，保证整个生产、制作、宣传、销售过程按计划进行，并在出现危机时可迅速作出反应，减少投资方的进一步损失和银行的贷款风险，增强文化企业抗风险能力。

②风险投资基金或私募股权投资。文化企业将一定比率的股权质押给风险投资基金，由风险投资基金代为向银行提供担保。一旦文化企业无法偿还贷款，风险投资基金将代为偿付并取得文化企业的相应股权。此外，由于私募股权基金的周期为5—7年，相比银行信贷周期更长，更符合文化创意企业投资回报周期长的特点。目前全球私募股权资金总额高达702亿美元，美国的私募股权基金交易量占美国GDP的3.2%。[①]

③成立文化产业银行。目前，大部分商业银行服务对象是工商业，对文化产业认知不够。且已成型的如绩效考评体系等庞大的行业标准使得银行更愿意为资金雄厚、抵押物充足的企业发放贷款，转变起来较为困难。因此应成立专门服务于文化产业的银行，提高银行转型效率，加快制定适合于文化产业的相关金融服务；或在部分商业银行设立专门服务文化产业的分支机构，促进银行与文化产业间的合作。

Ⅱ二级市场

④拍卖行及交易商。交易商为潜在购买者提供符合其兴趣的合理化建议，拍卖行为明确知道自己需求的人们提供有竞争力的价格，都是通过提供专业的服务而赚取相应的佣金。拍卖行除了作为现有文化产品的交易代理机构外，也构建了供相同社会阶层的人们彰显社会地位、进行社会活动的空间与场所。

① 余晓泓：《美国文化产业投融资机制及启示》，《改革与战略》2008年第12期。

第九节　贸易澳门

在经济全球化背景下，文化贸易越来越频繁，各地的文化创意产业园区也占尽风头。发达国家凭借经济和科技实力在国际文化市场上已占据了领先地位，而发展中国家则由于资金等的种种束缚，难以将巨额资金投入到文化产业的发展上去。

澳门历史悠久，东西文化交融共生，且每年有大量的财政盈余，各项经济指标都十分乐观，有资格也有资本走在文化产业发展的前列。打造澳门国际文化贸易平台，充分利用澳门“世界休闲娱乐中心”的有利条件，联合珠三角的合作优势，互相弥补，共同拓展文化服务贸易国际市场，争取走在大中华区文化产业发展的最前列。

一、困境与局限

国际文化贸易的概念众说纷纭，国内外学者尚未达成一致。作为一个发展中国家，我国的文化贸易尚在起步摸索阶段，有待进一步的发展。现在的文化产业尚处于商业化的运作能力弱、销售管道和网络有限、专业化人才缺乏的阶段，面对着国内人民日益增长的精神文化消费，背对着发达国家凭借强大的文化经济实力和完善的文化服务条款而设定的一系列贸易壁垒，出口产品的规模小、档次低、利润少。

1. 贸易范围狭窄

贸易出口主要面向亚太地区，对欧美发达国家的出口项目较少。

2. 贸易结构单一

我国的传统文化丰富多元，但缺少商业的包装，无法适应国外的文化土壤。除了杂技、魔术、音乐等部分项目成功输出外，其他知识技术密集型的文化产品和服务普遍缺乏国际认同感。

3. 贸易模式原始

既缺少对创意进行适应当地文化的二次包装，又缺乏合理的商业运作模式，尤其是缺少既有较高的专业素养，又熟知市场经济规律、具有丰富的文化产业运作及经营管理经验的人才。①

4. 贸易逆差严重

国外输入的文化产品和服务经常取得高额的回报，而我国输出的文化产品和服务总体上效益低下，有的甚至无利可图。

5. 贸易壁垒过多

出于对本地文化的保护，或出于对国家文化安全的考虑，在涉外文化商贸领域的制度性壁垒过多，限制了文化贸易的自主发展。

二、建立保税区

澳门是有“一国两制”体制保障的贸易自由港，成立保税区可以为文化贸易提供更加便利的贸易条件。境外文化产品和服务进入保税区可视为未入关，国内出口的文化产品和服务进入保税区则可视为已出境；在保税区内留用的进口设备，可以在免税状态下使用；在保税区出口的产品可以马上享受退税；再加上建立的公共活动的配套服务区作为文化贸易洽谈区，既降低了文化贸易的成本，又加快了资金流

① 王敏：《打造文化贸易枢纽港——访上海东方汇文国际文化服务贸易有限公司总经理任义彪》，《文化月刊》2010 年第 1 期。

通速度。①

结合澳门比较奢华的城市形象整体定位，加上其地区财政收入的有力支撑，可通过一系列优惠政策吸引外商，在保税区建立比较高端的比如艺术品的展览、销售以及拍卖、配送于一身的文化产业体系，打造高端文化产品二级市场，寻找文化产业发展新亮点。

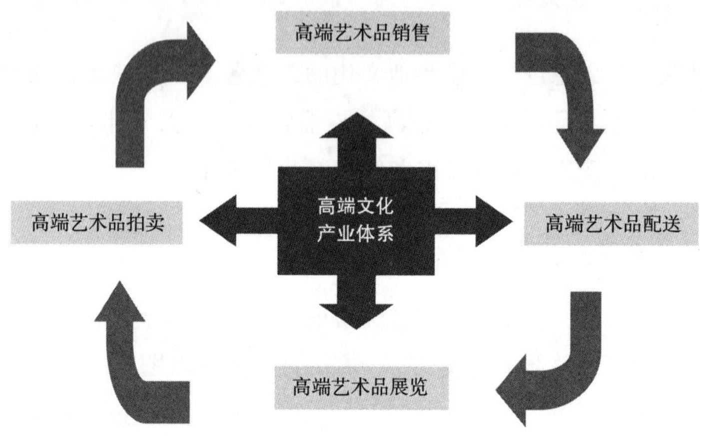

图6－14　高端文化产业体系示意图

对于高端产品的初级市场，澳门也可有所作为。内地的制造业全球闻名，出口商品远销海内外，但却多是取胜于价格低廉的低层次产品。随着市场的变化反应显示，人们对于优质艺术品的精神文化需求越来越高，市场份额稳定扩张，经济发达的地区已不能满足于现有的当地艺术品市场，对艺术品质量的在意使得原材料的原产国举足轻重，根深蒂固的刻板印象让消费者更为欢迎来自经济发达、艺术口碑卓越的国家或地区。

1. 创作

澳门具备优质休闲生活条件，可为艺术创造者提供创作作品的收

---

① 王敏：《打造文化贸易枢纽港——访上海东方汇文国际文化服务贸易有限公司总经理任义彪》，《文化月刊》2010年第1期。

藏方；澳门容纳东西文化在此汇聚交融，对文化的包容性是吸引创意人才聚集的环境氛围。吸引创作者、销售管理人才和学术研究人才到澳门，逐步建立国际艺术品的信息交流、展览、销售、拍卖乃至配送的整套系统体系，为艺术家提供聚集地，让艺术家、艺术品的经销商和收藏家齐聚澳门。

2. 展销

在后期分销上可在澳门打造出国际艺术品展销拍卖的平台，将同社会阶层的人士聚集于此。就像澳门最发达的博彩业，赌客最首要的目的不是为了赌博本身带来的娱乐，而是商人间交流，增进感情、加强合作的一种公关方式。艺术品的展销拍卖平台作用亦是如此。

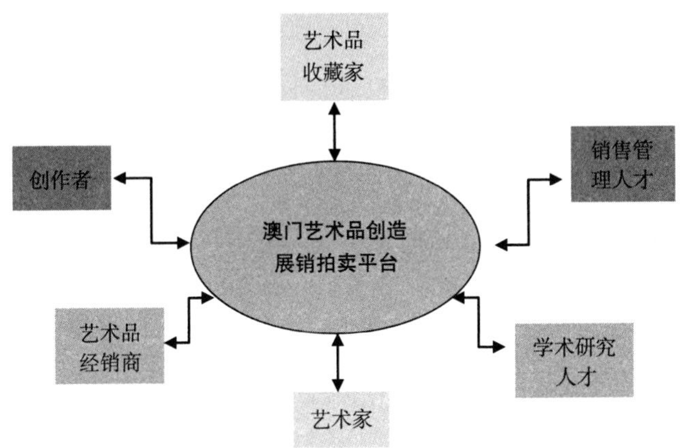

图 6－15　艺术品创造展销拍卖平台示意图

3. 配送

对于艺术品的配送澳门有得天独厚的交通条件。利用港澳码头、凼仔码头、港珠澳大桥、珠三角城镇群轨道交通网络、澳门国际机场等水路陆路和空中网络，连通两岸四地，将文化产品安全、高效地送到每个买家手中。

利用澳门的自身优势，建立完全有自身特色的合适的艺术品模式，让艺术品的创作、展览、销售、配送形成完整的体系。

三、平台定位、服务内容

澳门国际文化贸易平台旨在为文化产品和服务“走出去”提供良好的外部环境，集国际贸易基地功能、展示交易功能、公共服务功能于一体，对文化产品和服务进行贸易资源整合，打造完整的贸易链。提供买卖双方交流的平台，为艺术创作、版权交流寻找合适的合作伙伴，向世界展示两岸四地优秀的文化作品和文化品牌。如投融资服务、商贸信息、海外推广、政策咨询、人才培训等，为文化企业和投融资机构提供国际采购、进出口贸易、产品展览、演艺经纪、影视策划、后期推广等等一系列的配套服务。

在硬件设施上，也要非常注重贸易服务功能的体现。在新开发的横琴岛上做足规划，充分利用澳门已有的相对比较成熟的娱乐业、服务业的经验优势，为文化企业提供硬件支撑。

四、对于注册企业的扶持和优惠

文化企业涉及到文化产业的多个方面，牵涉面广，关联产业多，应结合不同的产业平台给予不同的个性化服务。

1. 贸易推广

比如电影产业。市场反应良好的并不仅是好莱坞投巨资制作的大成本电影，一些投入不很多的小型电影公司的影视作品，有时也能收到意想不到的如潮好评。对于这些中小型的电影公司来说，资金流有限，想要扩展市场，为影片在海内外推广宣传，其力量非常有限，投入成本高且收效不明显。如果能借澳门旅游城市的人气，在一些国际重要的展览、活动场地租一些展示空间，或是构建专门的文化产品和服务的聚集地吸引文化产品的爱好者，以优惠的价格提供给这些企业使用，不仅可以帮助企业很快找到目标受众，收到很好的宣传回报，且也能实现澳门留住旅客的双赢局面。

2. 政策扶持

在项目审批、财政支持力度、投融资管道以及税收政策等方面予以优惠，给予文化内容和版权输出企业或产品相应补贴，设立专项资助基金或专门贷款等。比如由政府拨款对本地乃至周边文化企业进行补助和支持；最直接的就是企业高管所缴纳的个人所得税可以退还一定的比例。

入驻保税区的文化企业可以享受到叠加的财政扶持。在享受中央政府有关文化产业扶持政策的同时，还可以享受特区政府每年对文化贸易平台的扶持资金，并在贷款利息上享有额外补贴等。具体扶持政策可随市场变化而做适应性调整，但重心可以归纳为两方面，首先就是为保税区文化贸易平台上的企业减负，其次也要为他们提供便捷的服务和连接国际市场的良好外部环境，让优秀的作品走出国门，增加文化出口值。

五、针对国际资源的开发与积累

澳门作为中国与葡语国家的联系桥梁，在国际资源开发与积累中要起到关键作用。比如通过邀请一些国外有影响力的制作人、经纪人或是有资源的企业参与文化产品的制作过程，增加投资方合作兴趣及产品的自身卖点。再比如，通过举办高规格的论坛、展会进行同业界间的交流和推介，让真正了解中外文化市场的有经验的人或企业参与到国际文化服务贸易平台，以逐步积累能够对文化产品起中介作用的资源。或是可以通过外国的经纪公司邀请国外的演艺专家、经纪人来国内参与研究、分析和策划，帮助国内企业更好了解国际市场的需求、跟进国际发展的潮流。

六、实现目标

文化产业贸易平台的搭建是循序渐进的过程。通过扶持政策的落实，提高文化企业积极性，培养一批专业从事文化产业贸易的人才，告别文化软实力弱的现状，将澳门的文化产业提升到战略高度，扩大平台的影响力。它可以包括软硬件方面的建设，从而实现从量变到质变的过程。

1. 硬件完善

文化产业贸易平台功能性建设，前期：进行可行性调研，加强推广宣传，通过各种方式拓展国内外合作管道，加大推进平台的招商力度，力图把平台形成文化贸易聚集地；中期：通过承办各种国内外文化展览或承办组织各种国内外的文化展会和论坛带动澳门文化服务贸易市场交易；后期：构建完善的电子商务平台功能，实现平台信息网路化管理等，打造“日不落”的文化贸易平台。①

经过3—5年的培育期，使澳门文化服务贸易平台在珠三角区域逐渐有影响力，使文化、商品、资金与人才能在澳门汇聚，逐渐成熟的国际化文化贸易运营模式，将带来可观的业绩，成为澳门休闲娱乐中心新业态增长的亮点。

2. 软件的完善

软件建设上主要是增强平台的盈利模式，提供国际化的服务，使平台能够保持高水平的运作，真正发挥桥梁的作用，从而与国际市场接轨，打开两岸四地影视交流的大门，全面彰显文化服务贸易平台的战略地位和作用。

总之，要利用好澳门这个特殊的平台，为文化贸易提供一个可以

---

① 池邑、杨萱：《国际文化交流的新载体——走近上海国际文化服务贸易平台》，《人民日报》2009年2月16日。

长足发展的空间，与此同时，用文化服务贸易的发展来推动澳门文化产业的大发展。

第十节　影视澳门

随着文字霸权时代的逐渐没落，取而代之的是更加具有直观性与具象形的图像霸权时代。当电影已然成为大众消费及文化生活的主要部分之一，面对这项可以与其他众多娱乐相连接、可以带动周边资源及消费活动的庞大产业，澳门怎能弃之不顾?

鉴于澳门目前的电视产业一时很难有较大发展空间（已如前述），而在澳门发展电影产业，却势在必行。因此，下面我们主要就澳门电影产业的发展略叙己见，尝试来建构一场城市“华梦”，并且，让梦想与电影共舞。

一、澳门现状分析

澳门的电影市场虽然不算大，但与电影的渊源却很久。它不但是大中华区最早（1893 年）有电影放映设备的地方，同时也是最早（1896 年）拍摄电影的地方。罗卡在《电影中的澳门形象——景观与文化》中就有记载，“电影发明之后仅三年，爱迪生公司的摄影师就来过澳门拍摄活动影片，目前流传下来的是一段《澳门风光》”。[①]

1. “永不打烊”的澳门

澳门素有“东方蒙地卡罗”的美誉，而蒙地卡罗所在的摩纳哥，

① 何家政:《本土导演看电影的“澳门风格”》,《游遍天下》2011 年第 6 期。

即是一个凭借赌场起死回生的微型经济体。摩纳哥起初也试图把触角伸向其他产业，但最终还是在博弈产业中功成名就。

同样的，澳门24小时连轴转的博弈产业虽比不上香港的金融中心、购物天堂，却使澳门连续蝉联亚洲人均GDP第一的宝座，带动了经济蓬勃发展。在博弈产业发展顺利的今天，产业结构单一使得澳门遭受金融危机冲击的风险越来越大，而其他国家和地区的开赌，以及内地对前往澳门旅游的限制等等也会对澳门的客源造成很大的影响与流失。因此要转变发展思路，将焦点放到休闲旅游观光及其他新兴产业，追求城市整体的均衡发展，以有效规避风险。

2. “快进快出”的游客

最新的澳门统计局统计资料显示，2011年澳门的游客中内地游客的比例高达57.7%，同比上升22.2%①，是上升最快的部分，因此，我们认为发展的重点还是如何更好吸引住这超过半数的客人。

旅游是基于人们对更高生活质量的追求，而作为游客，首先是猎奇的心理，这也是为何很多游客进入赌场并不是抱着赌博的目的，甚至身临赌场而一注未下，却仍旧会选择澳门赌场的旅游行程的原因。从猎奇的角度出发，就意味着澳门应该发展内地所没有的项目。

比如日本号称从不对外出口的国宴级的顶级牛肉神户牛肉，因为日本消费市场的不景气，将在2012年开始单独出口至澳门。如果忽略日本之前的核泄漏问题，这将是一个非常令人振奋的消息。因为大家都没吃过这种牛肉，而来澳门尝尝鲜的成本又远小于去日本的机会。但是像神户牛肉这样“天上掉下来的牛肉”毕竟还是少数情况，想要满足游客的猎奇心理，更多的还是要靠澳门自身来发展合适的产物。

① 数据来源：澳门特别行政区政府统计暨普查局官方网站。

3. “公关效应”的赌客

分析表明，游客来赌博的最多的原因是社交需要，远大于排在第二位的对赌博刺激的追求。这一点并不难得出，因为广州这一带地区商业较为发达，从事经商的老板们将前来澳门赌博看作某种意义上的公关行为。既然对赌博刺激的需要并不是赌客们最主要的需要，因此，澳门还有很多其他可以发展的空间，其中，打造电影平台就是一个很好的方式。

二、澳门可以发展电影平台的原因

首先就是满足了游客的猎奇心理。其中主要还是国外的影片可以起到的作用。众所周知，内地对于版权问题也是这几年才成为整治的热点，之前大量的电影都可以直接在网上下载观看到，许多网站也被一一屏蔽，而国外有的电影因为并未广为流传，更是难觅踪迹。因此这是澳门发展电影平台、吸引游客的一个绝佳的契机。

其次是满足了游客对高雅事物的追求心理。如果说赌博是有些“俗”的娱乐，那电影平台的打造恰恰填补了“雅”的层面，正所谓雅俗共赏。随着教育的普及化，现代人的文化知识水平不断提高，对美的追求也越来越强烈，品味美的能力也在不断加深，当新一代有着高知识水平的年轻人逐渐取代相较而言不那么重视教育的老一辈时，澳门赌业的竞争力和盈利水平将很有可能大幅下滑。因此，未雨绸缪，要发展开发出符合新一代年轻人价值观消费观的产物，只有走在时代的前列才能免遭淘汰。

再次就是澳门的历史文化背景。其实澳门本身就是一部电影，在这个中西方文化完美交融的地方，这个中国天主教的起源圣地，这个曾有包括孙中山、叶挺、郑观应等伟人生活过的地方，没有经受过战争的摧毁，一切都得以完好地保存在这片土地上，深厚的历史积淀需要并且也值得电影人挖掘与宣传。

三、澳门发展电影平台所带来的好处

1. 可有效增加游客在澳门的逗留时间

根据澳门统计局的资料，2011 年 3 季度游客在澳门的平均逗留时间为 1.0 日，其中更是有高达 53.2% 的入境旅客是选择不过夜的，而留宿旅客和不过夜旅客的人均消费为 2716 元和 647 元[①]，因此不过夜的旅客对于澳门的旅游市场来说，是不小的损失。再看不过夜旅客的平均逗留时间为 0.2 日，过夜旅客的平均逗留时间为 1.9 日，如果能有效增加他们在澳门的停留时间，也许只是需要增加那么短短的 0.1 日，而带来的成果有可能达到 2.9 日。如何增加这 0.1 日？电影会是很不错的选择。一来一部电影的时长几乎都在 2 小时以上，二来 24 小时轮番播映影片的形式也弥补了晚上只有赌场一处可去的过于单一的娱乐方式，再加上辅助的主题景点的打造，更是可以吸引游客“带着故事看景点”。

2. 可带来可观的收益

除了增加游客停留澳门时间所带动的消费之外，光可以估算出的播放电影的收入就已不菲。根据澳门统计局资料显示，2011 年进入澳门的旅客是 2800 万人[②]，这一资料还在不断增长。其中假设有 500 万人（即不足 20% 的游客）选择观看一部电影，乘以现在的电影票价 60 澳门币/片，就会带来每年 3 亿澳门币的收入。除此之外，还有帮助内地电影推广所赚取的酬劳、举办相关会展的收入以及相关主题景点而连带出的旅客的消费，每年的盈利将十分可观。

① 数据来源：澳门特别行政区政府统计暨普查局官方网站。

② 数据来源：澳门特别行政区政府统计暨普查局官方网站。

3. 可提升港澳间澳门的竞争力

2012 年年初由内地游客在港铁吃东西事件的导火索下，引发了一波又一波的骂战，不难看出香港与内地的民间关系日益紧张。这对于澳门来说，由于有 24% 来澳门旅游的游客是因为港澳游而来到澳门①，因此一旦去香港的游客减少，对澳门的旅游市场也会造成不小的冲击。但换一个角度想，这也是澳门的一个契机。众所周知在一国两制的制度下，澳门与香港的地位是平等的——独立的关税区、国际贸易自由港、国际最低的税收，如果能有效地拉拢那部分以购物为目的而去香港的游客，使他们转而将澳门作为主目的地，这对于澳门消费的带动将起到十分积极的作用，另一方面，也可以有效缓解香港人口爆炸所带来的种种压力。

四、影片素材

想要将澳门打造成影像与快感之城，就不能忽视电影与造梦的关系。电影给了观者类似做梦的经历，囊括了观者形形色色潜在和显在的欲望，电影是娱乐大众的梦幻艺术，而观影则是短暂而有趣的梦的旅程。我建议澳门电影平台的放映内容可从以下几方面入手：

1. 赌王之梦——赌王赌城题材电影

澳门的赌城已基本成型，中西赌场在这里完美组合，取任一家来作为拍摄基地或是游览参观的景点，它们的豪华景观及设计风格都不会有重样。而赌王赌圣的轶事更是赌客们津津乐道的话题。早在 1989 年王晶导演便请来和何鸿燊神似的刘德华出演了戏说赌王少年经历的《赌城大亨之新哥传奇》，取得票房成功后于 1992 年又开拍了续集《赌城大亨之至尊无敌》，掀起影坛一片“赌风”。而 2009 年在澳门全

---

① 数据来源：澳门特别行政区政府统计暨普查局官方网站。

程取景的电影《游龙戏凤》又找来刘德华饰演澳门富豪阿森，和舒淇饰演的米兰演绎了一出灰姑娘式爱情喜剧，而男女主人翁的原型正是何赌王和四姨太。其间穿插的议事亭前地、西望洋山灯塔、路环旧城区圣方济各教堂等等的澳门景点，皆是经典。因此，赌王赌圣类电影在澳门这片土地上有其独到的市场和尚未开发的巨大潜在价值。

2. 禁忌之梦——内地禁片与未删节版电影

内地禁片就是指禁止任何途径在中国内地传播的影片或影视作品。而由于地区电影分级制的差异，港澳地区可以上映的电影作品的尺度较内地更为开放。比如近些年的《3D 肉蒲团》以及随之的续集《喜爱夜蒲》等，还有较早前的《色·戒》未删节版，这些在内地被称之为禁片的电影，无疑是一种诱惑，掀起了一波又一波内地观众赴港澳观影的热潮。①

期间不仅衍生出内地组团观影的套票团购，更据影片导演孙立基估计，《3D 肉蒲团》的三分之一票房是由内地观众贡献的。诚然禁片都或多或少的涉及了社会黑暗面，但观者正是需要通过真实地体验社会原貌，来换位思考各自的人生观，将邪恶埋葬在电影中，减少社会黑暗面所带来的消极影响。正如《弗罗伊德看电影》中拉罔所说，“梦是永无法实现的欲望伪装的满足”。

3. 昨日之梦——经典黑白电影

黑白电影是以只有黑白两种颜色的感光胶片拍摄的影片，通过黑白之间的明暗对比表现景物色调。从德国表现主义、法国印象主义和超现实主义、俄国蒙太奇运动到意大利新写实主义等，作为早期电影的拍摄方式，随着现代电影技术进步，黑白电影已鲜少在荧幕上出现。但这并不意味着黑白片已经过时，恰恰相反，在复古风潮刮的正强劲的今天，是时候让它们带领观者来一场华丽的旧梦重温了！2009

---

① 章升：《内地观众为何热衷赴港观影?》，《紫荆》2011 年第 7 期。

年的时候，一部来自 1913 年的片段，描写 CHANEL 品牌的创始人 Coco Chanel 的黑白短片《Coco》于巴黎首映。用导演 Karl Lagerfeld 的话说，"今日今时人们已经为再次接受黑白默片做好准备"。

4. 原乡之梦——本土粤语电影

即便随着内地电影分级制度的逐渐完善，审查尺度也逐渐放宽，有些电影可以不加剪辑进入内地，但通常都变成普通话配音，想要观看到粤语原声电影非常困难，这对于追求影片的原汁原味的影迷是不小的遗憾。[①] 尤其是对于粤港澳一带粤语使用区的影迷来说，重新配音的电影既失了亲切感，也少了许多方言所带来的特有的乐趣。除了为粤语电影辟出一条道外，还有就是澳门本地的独立电影制作了。

澳门是典型的微型经济体，地方小，人口少，对人才的缺乏是其上游创作上的软肋。既是软肋就更应大力扶持，这与近些年澳门政府大力发展文化创意产业的想法亦不谋而合。一方面可以带动澳门由博弈产业转向文化产业发展；另一方面也是吸引游客、使他们更好地了解澳门、更快地融入澳门的预热秀。

5. 儿童之梦——动漫动画电影

动漫电影里的主人公大多青春洋溢，他们纯真善良、爱憎分明、乐于奉献、敢爱敢恨。这可谓是物欲横流的成人世界里的一片桃花源，美国的迪士尼动画便是建立在对儿童世界向往的基础之上，将现实的残酷消解在动画电影的梦幻之后。

如果说澳门的赌场里充斥着成人的欲望，那正是需要这一抹清新的动漫电影来提醒人们，澳门亦有它的纯净明亮。借用打动了无数成年人的日本动漫大师宫崎骏的观点：儿童在进入物欲横流的成人世界之后，儿童成为了成人的救世主，成人需要儿童的救赎。

---

① 章升：《内地观众为何热衷赴港观影?》，《紫荆》2011 年第 7 期。

五、营销手段与辅助措施

要将电影平台发展成澳门的一个品牌，前期的宣传推广格外重要。观察进入澳门的入口点都不难发现，无论是关口、码头还是机场，第一眼看到的都是各家赌场的热情招待。当赌场这个第一印象强势的被植入游客脑中，又没有与之相当的其他游乐项目时，就难免会以为澳门只有赌场一处可以休闲娱乐。因此要打破游客的惯性思维，大力宣传电影以及诸如美食、圣地等其他的澳门休闲特色。其中营销手段可分为如下几点：

1. 主题景点开发

电影中的经典场景无不使影迷心生向往，但作为游客，却往往苦于对路线的不熟悉，而很难找出向往的电影里的一个个零散的景点。若能专门开辟相关的线路旅游，诸如“大亨之路”、“恋人之路”、“黑帮之路”等，锁定相应消费群，配之以相应的导览服务，即是将整个澳门作为一个主题公园，不同的游客都能获得各自想要的游览体验。比如像《游龙戏凤》，即可以将场景一一包装，推出“大亨之路”的澳门旅游路线，由美高梅金殿出发，带领游客们重新品味刘天王的风采，重踏赌王的足迹，一览电影里赌王曾意气风发指点江山的莲花广场，赌王和四姨太深情相拥的西望洋山灯塔及一吻定情的路环市区的圣方济各天主堂等地。

2. 户外广告牌

户外广告牌是消费者进入商圈消费前最末端的媒体。可以在几个商圈或赌场聚集处设立大型广告牌，循环滚动播放当日影片的放映时刻表。尤其要突出其照明设置，使广告牌在夜间闪耀出多彩霓虹，易于吸引游客的注意力。

3. 交通媒体

即以交通运输工具为传播管道的营销方式，包括巴士、出租车、码头及机场。它能传递信息给搭载这些交通工具的乘客，面对的受众十分广泛。比如可在出租车座背面口袋中放入广告 DM，供乘客自由拿取；比如澳门银河的 3D 戏院可以在其赌场巴士内打出相应广告。

除此之外还可以做如下辅助措施：

1. 降低进入澳门的交通成本

进入澳门有海陆空三种方式。根据调查显示，以赌博为目的前来澳门的游客大多是随时出发的，也就是说他们对于来澳门旅游是比较随性且不需计划的，因此，我们应该试图抓住那部分有详细计划来澳门游玩的旅客，他们前来澳门的目的大多不是为了赌博，也就是电影平台很合适的消费受众。

再看澳门统计局给出的资料，其中通过航空进入澳门的旅客远远少于另外两种途径。这既有本身运载能力的限制，同时也暗示了航空运输有比较大的发展空间。可以着手给予进入澳门的优惠措施，如增加提前一月订票的优惠享受名额。但是实际上由于票量很少，只有提前两个月才能购买到低折扣的机票。既然需求量是有的，可以考虑增加航班数量与提前一月订票的折扣机票数量，吸引更多的游客进入澳门。

但是亦存在有旅行社通过这个方法降低成本。因为直飞香港的机票十分昂贵，旅行社在经济利益的驱使下难免会选择带团直飞澳门再坐船去香港，从而省下不少的交通成本。这部分游客实际并没有在澳门逗留，只是作为中转，并不会贡献出任何消费。针对这个问题，可以从签注上加以限制，拒绝持旅行团签注购票的旅行社享受此优惠措施，以减少澳门成为中转港的几率。

2. 将电影推广平台与会展相融合

澳门的会展夹在香港的会展业、广交会、深交会等周边地区相对十分成熟的会展中间，想要再打出自己的品牌已相对较难。在这种情况下，可以将会展放在较为从属的地位，在发展澳门其他特色的时候顺带推动会展业分一杯羹。比如在澳门推进电影、电视推广平台与会展的结合，让澳门成为内地电影电视推向世界和世界电影电视进入内地的一个平台。

一，可以吸引到更多的电影爱好者与这个行业的专业人士关注澳门，推广澳门电影平台的影响力，建成相应的品牌效应；

二，将国内与国外的电影放在一起，可以很清晰地对比出优劣好坏，取长补短，这对于新一代电影人的成长也是大有裨益；

三，也可以有效弥补在资金运作上可能出现的短缺，并吸引到更多专业人士来澳门旅游消费。

为此，在澳门打造世界知名的电影节、电视节，就是一项亟待由政府出面来倾尽全力大力推进的迫在眉睫的重大战略举措。

第七篇

多元共生

回顾前面的种种分析，为我们展开了澳门文化产业发展的一幅整体构想。

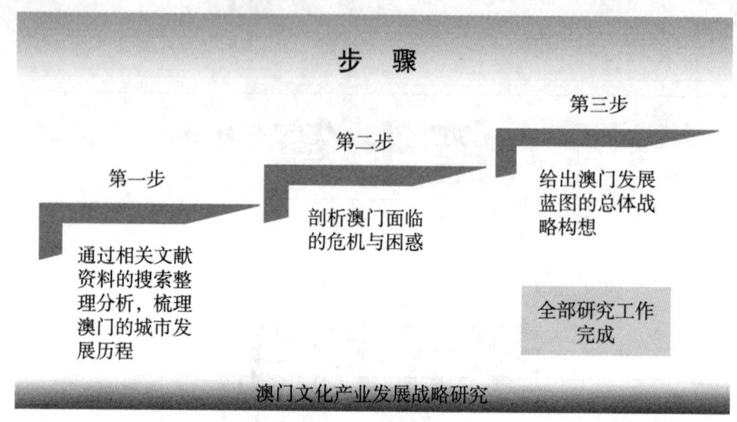

图 7－1　研究步骤

澳门文化产业发展的总体战略其实就是我们关于澳门文化产业发展的一个价值预设与价值定位。战略，就是让全世界都关注你而不去关注你的竞争对手的全部理由。

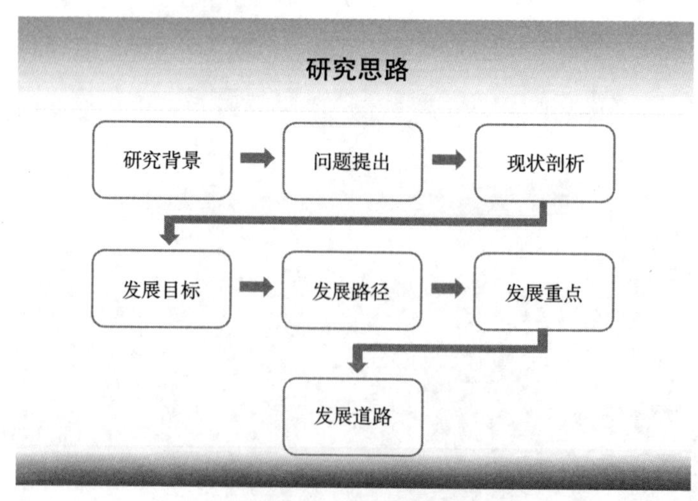

图 7－2　研究思路

由此，关于澳门文化产业的发展战略，可以归纳为以下几个方面：

一、澳门未来的发展目标：建设国际未来岛

国际未来岛是澳门人的未来蓝图，其中的关键是：有氧文化。即：能自我反思和调解、能创新和拓展、能包容、有张力且充满生机活力的文化；既保证澳门经济快速发展，又能保住城市文脉；既有国际化又有本土化，既有集中化又有多样化的文化。

而澳门在未来发展的最具魅力之处，就是在经济快速发展中的“有氧奔跑”！

二、澳门未来的发展路径：两极驱动

澳门未来发展的路径，应该以博彩业与休闲旅游产业作为两极（两个增长极）来驱动。

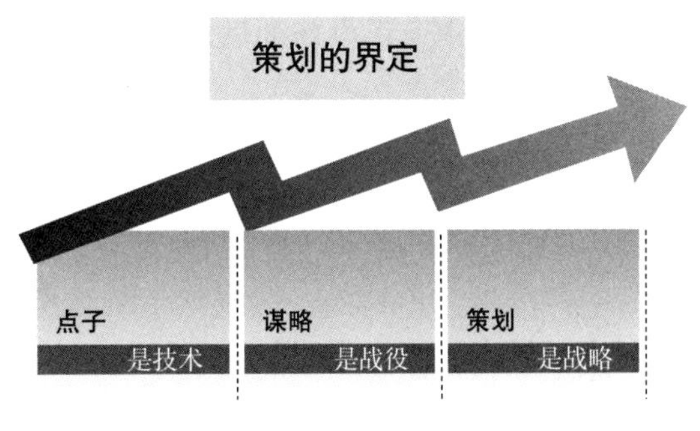

图 7－3　策划界定

为此，澳门应该从博彩产业单极向博彩与休闲旅游产业两极驱动过渡。

其中，增加游客人数和滞留时间是发展澳门的两条腿。

大力发展博彩业和旅游休闲，则是推进澳门发展的两只手。

三、澳门未来的发展重点：三翼展开

澳门未来的发展重点，应该以新业态、新娱乐、新品牌为三翼去展开。

1. 第一翼是“新业态”

“新业态”是指让不同的产业通过相互渗透、互补等方式碰撞出新的产业火花，从而激发并发掘出不同于以往的产品或服务方式，实现产业结构从“部门经济”到“产业联动”的转变。①

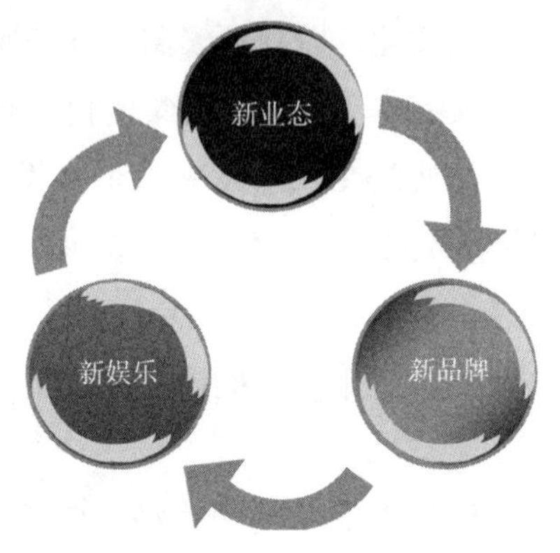

图7－4　三翼发展

“博彩创意化，创意博彩化”，应该成为澳门的发展战略与发展理念。

一方面，澳门博彩业的发展拓宽了文化创意产业的发展空间。博彩业的发展可以为文化创意产业提供新的展现平台，以及为文化创意产业拓展新的市场空间。

另一方面文化创意产业可以反哺博彩业。文化创意产业的融入为博彩产业提供新的丰厚的博彩资源，让澳门的博彩业更有文化、更有创意，摆脱“博彩就是赌博”的偏见，使博彩业成为受人认可的消遣休闲娱乐，把创新意识贯穿于博彩业的各个环节、各个层次。

例如，目前就可以考虑增设的就有：海上博彩、世界博彩历史博物馆、赛车博彩、博彩主题公园、博彩体验区、博彩嘉年华、选美博彩、赌王大赛、在线博彩等等。

---

① 王鹏：《澳门博彩业与文化创意产业的融合互动研究》，《旅游学刊》2010年第6期。

2. 第二翼是“新娱乐”

娱乐时代的到来，娱乐在不同的领域开花结果，延伸出不同的娱乐形态。

娱乐经济是世界未来经济发展的方向。娱乐经济无疑仍旧以“博彩经济”为基础，但是，又比它更丰富、更健康、更全面。在娱乐中经济，“让消费者为快乐埋单”就是未来的主题。

目标：从以“吃”、“住”为重点转向以“玩”、“乐”为重点，把澳门打造成世界级的“快乐”生产平台，世界级的“不夜城”。

3. 第三翼是“新品牌”

澳门要在婚庆澳门、节庆澳门、养生澳门、功夫澳门、圣地澳门、美食澳门、创意澳门、金融澳门、贸易澳门、影视澳门等方面初步形成十大澳门品牌。

四、澳门未来的发展道路：文化产业发展的多元共生

澳门文化产业的发展，还有诸多方面，更涉及许多具体问题。

在这个方面，因为已经更多地属于关于文化产业发展的“计划”，而已经不再属于关于文化产业发展的“策划”。因此，我们就不再去加以讨论。

而且，在这个方面，澳门政府的有关部门也已经和正在出台很多相关举措。我们认为，这些相关举措都可以与澳门在“一岛蓝图”、“两极驱动”、“三翼展开”的基础上协调发展。

同时，我们也希望澳门的文化产业的发展能够多业务组合，以分散风险；多元化协同，以增加回报；能够对多种资源加以充分利用，以增强可持续性。而且，化零为整，优化各生产要素的配置，实现资源共享，使得市场结构不断趋于合理化，并最终为澳门文化产业的发展创造出新的市场需求和巨大的市场空间。

五、总结

澳门文化产业发展的总体设想：一岛蓝图、两极驱动、三翼展开、多元共生。

即：

一岛——国际未来岛蓝图；
两极——博彩业与休闲旅游业两极驱动；
三翼——新休闲新娱乐新产业三翼展开；
多元——文化产业发展的多元共生

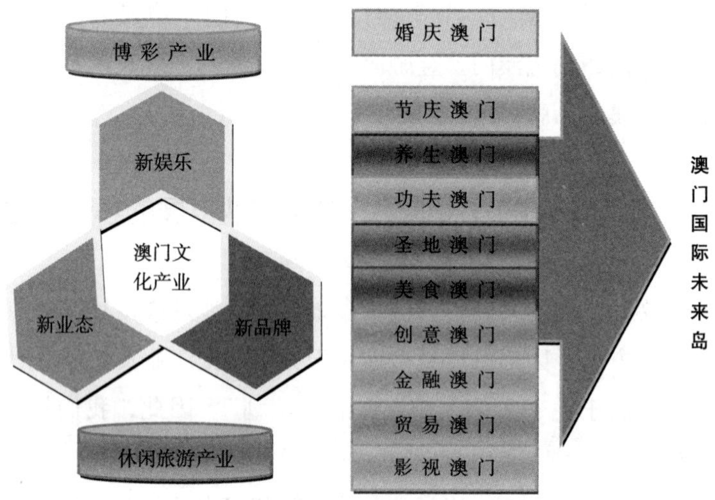

图 7－5　澳门文化产业发展总体设想

主要参考文献

1. 潘知常：《不可能的可能——潘知常战略咨询策划文选》，香港银河出版社2012年版。

2. 杨允中等主编：《澳门文化与文化澳门——关于文化优势的利用与文化产业的开拓》，澳门大学澳门研究中心2005年版。

3. 郝雨凡等主编：《澳门文化创意产业：策略与发展》，中国社会科学出版社2011年版。

4. 吴志良等主编：《澳门编年史》，广东人民出版社2009年版。

5. 黄鸿钊：《澳门同知与近代澳门》，广东人民出版社2006年版。

6. 林语堂：《生活的艺术》，群言出版社1994年版。

7. 郝雨凡、姜姗姗：《澳门多元经济与珠澳整合》，《广东社会科学》2009年第4期。

8. 王五一：《"赌权开放"与澳门博彩业发展》，《广东社会科学》2011年第2期。

9. 苏武江：《澳门文化创意产业发展路径研究》，《科技管理研究》2012年第32期。

10. 孙威、苏武江：《对澳门"第二个十年"发展战略的思考》，《经济导刊》2012年第2期。

11. 毛艳华：《澳门经济适度多元化：内涵、路径与政策》，《中山大学学报》（社会科学版）2009年第5期。

12. 阮建中：《欧美博彩旅游业研究述评》，《旅游学刊》2010年第9期。

13. 王鹏：《澳门博彩业与文化创意产业的融合互动研究》，《旅游学刊》2010 年第 6 期。

14. 张萌、陈蔚：《澳门城市生态旅游开发浅议》，《生态经济》2010 年第 7 期。

15. 刘熏词：《“惠州模式”的经济学解析》，《惠州学院学报》（社会科学版）2009 年第 4 期。

16. 蒋廉雄、卢泰宏：《地区营销理论视角中的澳门未来形象》，《城市问题》2006 年第 1 期。

17. 覃成林：《基于产业和文化资源优势的澳门城市形象定位研究》，《城市发展研究》2009 年第 1 期。

18. 林美珍、郑向敏：《澳门博彩文化发展的新趋势》，《旅游科学》2006 年第 4 期。

19. 郑向敏、王涛：《论澳门博彩业的娱乐休闲发展趋势》，《北京第二外国语学院学报》2007 年第 11 期。

20. 关红玲、雷强：《澳门赌权开放带来的社会政治影响分析》，《学术研究》2005 年第 12 期。

21. 冯家超：《我对澳门博彩未来很乐观》，《南方人物周刊》2011 年第 11 期。

22. 莫世祥：《近代澳门贸易地位的变迁——拱北海关报告展示的历史轨迹》，《中国社会科学》1999 年第 6 期。

23. 李燕、司徒尚纪：《澳门文化的多元性解析——兼与香港文化比较》，《热带地理》2001 年第 3 期。

24. 李燕、司徒尚纪：《港澳与珠江三角洲文化特色及其关系比较》，《人文地理》2001 年第 1 期。

25. 朱亚非、刘文涛：《东西方经济文化交流的枢纽与门户——论 16—18 世纪澳门的历史地位》，《世界历史》1999 年第 6 期。

26. 莫世祥：《珠三角发展战略与都市圈整合》，《深圳大学学报》（人文社会科学版）2004 年第 3 期。

27. 张宗卿：《论区域经济一体化进程中的珠澳同城》，《兰州学刊》2011 年第 9 期。

28. 齐鹏飞:《"文化澳门"刍议》,《中国人民大学学报》2002 年第 1 期。

29. 杨爱平:《从利益离散型合作到利益聚合型合作——改革以来内地发展模式的转型对粤港澳合作的影响》,《当代港澳研究》2012 年第 6 辑。

30. 井洪:《"中国文化重心南移"说之我观——访何博传副教授》,《开放时代》1989 年第 5 期。

31. 辜胜阻、王敏、刘波:《发展文化创意产业　推动我国经济转型》,《科技进步与对策》2010 年第 6 期。

32. 王勇:《全球金融风暴下台湾产业发展新趋势及对厦台产业对接的影响》,《厦门科技》2010 年第 6 期。

33. 杨宗锦:《湘鄂渝黔边民族文化创意产业发展研究》,《怀化学院学报》2010 年第 12 期。

34. 李殿伟、王宏达:《创意产业知识产权保护的内在机理与对策》,《科技进步与对策》2009 年第 15 期。

35. 任怡:《文化创意产业与城市发展的和谐》,《现代装饰》2012 年第 2 期。

36. 崔琳:《浅析文化创意产业的知识产权保护意识》,《大舞台》2012 年第 4 期。

37. 刘松萍:《从"找金子到找水"——澳门会展战略研究》,《特区经济》2004 年第 11 期。

38. 张涛:《美食节感知质量及提升策略研究》,《旅游学刊》2010 年第 12 期。

39. 宋奇康:《绕着地球玩车展　适用全年的车展自由行攻略》,《家用汽车》2010 年第 6 期。

40. 胡元骏、汤财教、王伟平:《味蕾上的粤动》,《东方养生》2012 年第 7 期。

41. 唐祎:《饕餮羊城》,《黄金时代》2007 年第 12 期。

42. 王敏：《打造文化贸易枢纽港——访上海东方汇文国际文化服务贸易有限公司总经理任义彪》，《文化月刊》2010 年第 2 期。

43. 《我国文化产业金融创新方式分析》：《上海金融》2011 年第 6 期。

44. 于孝建等：《金融推动文化产业发展的路径》，《新闻研究导刊》2012 年第 3 期。

45. 吴冰冰、刘英葭、金可：《制造娱乐　博弈传播——中国娱乐之都城市形象传播策略思考》，《广告大观》（综合版）2011 年第 3 期。

46. 邵璐璐、王勇森：《从旅游城市到城市旅游还要走多远》，《走向世界》2011 年第 10 期。

47. 林建永、张继承：《利用世博契机，把崇明打造成为“未来岛”——基于城市品牌定位的思考》，《华东经济管理》2010 年第 5 期。

48. 杨秀丽、牟昆：《大众休闲生活与社会文化》，《商场现代化》2007 年第 3 期。

49. 詹兆雄等：《中国家集群比较分析及启示》，《外国经济与管理》2002 年第 3 期。

50. 毛艳华：《论企业集群的竞争优势及其在广东的应用》，《岭南学刊》2004 年第 4 期。

51. 戴锦辉：《伦敦旧城更新浅议》，《城市建筑》2009 年第 2 期。

52. 王永强、胡杭杭：《珠海与澳门酒店业竞合关系研究》，《湖北财经高等专科学校学报》2009 年第 12 期。

53. 马鸿飞：《消费者品牌偏好的形成及行为经济学视野的分析》，《中国流通经济》2008 年第 7 期。

54. 张计划：《有一种娱乐叫麦当劳》，《现代企业文化》2011 年第 11 期。

55. 韦婷婷：《行为经济学理论综述》，《中国集体经济》2010 年第 12 期。

56. 李光斗：《提升城市品牌竞争力》，《世界标准信息》2006 年第 6 期。

57. 彭杰：《浅谈中心城市的品牌营销》，《经济师》2001 年第 9 期。

58. 沈志屏：《城市形象策划及其影响力研究》（上），《公关世界》1998 年第 3 期。

59. 严忠明：《珠江口：季风亚洲的中央娱乐区》，珠海 UIC 第一届世界城市与海洋国际学术论坛论文。

60. 陈德球、陈刚：《城市营销——城市发展的“注意力经济”》，《新东方》2004 年第 6 期。

61. 尹宇恒：《浅谈城市品牌形象塑造》，《商业文化》（学术版）2010 年第 7 期。

62. 李攀、姚颖：《巴塞罗那：“品牌城市”营造术》，《21 世纪商业评论》2005 年第 2 期。

63. 王孝娴：《要么豪赌，要么结婚》，《视野》2008 年第 11 期。

64. 陈磊：《冯家超：我对澳门博彩未来很乐观》，《南方人物周刊》2011 年第 11 期。

65. 陈瑞莲、林瑞光：《澳门回归十年公共行政的改革与展望》，《中山大学学报》（社会科学版）2009 年第 5 期。

66. 褚俊虹：《澳门产业结构调整：第二产业发展的一些观点》，《学术论坛》2008 年第 3 期。

67. 陈汉欣：《中国文化创意产业发展现状与前瞻》，《经济地理》2008 年第 5 期。

68. 戴锦辉：《伦敦旧城更新浅议》，《城市建筑》2009 年第 2 期。

69. 戴学锋：《从国际经验看资源枯竭型城市如何转型》，《今日中国论坛》2009 年第 3 期。

70. 冯邦彦、黄佳佳：《澳门博彩旅游业的发展与制度改革》，《特区经济》2003 年第 10 期。

71. 范若丁：《晶体的广东文化形态（1）》，见黄树森主编：《广东九章》，广东人民出版社 2006 年版。

72. 格雷厄姆·莫利托：《未来世界的五大冲击》，操凤琴译，《中国改革》2000 年第 4 期。

73. 澳门贸易投资促进会：《澳门文化创意产业发展前景广阔》，《澳门贸易投资快讯》2011 年第 255 期。

74. 何家政：《本土导演看电影的"澳门风格"》，《游遍天下》2011 年第 6 期。

75. 黄健：《全球背景下的中国文化脉络——读许倬云的〈万古江河：中国历史文化的转折与开展〉有感》，《出版广角》2010 年第 12 期。

76. 韩永先、孔俊彬、舒芳静：《婚庆业成朝阳产业》，《人民日报·海外版》2009 年 11 月 3 日。

77. 李瀛：《澳门文化产业借势"起锚"出航》，《北京商报》2010 年第 41 期。

78. 李静：《珠澳文化与文化产业发展初探》，《中共珠海市委党校珠海市行政学院学报》2010 年第 4 期。

79. 梁育民：《粤港澳增值经济区合作研究》，《珠江经济》2008 年第 4 期。

80. 林如鹏、符翩翩：《澳门文化创意产业的发展前景与规划》，《新闻与传播研究》2011 年第 5 期。

81. 吕开颜：《澳门博彩业开放竞争后的总结与反思》，《澳门新视角》2011 年第 2 期。

82. 林美珍、郑向敏：《澳门博彩文化发展的新趋势》，《旅游科学》2006 年第 4 期。

83. 李炳康：《用巧实力统合硬实力软实力——关于澳门经济转型的思考》，《人民论坛》2009 年第 20 期。

84. 李波等：《中外文化产业分类体系比较研究》，《管理评论》2010 年第 3 期。

85. 郎咸平：《郎咸平说：谁在拯救中国经济——复苏的背后和

萧条的亮点》，东方出版社 2009 年版。

86. 李光斗：《提升城市品牌竞争力》，《世界标准信息》2003 年第 6 期。

87. 马丽卿、胡卫伟：《产业转型期的长三角区域海洋旅游特色产品链构建》，《人文地理》2009 年第 6 期。

88. 麦健智：《文化创意产业及其在澳门的发展》，《行政》2006 年第 19 期。

89. 莫世祥：《近代澳门贸易地位的变迁——拱北海关报告展示的历史轨迹》，《中国社会科学》1999 年第 6 期。

90. 莫世祥：《珠三角城市经济联盟战略新论》，《经济前沿》2004 年第 1 期。

91. 裴钰：《杭州旅游收入未超南京　如何修补浙江旅游的国际短板》，《中国经济周刊》2010 年第 41 期。

92. 任筱楠：《琼澳旅游合作发展路径分析》，《特区经济》2012 年第 4 期。

93. 苏树辉：《京澳港共创三赢新文化产业》，《中国产业》2011 年第 3 期。

94. 苏刚：《城市精神：长三角经济发展的软实力》，《江南论坛》2004 年第 12 期。

95. 田青、陈剑峰、郭静思：《澳门中小企业的组织文化影响力评估》，《澳门科技大学学报》2007 年第 1 卷第 2 期。

96. 汤培源、顾朝林：《创意城市综述》，《城市规划学刊》2007 年第 3 期。

97. 覃成林：《基于产业和文化资源优势的澳门城市形象定位研究》，《城市发展研究》2009 年第 10 期。

98. 汪海：《澳门："东方迈阿密"——论构建一个文明对话与国际交流的平台》，《当代亚太》2004 年第 5 期。

99. 王军：《保持住记者的姿势——谈怎样报道城市建设》，《中国记者》2004 年第 12 期。

100. 王燕：《国内外养生旅游基础理论的比较》，《技术经济与管理研究》2008 年第 3 期。

101. 王心：《澳门美食旅游发展回顾与美食节顾客满意度调查》，《当代港澳研究》2011 年第 1 期。

102. 吴晓东：《休闲经济视角下我国美食旅游的发展对策》，《中国商贸》2010 年第 19 期。

103. 王敏：《打造文化贸易枢纽港——访上海东方汇文国际文化服务贸易有限公司总经理任义彪》，《文化月刊》2010 年第 1 期。

104. 熊澄宇、傅琰：《关于当前我国文化产业分类标准的研究》，《社会科学战线》2012 年第 1 期。

105. 杨骁婷：《粤澳合作与振兴澳门经贸的新思路》，《探求》1998 年第 2 期。

106. 杨宜勇、董进修：《澳门文化产业前景与定位分析》，《文化现代化的战略思考——第七期中国现代化研究论坛论文集》2009 年第 8 期。

107. 杨团：《社会政策研究范式的演化及其启示》，《中国社会科学》2002 年第 4 期。

108. 张小平、官志和、单瑜：《澳门博彩旅游客源市场“内地化”趋向的分析》，《云南财经大学学报》（社会科学版）2010 年第 2 期。

109. 张萌、陈蔚：《澳门城市生态旅游开发浅议》，《生态经济》2010 年第 7 期。

110. 赵国强：《〈澳门特别行政区基本法（草案）征求意见稿〉的特点》，《法学》1992 年第 3 期。

111. 郑华峰：《微型经济体的产业比较及其对澳门发展启示》，《亚太经济》2010 年第 3 期。

112. 庄金锋、曾毓淮：《博彩全球化与内地的赌金流失》，《九鼎》2008 年第 5 期。

113. 竹子俊：《澳门：倾力打造“世界旅游休闲中心”》，《中国对外贸易》2012 年第 9 期。

114. 曾忠禄：《澳门与拉斯维加斯博彩产业比较研究》，《澳门研究》2010 年第 4 期。

115. 章升：《内地观众为何热衷赴港观影》，《紫荆》2011 年第 7 期。

116. 张增帆：《金融危机对我国博彩业的影响及对策》，《经济师》2009 年第 7 期。

117. 潘知常：《快乐之城、娱乐之都——关于澳门发展文化产业的核心竞争力的思考》，《澳门日报》2010 年 9 月 13 日。

118. 潘知常：《澳门模式与中国文化复兴之路》，《澳门日报》2010 年 12 月 21 日。

119. 潘知常：《让一部分人先幸福起来》，《澳门日报》2013 年 3 月 6 日。

120. 关逸民：《珠三角城市群兴衰反思》，《中国信息报》2003 年 4 月 11 日。

121. 安卓、李隽：《澳门博彩"连庄"》，《第一财经日报》2012 年 1 月 11 日。

122. 方益波：《杭州：插个牌子销售城市》，《经济参考报》2007 年 1 月 29 日。

123. 花建：《与其穿马甲 不如戴光环》，《中国文化报》2008 年 7 月 22 日。

124. 张雷：《基于虚拟经济视角的博彩业研究——以澳门博彩业为例》，《开放导报》2009 年 6 月 8 日。

125. 徐雪莉：《回归十年：澳门中医药事业发展提速》，《中国中医药报》2009 年 12 月 18 日。

126. 魏翔：《快乐经济增长：有闲而有钱》，《中国教育报》2010 年 9 月 13 日。

127. 边晓舟：《旅游继续当好杭州的摇钱树》，《杭州日报》2009 年 1 月 20 日。

128. 池邑、杨萱：《国际文化交流的新载体——走近上海国际文化服务贸易平台》，《人民日报》2009 年 2 月 16 日。

129. 邓红辉：《从浪漫之城到创意之都》，《南方日报》2010 年 5 月 16 日。

130. 郭辑：《去年澳门入境旅客大幅增长》，《经济日报》2012 年 1 月 14 日。

131. 顾嘉燕：《扫描拉斯维加斯街景　24 小时浪漫无休》，《新华财经》2010 年 8 月 13 日。

132. 黄玉超：《实现西昌旅游　跨越发展再创辉煌》，《四川经济日报》2011 年 8 月 15 日。

133. 谭静雯：《港人"梦想婚礼"开支 107 万》，《文汇报》（香港）2010 年 5 月 20 日。

后　记

本书系我2010—2012年兼任澳门科技大学人文艺术学院副院长期间承担的“澳门基金会”的重大课题项目，在课题进展的过程中，澳门科技大学人文艺术学院的博士研究生田春阳、苏武江、张基辉以及硕士研究生黄亚雯、李志、李奕航、王钰芬、张瑞瑶、缪燕燕、黄晓帆、梁舒文都曾先后参与过课题组的工作，并且提供了部分章节的初稿，闫少石（澳门科技大学人文艺术学院教师、博士研究生）、陈宁（澳门科技大学人文艺术学院兼职教师、硕士研究生）负责项目组日常工作，翟月（澳门科技大学人文艺术学院学生）负责摄影。

本书的基本思路，由潘知常（南京大学新闻传播学院教授、博士导师，南京大学城市形象传播研究中心主任；澳门特别行政区政府文化产业委员会第一届、第二届委员；澳门电影电视传媒大学筹备委员会专职委员、澳门国际休闲运动学院校监；中山大学、南京审计学院、南京艺术学院、江苏社会主义学院、贵州铜仁学院客座教授；澳门比较文化与美学学会会长，澳门创意产业协会名誉会长、澳门体育文化产业促进会创会会长、澳门文化创意产业研究中心副会长）提供。

刘燕（浙江传媒学院管理学院教师、澳门科技大学人文艺术学院博士研究生）、汪菲（澳门科技大学人文艺术学院博士研究生）自始至终参加了本书的全部工作，并且提供了本书的部分初稿。

本书的最终定稿，由潘知常负责。

特此说明。

潘知常

2014年12月于南京大学

后　记